Gleitschirmfliegen
für Meister

Toni Bender | Peter Janssen | Klaus Tänzler

Gleitschirmfliegen
für Meister

Theorie und Praxis | Mit CD-ROM-Video

nymphenburger

Fotografen:
Andreas Busslinger S. 17, 24, 40, 48, 58, 88, 92, 115, 121, 125, 133, 141,
148, 160, 172, 175, 182, 187
Torsten Hahne S. 13, 19, 29, 30, 31, 32, 56, 76, 104
Björn Klaassen S. 117
Mike Küng S. 128, 137
Stefan Mast S. 96
Hannes Mayr S. 159, 171, 181
Martin Scheel S. 1, 2, 38, 61, 66, 101, 109, 110, 138, 146, 152, 163, 178, 185
Rainer Scheltdorf S. 15
Hannes Schmalzl S. 33, 50, 70, 84, 162, 168, 177
Claus Vischer S. 113, 118, 119, 123, 126, 127, 135

Titelfoto: Andreas Busslinger

Foto Rückseite: Andreas Busslinger

Zeichnungen: Rudi Leitner, Renate Miller, Corinna Veit

Besuchen Sie uns im Internet unter:
http://www.nymphenburger-verlag.de

Sechste Auflage 2006

© 1989 by nymphenburger in der F. A. Herbig
Verlagsbuchhandlung GmbH, München
Alle Rechte, auch der fotomechanischen Vervielfältigung und
des auszugsweisen Abdrucks, vorbehalten.
Layout/Satz/Herstellung: VerlagsService Dr. Helmut Neuberger
& Karl Schaumann GmbH, Heimstetten
Gesetzt aus der 10/13 Punkt Thesis Sans
Druck und Binden: Offizin Andersen Nexö Leipzig
Printed in Germany
ISBN 3-485-00998-9
ab 1. Januar 2007: ISBN 978-3-485-00998-0

Inhalt

Flugfunk

CD-ROM

Die beiliegende CD-Rom (Hülle ablösbar) ist Bestandteil die-
ses Lehrbuchs. Sie enthält mit freundlicher Genehmigung des
Deutschen Hängegleiterverbandes (DHV) Ausschnitte aus
Medienbeiträgen des DHV sowie Ausschnitte aus einem Fern-
sehbeitrag, der einen Streckenflug von Toni Bender über die
Alpen zeigt.

Das umfangreiche Medienangebot des DHV ist unter
www.dhv.de im DHVTV zu sehen. Auch Lehrvideos sind beim
DHV, Postfach 88, 83701 Gmund, Tel. 08022/9675 zu bezie-
hen.

Systemanforderungen
Prozessor: Intel Pentium 133 oder schneller
RAM: mindestens 32 MB
Betriebssystem: Windows 95, 98, NT 4.0, Windows Me,
Windows 2000

CD-ROM Laufwerk: 4-fach oder schneller
Media Player: Version 6.4 (Windows 95), Version 7.1 (restliche
Systeme)
Browser: Microsoft Internet Explorer mind. 4 oder Netscape
Navigator 4.5
Grafikkarte: SVGA oder höher (mind. 800 x 600)

Internet

Wichtiges und Aktuelles über Gleitschirmfliegen, z.B. die
Adressen der Flugschulen und Performance Center, die
Gleitschirmvereine, die geprüften Gleitschirme mit
Testflugergebnissen, das Versicherungsprogramm des DHV,
Termine für Pilotenprüfungen, Meisterschaftsberichte, bei
www.dhv.de.

Änderungen dieses Buches bis zur nächsten Überarbeitung
bei www.herbig.net.

Einladung zum Streckenflug

Gleitschirmfliegen für Meister wendet sich an alle, die ihren fliegerischen Horizont mit dem Gleitschirm erweitern wollen, hauptsächlich an den angehenden Strecken-piloten.

Toni Bender, Gleitschirmfluglehrer und mehrfacher Deutscher Meister im Gleit-schirmfliegen, vermittelt als Verfasser des Kapitels »Streckenflug alpin« seinen ganzen Erfahrungsschatz.

Claus Vischer, Gleitschirmfluglehrer und erfolgreicher Streckenflieger im Mittelge-birge und Flachland, gibt im Kapitel »Streckenflug Flachland« sein wertvolles Wissen für den Streckenerfolg außerhalb der Alpen weiter.

Klaus Tänzler, langjährig verantwortlich für die Ausbildung im DHV, hat alle me-teorologischen Erkenntnisse, die für den Gleitschirmstreckenflug nutzbar sind, im Kapitel »Wetterkunde« für jedermann verständlich aufbereitet. Der Flugmeteorolo-ge Manfred Kreipl stand als Berater zur Seite.

Peter Cröniger, Gleitschirmfluglehrer und im Hauptberuf Lufthansa-Kapitän, führt den Leser in die Grundlagen der Navigation ein – Voraussetzung, um beim Strecken-flug die geplante Route einzuhalten und sich im rechtlichen Dschungel der ver-schiedenen Lufträume zurechtzufinden.

Peter Janssen, Jurist mit umfassender Erfahrung im Luftrecht für Gleitsegeln und Hängegleiten, ist für das Kapitel »Luftrecht« verantwortlich.

Sepp Gschwendtner, über viele Jahre in der Spitze der Deutschen Streckenflugmei-sterschaft, trägt mit seinen zahlreichen flugpraktischen Hinweisen zur Praxisnähe des Buches bei.

Die Herausgeber

Wetterkunde

Die Lufthülle

Die Lufthülle um die Erde heißt Atmosphäre. Sie erstreckt sich von der Erdoberfläche mehr als 1000 km hoch. Eine Obergrenze im Sinne einer Wasseroberfläche gibt es nicht. Die Lufthülle geht diffus ins Weltall über. Während sich die Erde im Raum dreht, rotiert die Atmosphäre mit.

Zusammensetzung der Luft

Luft ist ein Gemisch von Gasen. Dieses Gasgemisch besitzt Gewicht und kann zusammengepresst werden. Bei Erwärmung dehnt es sich aus, bei Abkühlung zieht es sich zusammen. Vollkommen trockene Luft besteht im naturbelassenen Zustand aus 21% Sauerstoff, 78% Stickstoff und zu 1% aus einem Gemisch anderer Gase (0,9% Argon, 0,03% Kohlendioxid, geringe Spuren von Neon, Helium, Krypton, Wasserstoff, Xenon, Radon und Ozon). Der Stickstoff wird vom menschlichen Körper nicht verwertet, sondern unverändert wieder ausgeatmet. Kohlendioxid ist ein Endprodukt jeglicher Verbrennung. Sein Anteil in der Atmosphäre nimmt ständig zu und ist für den Treibhauseffekt mit langfristiger Klimaänderung hauptverantwortlich. In vollkommener Ruhe würden sich die Gase entmischen, das heißt so schichten, dass die schweren Gase den Raum nahe der Erdoberfläche einnehmen und die leichteren Gase sich in größerer Höhe ansammeln. Die ständige Luftdurchmischung infolge der Luftströmungen und der damit verbundenen Turbulenz sorgt jedoch für eine hochreichende, gleichmäßige Zusammensetzung der Luft bis in 20 km Höhe.

Luftdruck

Die Atmosphäre unterliegt der Erdanziehungskraft. Ihre unterste Schicht ist am meisten verdichtet, weil sie von dem Gewicht der oberhalb gelagerten

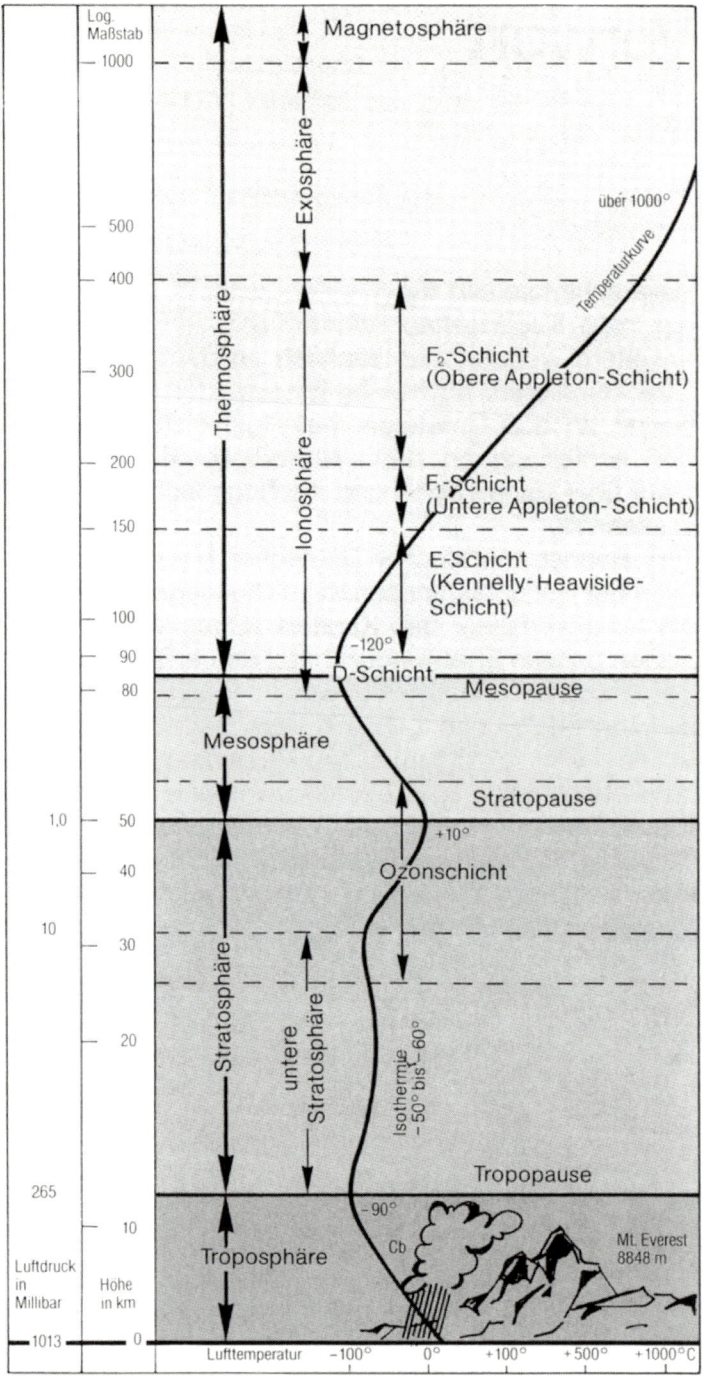

Luftmasse zusammengepresst wird. Folglich herrscht der höchste Luftdruck an der Erdoberfläche. Er nimmt mit der Höhe stetig ab, da sich die darüber befindliche Luftmasse entsprechend verkleinert.

Luftdruck ist die Kraft, die das Gewicht der Atmosphäre pro Flächeneinheit ausübt. Das Gewicht von 1 kg Luft pro 1 qm Fläche ist 1 Pascal (Pa). 1 Pascal = 100 Hektopascal (hPa). 1 hPa = 1 Millibar (mb) nach früherer Bezeichnung. Der Mensch ist sich des Luftdrucks nicht bewusst, da der Druck von allen Seiten gleichmäßig auf ihn einwirkt.

Gebräuchliches Instrument zur Luftdruckmessung ist das Aneroid-Barometer. Eine nahezu luftleer gepumpte Metalldose wird vom Luftdruck zusammengedrückt oder dehnt sich bei Druckabnahme aus.

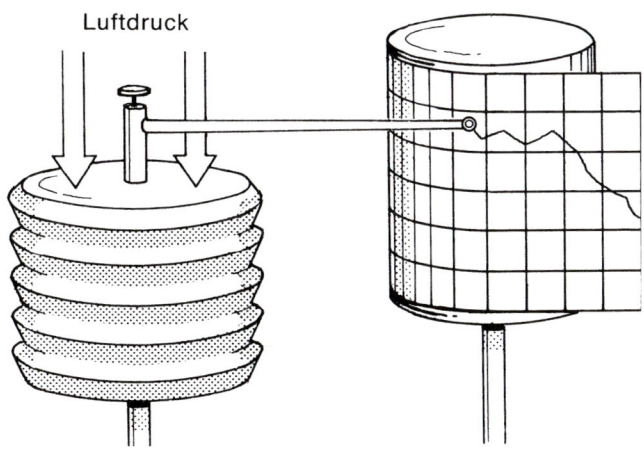

Luftdruck

Aneroid-Barometer mit Barograf

Die Abnahme des Luftdruckes mit zunehmender Höhe vollzieht sich gesetzmäßig. Er nimmt durchschnittlich nach 5,5 km um die Hälfte ab und halbiert sich alle weiteren 5,5 km. Die Abnahme erfolgt also nicht linear, sondern exponentiell. Die Höhendifferenz, die einem Druckunterschied von 1 hPa entspricht, wird als barometrische Höhenstufe bezeichnet. In Bodennähe nimmt der Luftdruck um 1 hPa pro 8 m Höhenunterschied ab, über 5,5 km Höhe um 1 hPa pro 16 m, in 11 km Höhe um 1 hPa pro 32 m und so fort.

Der mit der Höhe abnehmende Luftdruck führt zu einer Verringerung der Luftdichte, die Luft wird »dünner«. Je höher der Startplatz liegt, desto größer ist die notwendige Startgeschwindigkeit. In der dünneren Höhenluft nimmt auch die Sinkgeschwindigkeit zu.

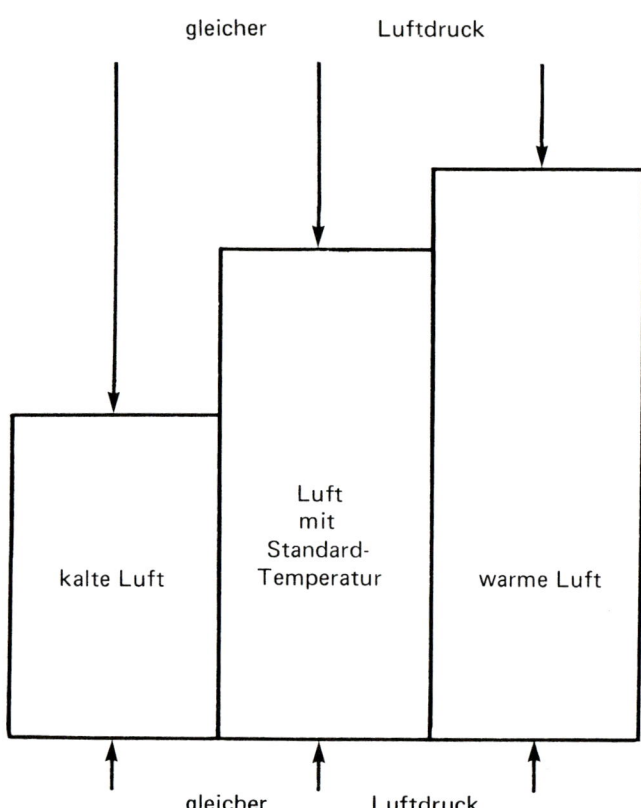

Veränderung der Luftdruckabnahme mit der Temperatur. Die linke Säule ist kälter, die rechte wärmer als die mittlere »Standardwert«-Säule. Am Boden und am oberen Ende jeder Säule soll der Luftdruck gleich sein. Das bedeutet, dass die Druckabnahme mit der Höhe in der kalten Luft schnell und in der warmen Luft weniger schnell erfolgt.

Die Druck-Höhenkurve zeigt Druckveränderung mit zunehmender Höhe. Die exponentielle Kurve trifft bei 1013,25 hPa auf die waagrechte Achse. Dies entspricht dem statistischen Mittelwert des Luftdrucks auf Meereshöhe.

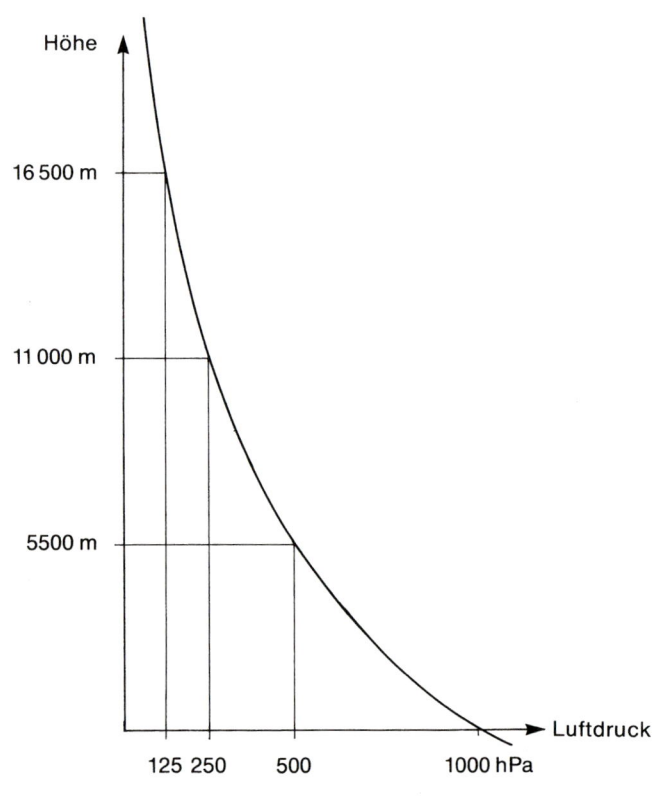

Die Druckabnahme wird auch von der Temperatur der Luft beeinflusst. Temperaturschwankungen verändern die barometrische Höhenstufe. Kalte Luftmassen sind dichter, hier vollzieht sich die Druckabnahme in kürzeren Höhenschritten als innerhalb warmer Luftmassen. Zur Verdeutlichung: In kalter Luft muss man weniger hoch steigen als in warmer Luft, um den gleichen Luftdruck vorzufinden.

Höhenkrankheit

Auf Meeresniveau hat der Mensch beim Einatmen die zum Leben erforderliche Menge Sauerstoff zur Verfügung. Mit zunehmender Höhe bleibt zwar die prozentuale Zusammensetzung der Luft die gleiche, aber wegen der Druckabnahme des Gasgemisches Luft sinkt auch der Druck des Sauerstoffanteils. Deshalb dringt beim Atmen in großer Höhe weniger Sauerstoff durch die Membrane der Lungenbläschen ein, die Sauerstoffsättigung des Blutes wird verringert.

Sauerstoffmangel in größeren Höhen stellt eine akute Gefahr dar. Die für den Menschen kritische Höhe ist abhängig von seinem Gesundheits- und Trainingszustand. Raucher und Menschen, die an den Nachwirkungen von Alkohol- oder Drogenkonsum leiden, reagieren besonders empfindlich.

Verallgemeinert gilt:

- 2000–3000 m. Je nach Veranlagung wird der Mensch nach einigen Stunden den Mangel an Sauerstoff durch frühzeitige Erschöpfung spüren. Schnelleres Atmen setzt ein. (In den Druckkabinen der Passagierflugzeuge wird mindestens der Druck und der Sauerstoffgehalt von 2000 m Höhe erzeugt und konstant gehalten.)
- 4000–5000 m. Unfähigkeit zu klaren logischen Entschlüssen kommt auf, begleitet von gehobener Stimmung mit einer Steigerung des Selbstgefühls. Auch bei Aufenthalt von weniger als zwei Stunden Dauer können Schläfrigkeit, Gedächtnisstörung, Benommenheit, Schwindelgefühl und Prickeln auftreten. Das Sehvermögen ist reduziert.
- 6000–8000 m. Innerhalb 15 Minuten kommt es zu Ohnmachtsanfällen und Krämpfen. Die Sauerstoffsättigung des Blutes fällt hier auf ca. 60%. Dies reicht bei längerem Aufenthalt nicht zum Leben aus.

Die Troposphäre

Die Atmosphäre wird in Schichten eingeteilt.
Von Bedeutung ist die unterste Schicht, die Troposphäre. In ihr vollzieht sich das gesamte Wettergeschehen. Hier enthält die Luft fast das gesamte Wassergas. Innerhalb der relativ dichten Luftschicht der Troposphäre wälzen sich fortwährend großräumige Luftzirkulationen, die durch Temperaturunterschiede auf der Erdoberfläche verursacht sind und durch die Erdrotation beeinflusst werden.

Die Troposphäre reicht am Äquator höher, wo sie wegen der Zentrifugalkraft der Erdrotation ausgedehnt wird. Sie erstreckt sich vom Erdboden aus bis 18 000 m über den Äquator und bis 8000 m über die Pole.

In unseren Breiten endet die Troposphäre etwa in 11 000 m Höhe. Im Sommer reicht sie höher als im Winter. Zusätzliche Höhenschwankungen werden durch Veränderungen in der globalen Luftzirkulation hervorgerufen.

Temperatur der Troposphäre

Temperatur hängt ab von der Molekularbewegung in einer Substanz. Verringert sich die Molekularbewegung, nimmt auch die Temperatur ab.

Innerhalb der Troposphäre nimmt die Temperatur allgemein ab, je weiter man sich von der wärmenden Erdoberfläche entfernt, durchschnittlich um 0,65 Grad pro 100 m Höhenunterschied. Bei durchschnittlich 15 °C am Erdboden herrscht gleichzeitig – in unseren Breiten – minus 50 °C Kälte an der Obergrenze der Troposphäre.

Die Sonne erwärmt die Troposphäre nicht auf direktem Weg. Die eintreffende kurzwellige Sonnenstrahlung durchdringt reine und trockene Luft, ohne sie zu erwärmen.

Etwa $2/3$ der Sonnenstrahlung werden von der Erdoberfläche aufgenommen und in Wärme umgewandelt. Das restliche Drittel erreicht die Erde wegen Abschattung nicht oder wird von der Erde reflektiert.

Die Erdoberfläche strahlt die erhaltene Wärme in Form langwelliger Wärmestrahlen ins Weltall zurück. In einer sternenklaren Nacht mit trockener und sauberer Luft kühlt die Erdoberfläche aus. Dagegen nimmt Luft mit hohem Wasseranteil oder Kohlendioxidanteil die Wärmestrahlung der Erde auf und strahlt sie an den Boden zurück – Treibhauseffekt.

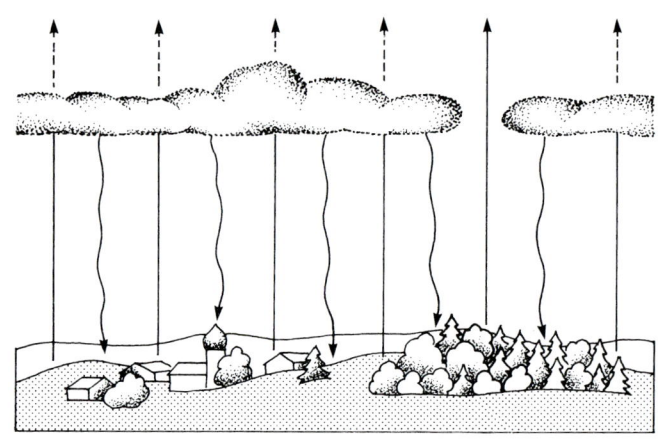

Treibhauseffekt

Die an der Erdoberfläche aufliegende Luft wird hauptsächlich durch den Oberflächenkontakt erwärmt. Luftzirkulation verteilt die Wärme in höhere Luftschichten. Innerhalb der Troposphäre sind die Luftmassen in ständiger Bewegung: warme Luft – weil leichter – steigt nach oben, kalte Luft – weil schwerer – drängt nach unten (Konvektion).

Zwischen Tag und Nacht ändert sich die Temperatur der Erdoberfläche wesentlich. In trockenen Gebieten, etwa in Wüsten, kann sich die Temperatur der erdnahen Luft um mehr als 25 °C ändern, über tiefem Wasser um nur 1 °C.

Die Tiefsttemperatur liegt kurz nach Sonnenaufgang, wenn die nächtliche Abstrahlung der Erde am längsten gewährt hat. Die Höchsttemperatur stellt sich etwa zwei Stunden nach dem Sonnenhöchststand ein.

Wasser in der Troposphäre

Innerhalb der Troposphäre befinden sich veränderliche Mengen von gasförmigem Wasser in der Luft. Das Wassergas wird oft auch irreführend als Wasserdampf bezeichnet.

Welche Höchstmenge Wassergas in der Luft sein kann, hängt von der Temperatur der Luft ab. Trockene Luft hat ständig »Durst« auf Wasser. Je höher die Lufttemperatur ist, desto mehr Wassergas kann die Luft aufnehmen. Je niedriger die Lufttemperatur, umso geringere Mengen sind ausreichend, um die Luft mit Feuchte zu sättigen.

Bei hohen Temperaturen in den Tropen enthält die Luft bis zu 4% Wassergas. Die Prozentanteile der anderen Gase verringern sich entsprechend. 4% Anteil Wassergas ergibt etwa 20% Anteil Sauerstoff und 75% Anteil Stickstoff am Luftgemisch.

Wassergas ist wesentlich leichter als die anderen Gase des Luftgemisches. Feuchte Luft ist daher leichter als trockene Luft und steigt. Wäre dies nicht so, dann würde in kürzester Zeit die Luftschicht oberhalb einer Wasserfläche mit Feuchtigkeit gesättigt sein.

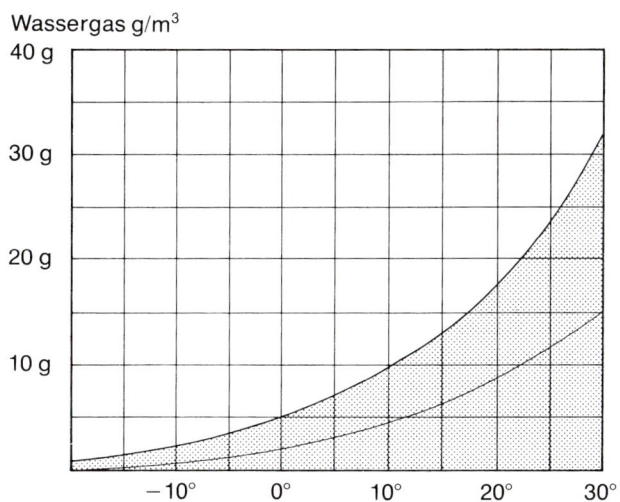

Wassergas g/m^3

Die Sättigung der Luft mit Feuchte hängt von der Temperatur ab.

Verdunstung

Das Wassergas gelangt durch Verdunstung in die Luft. Verdunstung ist der Wechsel vom flüssigen zum gasförmigen Zustand. Die im flüssigen Wasser enthaltenen Moleküle entweichen an der Wasseroberfläche in die Luft.

Verdunstung findet bei jeder Temperatur statt. Nimmt die Temperatur des flüssigen Wassers zu, verstärkt sich die Molekular-Aktivität und damit die Verdunstung.

Während der Verdunstung wird die dazu benötigte Energie in Form von Wärme der direkten Umgebung des verdunstenden Wassers entzogen. Verdunstung hat somit einen kühlenden Effekt. Die Energie geht nicht verloren. Sie wird bei der Kondensation wieder freigesetzt.

Kondensation

Der Übergang des Wasserzustandes von Gasform zu flüssiger Form heißt Kondensation. Ist mehr Wassergas in der Luft, als diese maximal in sich aufnehmen kann, wird die überschüssige Feuchte auskondensiert. An den Kondensationskernen, das sind Schwebepartikel in der Luft wie Rauch, Salz und Pflanzenpollen, setzen sich Wassertröpfchen ab, die als Wolken erst sichtbar werden, wenn sie sich in Massen ansammeln. Nebel besteht aus kleineren Wassertröpfchen.

Kondensationswärme

Bei Kondensation wird Wärme frei, die an die Umgebung abgegeben wird. Diese Erscheinung sorgt – neben dem Austausch von Warm- und Kaltluft – für großräumigen Wärmetransport: 3/4 der Erdoberfläche ist mit Wasser bedeckt. Durch Sonnenwärme werden gewaltige Mengen Wasser verdunstet. Mit den großen Zirkulationsströmen der Erde werden das Wassergas und die darin verborgene Wärme weitertransportiert und später bei der Kondensation freigesetzt.

Wasser kann je nach Temperatur in drei Zustandsformen – Wassergas, Wasser und Eis – auftreten. Jede dieser Zustandsformen lässt sich durch Wärmezufuhr oder Wärmeentzug in jeden anderen Zustand überführen.

Feuchtemessung

Absolute Luftfeuchte
Das gasförmige Wasser in der Luft wird in Gramm pro Kubikmeter angegeben und heißt absolute Luftfeuchte.

Relative Luftfeuchte
Die relative Feuchte drückt den Sättigungsgrad der Luft in Prozent aus. Die aktuell vorhandene absolute Luftfeuchte wird in Verhältnis gesetzt zur höchstmöglichen absoluten Luftfeuchte. Ist genauso viel »absolute Luftfeuchte« in der Luft, wie die Luft bei der vorhandenen Temperatur maximal in sich aufnehmen kann, ist eine relative Luftfeuchte von 100% gegeben, die Luft ist gesättigt. Ist nur halb so viel »absolute Luftfeuchte« in der Luft, wie diese aufnehmen kann, beträgt die relative Luftfeuchte 50%.

Als Messinstrument zur Feststellung der relativen Luftfeuchte dient das Haarhygrometer.

Taupunkt

Die Temperatur, bei der Sättigung erreicht wird, heißt Taupunkt. Der Abstand zwischen der aktuell vorhandenen Temperatur und dem Taupunkt sagt aus, wie nahe die Luft der Sättigung ist. Dieser Wert wird als Taupunktdifferenz bezeichnet.

Die Luft erreicht ihren Taupunkt durch Abkühlung oder durch Feuchteanreicherung. Ist die Taupunktdifferenz einer Luftmasse gering, bildet sich bei geringfügiger Abkühlung der Luft am Boden schlagartig Bodennebel. Über Feuchtgebieten bildet sich Nebel zuerst, weil hier die Luft zuerst ihre Feuchtesättigung erreicht.

Über der Troposphäre

Die Obergrenze der Troposphäre heißt Tropopause (griechisch pausis = aufhören). Die Luft ist hier extrem kalt, bis minus 80 °C; sie kann bei dieser Temperatur nahezu keine Feuchtigkeit mehr aufnehmen. Wasser kommt in der Atmosphäre fast nur unterhalb der Tropopause vor. Der Himmel über der Tropopause ist in der Regel wolkenfrei.

Oberhalb der Tropopause beginnt die ruhige Stratosphäre. Im unteren Bereich der Stratosphäre bleibt die Temperatur gleich, hier wirkt sich die Erdwärme nicht aus. Im oberen Bereich nimmt die Temperatur sogar wieder zu. Ursache dafür ist die hier eingelagerte Ozonschicht.

Sie besteht aus freiem, hochreaktivem Sauerstoff O_3 und absorbiert einen großen Teil der lebensvernichtenden Ultraviolettstrahlung der Sonne. Mit der dabei auf-

genommenen Energie heizt sie die Stratosphäre. Durch Treibgas und verdunstete Kühlmittel, die bis zur Stratosphäre aufsteigen und dort chemische Reaktionen auslösen, wird die Ozonschicht zunehmend ausgedünnt.

ICAO-Standard-Atmosphäre

Innerhalb der Troposphäre schwanken Lufttemperatur, Luftdruck und Luftfeuchte mit dem täglichen Wetterablauf. Die internationale Luftfahrt benötigt für die Abstimmung der Höhenmesser gleiche Werte. Deshalb wurden statistisch ermittelte Durchschnittswerte als ICAO-Standard-Atmosphäre festgelegt. Bei ihrer An-

wendung entstehen außerhalb der Tropen und der Polarzonen nur verhältnismäßig kleine Fehler. Für die Troposphäre gilt als ICAO (International Civil Aviation Organization)-Standard-Atmosphäre:

Luftdruck in NN: 1013,25 hPa
Luftdichte in NN: 1,225 g/l
Lufttemperatur in NN: 15 °C
gleichmäßige Temperaturabnahme pro 100 m:
0,65 °C
vollkommen trockene Luft
konstante Luftzusammensetzung: 78% Stickstoff, 21% Sauerstoff und 1% Edelgase in allen Höhen.

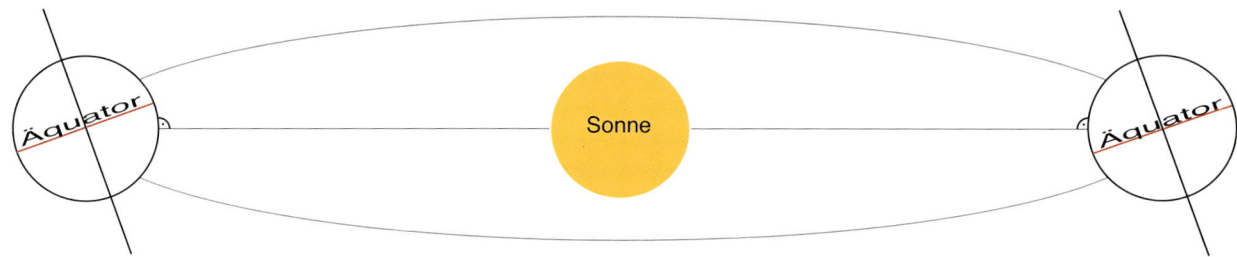

Winter auf der Nordhalbkugel   Sommer auf der Nordhalbkugel

Globale Luftzirkulation

Die von der Sonne empfangene Wärme der Erdoberfläche ist zusammen mit dem Wassergas die Ursache aller Wettererscheinungen.

Während des gesamten Jahres ist der Äquatorbereich steiler als die Pole angestrahlt und wird somit besser erwärmt. Im Sommer ist der steilangestrahlte Bereich nördlich des Äquators, im Winter südlich. Im Herbst und Frühling erhalten beide Erdhälften dieselbe Menge Wärmeenergie.

Breitengrad	0	10	20	30	40	50	60	80	90
Temperatur	26,6	27,1	24,9	20,2	13,9	5,8	–1,2	–16,9	–20,0

Die warme Oberfläche der Äquatorregion wärmt die aufliegende Luftmasse. Deren Luftdichte nimmt ab, sie wird leichter, eine Rinne tiefen Luftdrucks entsteht entlang des Äquators.

Die schwerere, kältere Nachbarluft drückt am Boden seitlich gegen die Warmluft und bringt sie zum Aufstieg. Kalte Luft fließt unter die aufgestiegene Warmluftmasse und wird nun ebenfalls aufgeheizt.

Ein Kreislauf entsteht:

Die über dem Äquator aufgestiegene Warmluft wandert in großer Höhe zu den kalten Polen und sinkt dort. Im Gegenzug wandert die kalte Luft von den Polen in niedriger Höhe zum Äquator.

Würde die Erde samt ihrer Lufthülle stillstehen, so würde sich der beschriebene Vorgang genau in der beschriebenen Weise vollziehen. Doch die Erdrotation greift in den Kreislauf ein.

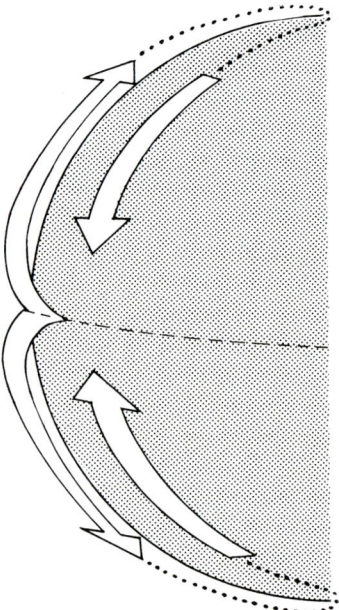

Globaler Kreislauf

Westwindgürtel

Die Erdrotation hat den Effekt, dass jede Bewegung auf der Nordhalbkugel nach rechts, auf der Südhalbkugel nach links abgelenkt wird. Die Ablenkung als Folge der Erdrotation nennt man Corioliseffekt, nach dem französischen Physiker Coriolis (1792–1843), der die Erscheinung als Erster untersuchte. Der Corioliseffekt splittert den globalen Kreislauf zwischen äquatorialer und polarer Luft in komplizierter Weise auf.

Zur Vereinfachung hier modellhaft der Vorgang auf der Nordhalbkugel:

Die Erddrehung weist am Äquator eine Drehgeschwindigkeit von über 1600 km/h auf. Steigt am Äquator Luft auf, startet sie mit der dortigen Drehgeschwindigkeit und verlässt den Einflussbereich der Erdreibung.

Je weiter die Luft nach Norden strömt, umso langsamer

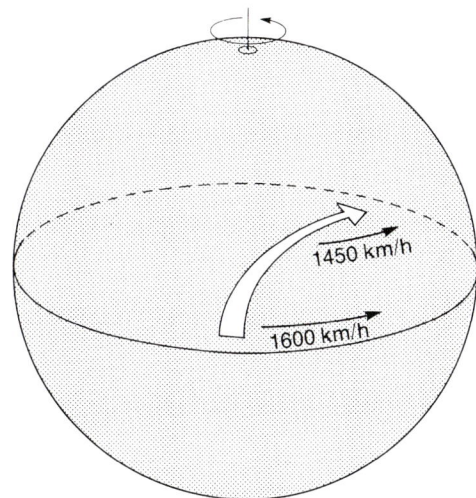

ist die Drehgeschwindigkeit der Erde unter ihr. Am 30. Breitengrad dreht sich die Erde mit nur 1450 km/h. Die Luft jedoch ist ca. 200 km/h schneller und eilt der dortigen Erddrehung voraus.

Die vorauseilende Luft tritt in großer Höhe als Westwind in Erscheinung und bildet einen Höhen-Windgürtel um die Erde. Zu diesem Gürtel gehört der Jetstream.

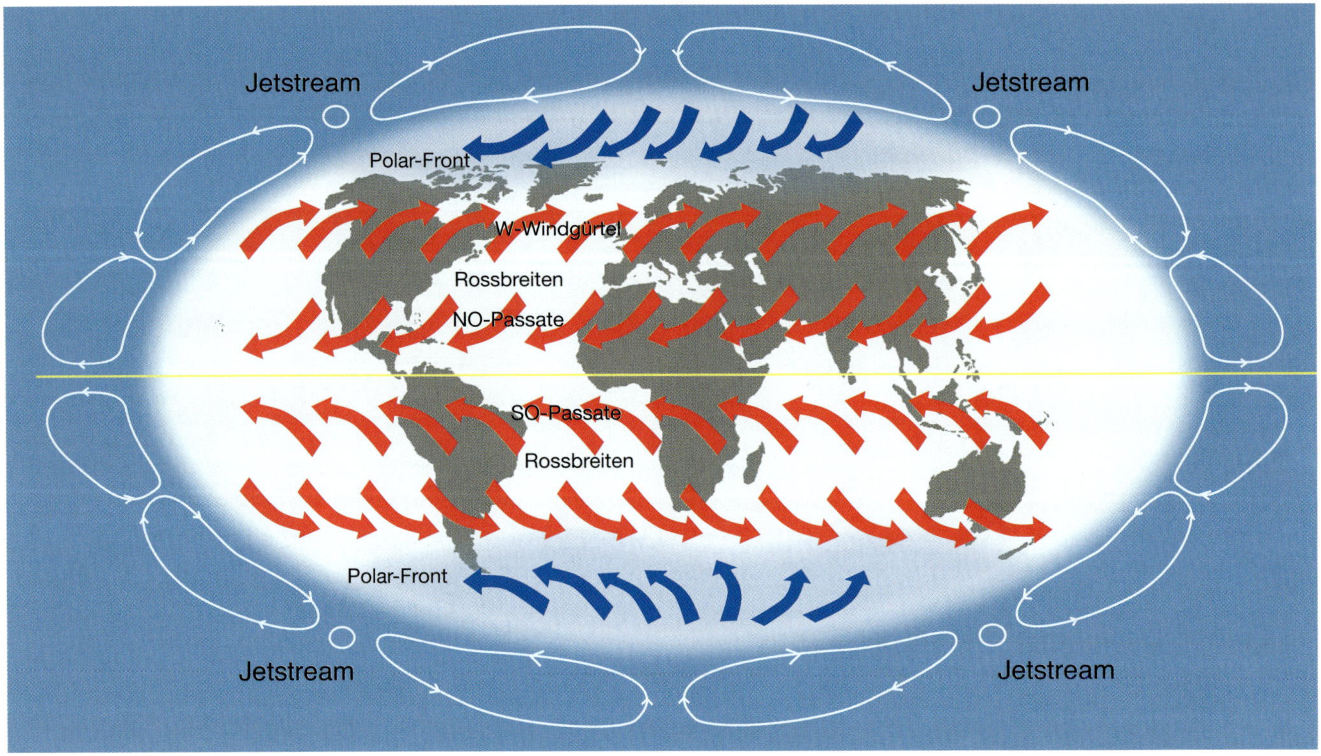

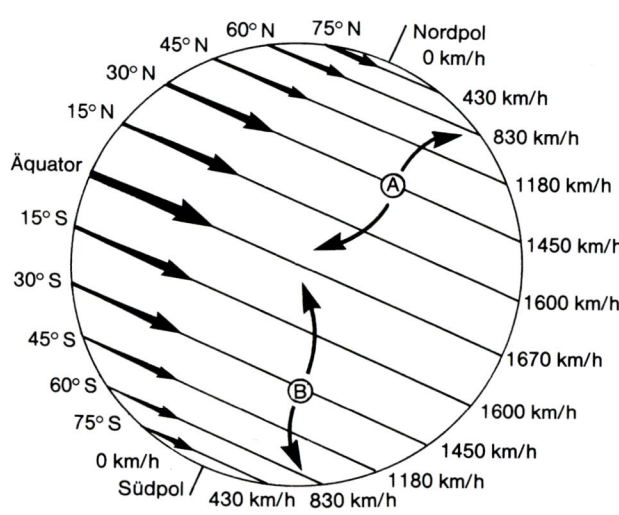

Jetstream

Polar-Front

W-Windgürtel

Rossbreiten

NO-Passate

SO-Passate

Rossbreiten

Polar-Front

Jetstream

Rossbreiten

Auf dem Weg zum Nordpol sinkt ein Teil der Luft bereits in der Region des 30. Breitengrades wieder ab und erzeugt am Boden zahlreiche Hochdruckgebiete entlang der so genannten Rossbreiten – bei uns das Azorenhoch. Da sich nur horizontale Luftbewegung als »Wind« bemerkbar macht, herrscht in diesen Breiten mit absinkender Luft Windstille. Für die Spanier, in Segelschiffen mit Rössern an Bord nach Amerika unterwegs, wurden die häufigen Flauten zu einem Trinkwasserproblem, manchmal mussten Rösser über Bord geworfen werden. Die abgesunkene Luft entweicht in Bodennähe aus den Hochdruckgebieten zum Teil nach Süden zurück zum Äquator, zum Teil nach Norden. Die Luftströme machen sich nun mit der Drehgeschwindigkeit des 30. Breitengrades in geringer bis mittlerer Höhe auf die Reise.

Wandert Luft Ⓐ nach Norden, eilt sie der dortigen Erddrehung voraus. Wandert sie nach Süden, bleibt sie zurück.

Nordostpassat

Die Luft auf dem Weg zum Äquator gerät über Breiten mit höherer Drehgeschwindigkeit. Je mehr sie sich dem Äquator nähert, umso schneller bewegt sich die Erde unter ihr fort. Der Wind ist langsamer und bleibt gegenüber der Erddrehung zurück, wird nach rechts abgelenkt. Aus dem Nordwind wird ein Nordostwind, der in diesen Breiten vorherrschende beständige Nordostpassat.
Schließlich erreicht die Luft wieder den Äquator und beginnt dort einen neuen Kreislauf.

Westdrift

Die andere Luftmasse auf dem Weg nach Norden gerät über Breiten, die sich langsamer drehen. Sie eilt der Erddrehung voraus und wird wieder ein westlicher Wind, die Westdrift in unseren Breiten. Dortige Tiefdruckwirbel transportieren die ankommende Warmluft weiter und vollziehen den Austausch von äquatorialer Warmluft und polarer Kaltluft.

Polarfront

Die Grenzlinie der äquatorialen Warmluft und der polaren Kaltluft, die Polarfront, verläuft nicht geradlinig, sondern ändert sich ständig und gibt unserem Wetter seinen wechselhaften Charakter. Im Winter drängt die Polarluft nach Süden vor und im Sommer zieht sie sich vor der äquatorialen Luft weiter nach Norden zurück. Außerdem bilden sich in allen Jahreszeiten Ausbuchtungen im Frontverlauf, zum Beispiel wegen der unterschiedlichen Aufheizung der Meeresflächen und der kontinentalen Landflächen.

Tiefdruck

Tiefdruckgebiete werden oft durch Störungen des Grenzverlaufs zwischen Warm- und Kaltluft ausgelöst, bei uns an der Polarfront. Der Jetstream spielt dabei eine wichtige Rolle.

Initialzündung durch den Jetstream

Der Jetstream jagt nahe der Tropopause in großen Wellenbewegungen mit Geschwindigkeiten bis 500 km/h um den Erdball. Manchmal greift er bis nahe zum Boden durch und verstärkt damit die Westdrift unseres Wettergeschehens. Sein wellenförmiger Verlauf wird auf die Unterschiede in der Aufheizung der Erdoberfläche zurückgeführt. Die unregelmäßigen Vorstöße der äquatorialen Warmluftmassen nach Norden und der polaren Kaltluftmassen nach Süden zwingen den Jetstream zu Umwegen.

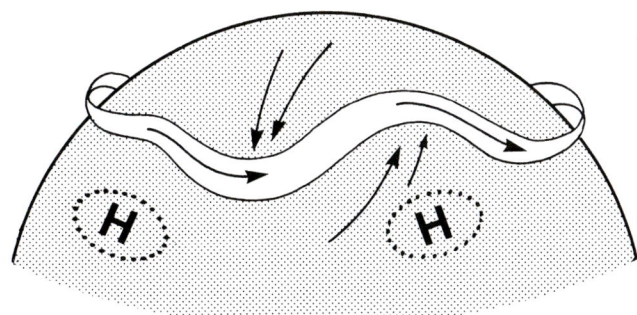

Beim Umweg äquatorwärts bildet er einen Trog. Biegt er wegen eines Warmluftvorstoßes Richtung Pol ab, spricht man von einem Keil. Bei zu heftiger Wellenbildung schnürt der Jetstream eine seiner Wellen gänzlich ab.

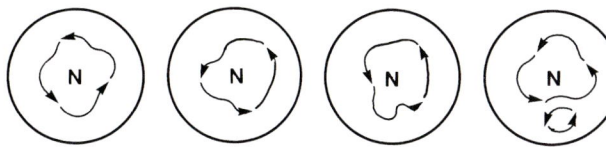

Wird der Trog-Teil der Welle abgeschnitten, ist er als Kaltluftpropfen in großer Höhe von wärmerer Luftmasse eingeschlossen. Da Kaltluft in der Höhe labilisiert,

kann ein besonders mächtiges Tiefdruckgebiet entstehen, das bis an die Tropopause reicht und zu Dauerniederschlägen führt.

Auswirkung des Jetstream auf den Luftdruck:

A–C Verlangsamung

B Luftstau, Hochdruck

C–E Beschleunigung

D Verdünnung, Tiefdruck

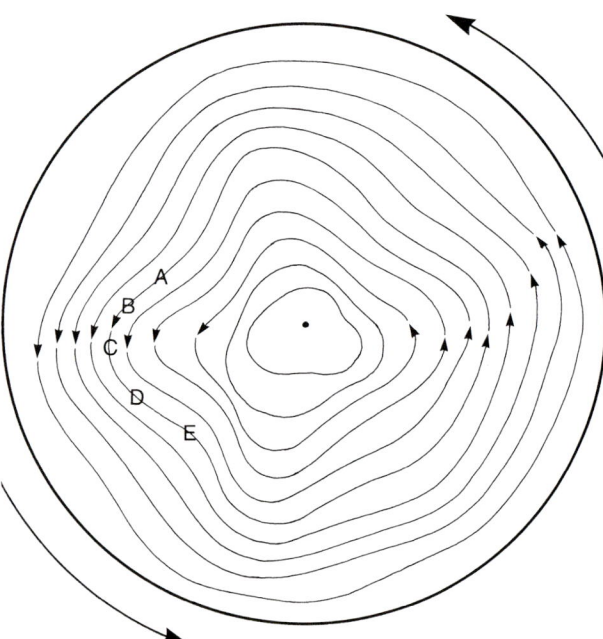

Wesentlich öfter entstehen schwächere Tiefdruckwirbel aus einem weiteren Grund:

Der Jetstream gehorcht auf seiner Kreisbahn um die Erdachse denselben Gesetzen wie der Eiskunstläufer, der um seine Drehachse wirbelt. Streckt er die Arme von sich, entfernt er sie von seiner Drehachse und verlangsamt seine Drehbewegung. Zieht er die Arme an, dreht er schneller.

Entfernt sich der Jetstream von der Erdachse, wird seine Strömungsgeschwindigkeit verlangsamt; nachströmende Luft staut sich, am Boden entsteht Hochdruck. Bei Annäherung an die Erdachse beschleunigt der Jetstream, die Luft verliert an Dichte, es entsteht Tiefdruck.

Häufig geschieht dies über Neufundland. Auf dem Weg nach Osten ist das Tief über Island voll entwickelt. Welchen weiteren Weg es nimmt, bestimmt der Verlauf des Jetstreams, oft bringt er die Tiefs reihenweise daher.

Strömungen beim Tief

Steigt Luft auf, reduziert sich der Druck am Boden unter den Luftdruckwert der umliegenden Gebiete. Wegen des Druckgefälles strömt die Luft aus dem Umfeld zum Tiefdruckgebiet hin und füllt es wieder auf. Diese Auffüllbewegung wird durch den Corioliseffekt nach rechts abgelenkt. Es kommt zum Umströmen des Tiefs links herum – gegen den Uhrzeigersinn. Am Boden schwächt die Bodenreibung die Strömungsgeschwindigkeit und damit den Corioliseffekt ab, hier behält die Luftströmung eine Komponente zum Tief und füllt es allmählich von unten auf.

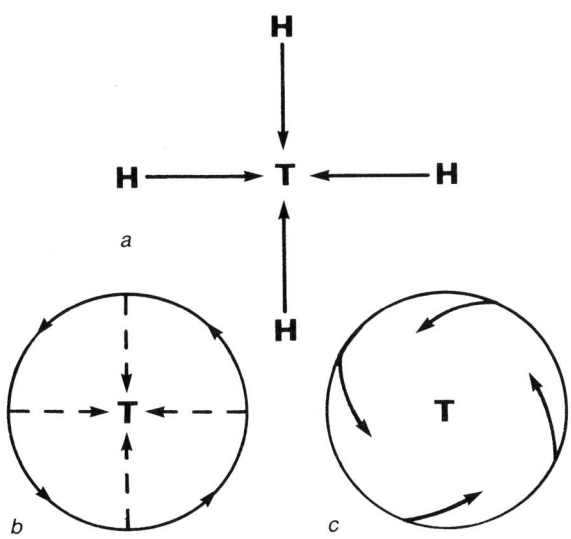

Lebenslauf eines Tiefs

Der norwegische Meteorologe Bjerknes hat den Lebenslauf des Tiefs und seine Erscheinungsbilder bei uns modellhaft dargestellt.

An der Polarfront strömen kalte und warme Luftmassen in entgegengesetzter Richtung aneinander vorbei. Dabei kommt es zu Turbulenzerscheinungen und Ausbuchtungen im Frontverlauf. Bei größerer Deformation des Frontverlaufs gleitet die Warmluftmasse infolge ihrer geringeren Dichte auf die Kaltluft auf. Gleichzeitig schiebt sich auf der Rückseite die schwere, dichte Kaltluft unter die Warmluft.

In der Wetterkarte wird die vordringende Warmluft durch rot ausgefüllte Halbkugeln symbolisiert, die vordringende Kaltluft durch blau ausgefüllte Dreiecke. Das Aufgleiten der Warmluft und das Nachstoßen der Kaltluft bewirken insgesamt eine Drehung gegen den Uhrzeigersinn, mit einem Wirbel im Zentrum. Die Zyklone ist geboren.

Wird dieser Vorgang durch die Drucksituation in großer Höhe – Jetstream – begünstigt, wächst die Zyklone auch vertikal an. Die enge Koppelung der Vorgänge am Boden mit dem Jetstream in der Höhe macht man sich bei der Vorhersage zunutze. Die Tendenz, wie stark sich das Tief entwickeln und welchen Verlauf es nehmen wird, lässt sich anhand der Höhenwetterkarte vorhersagen. Je höher die Warmluft auf die Kaltluft aufgleitet, desto deutlicher bilden sich die Wettererscheinungen der Zyklone aus.

Unterstützt von der Hebung entsteht im Wirbelkern ein von unten nach oben gerichteter Sog, der die Luft nach oben transportiert und die umliegenden Luftmassen ansaugt. Ständig strömt neue Luft am Boden in den Tiefdruckwirbel nach und verstärkt wiederum den Hebungsvorgang. Mit Ende der Warmluftzufuhr ist auch der Höhepunkt in der Tiefdruckentwicklung überschritten.

Der tiefe Druck hat zwei Ursachen: Zum einen ist die beteiligte Warmluft leicht und lastet vergleichsweise weniger auf der Erdoberfläche, zum anderen steigt im Kernsog des Wirbels Luft weg und fließt in der Höhe ab.

Die Kaltfront bewegt sich wegen ihrer höheren Dichte mit größerer Geschwindigkeit voran als die Warmfront. Sie verkleinert den Warmluftsektor immer mehr und holt schließlich die Warmfront ein. Die Warmluft wird nun gänzlich vom Boden abgehoben und besteht noch kurze Zeit als Warmluftschale in der Höhe. Die boden-

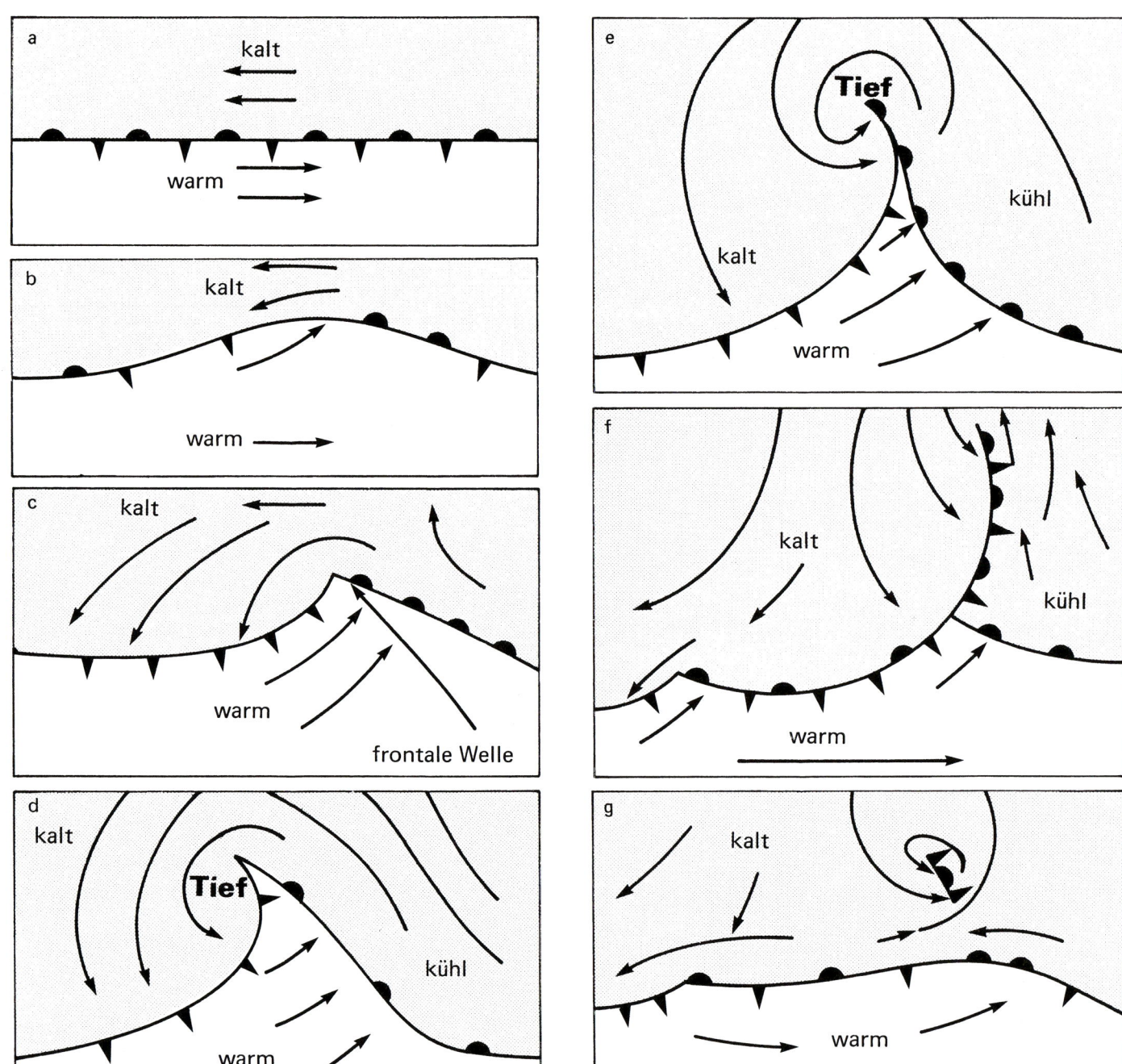

Lebenslauf eines Tiefs

nah nachströmende dichtere Kaltluft füllt das Tief allmählich auf.

Die vereinigte Front heißt Okklusion. Sie vereinigt die Wettererscheinungen beider Fronten und wird auf der Wetterkarte mit lila ausgefüllten Halbkugeln und Dreiecken symbolisiert. Zuletzt löst sich auch die Okklusion durch Luftaustausch mit der Umgebung auf, der Frontverlauf ist wieder begradigt.

Warmfront

Gleitet eine Warmluftmasse auf eine Kaltluftmasse auf, ergibt sich eine Aufgleitfläche, Warmfrontfläche ge-

nannt. Sie hat eine Neigung von etwa 1 : 100, das heißt 1 km Vertikalerstreckung bedeutet 100 km Horizontalausdehnung. Die Warmluft erstreckt sich vom Boden in 7 bis 10 km Höhe; das bedeutet, sie schiebt sich beim Aufgleiten horizontal bis zu 1000 km über die Kaltluft vor. In der Wetterkarte ist als Warmfront die Schnittlinie der Warmfrontfläche mit der Erdoberfläche eingetragen.

Der Hebungsvorgang hat geringe Steigwerte im Bereich von cm/s. Das Aufgleiten der Warmluft ist mit Abkühlung verbunden, es kommt zur Bildung von Schichtwolken entlang der Warmfrontfläche. In großer Höhe vereist die Feuchtigkeit zu Eisnadelwolken, Cirren.

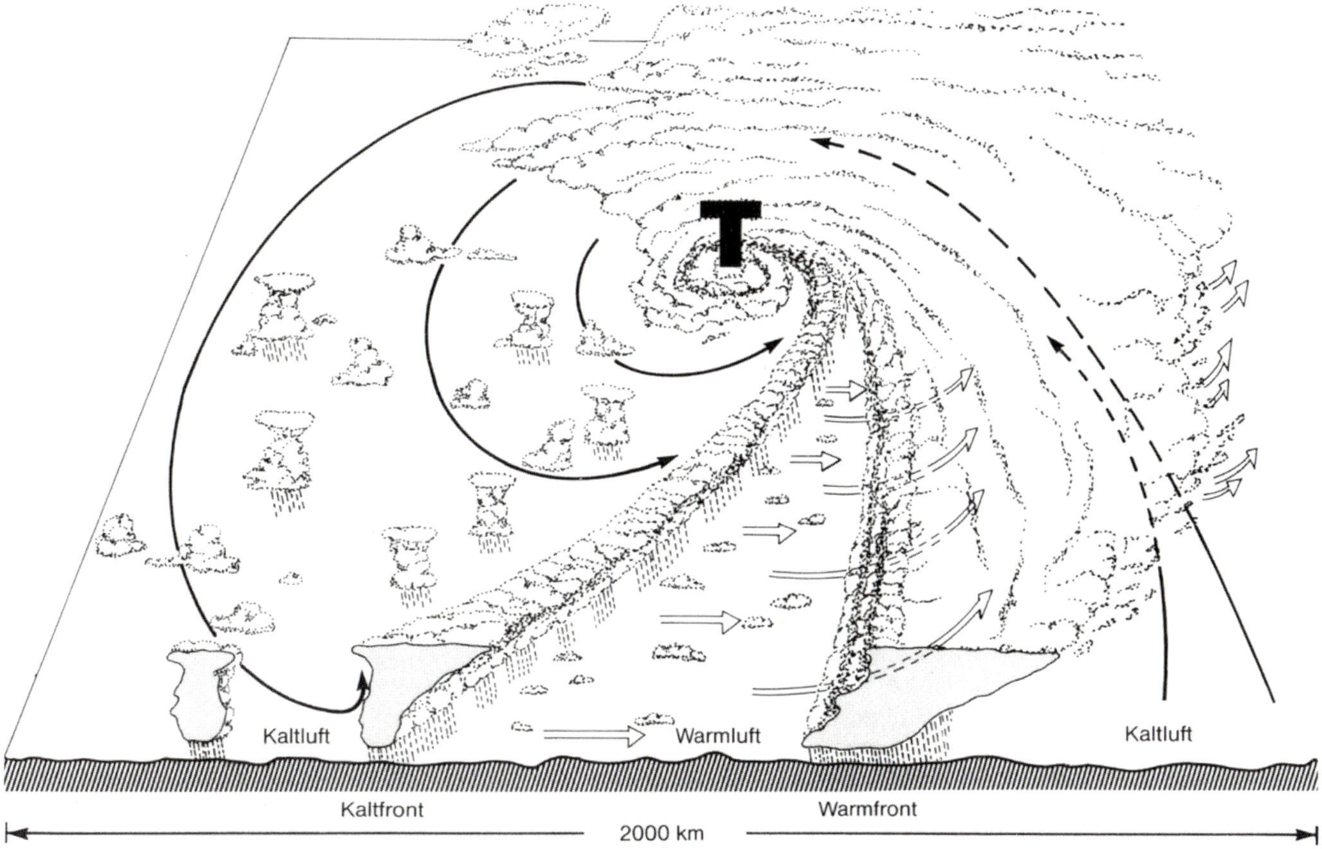

Dreidimensionales Bild der Situation der Abbildung auf Seite 26.

Kaltluft

Warmluft

Kaltluft

Kaltfront

Warmfront

2000 km

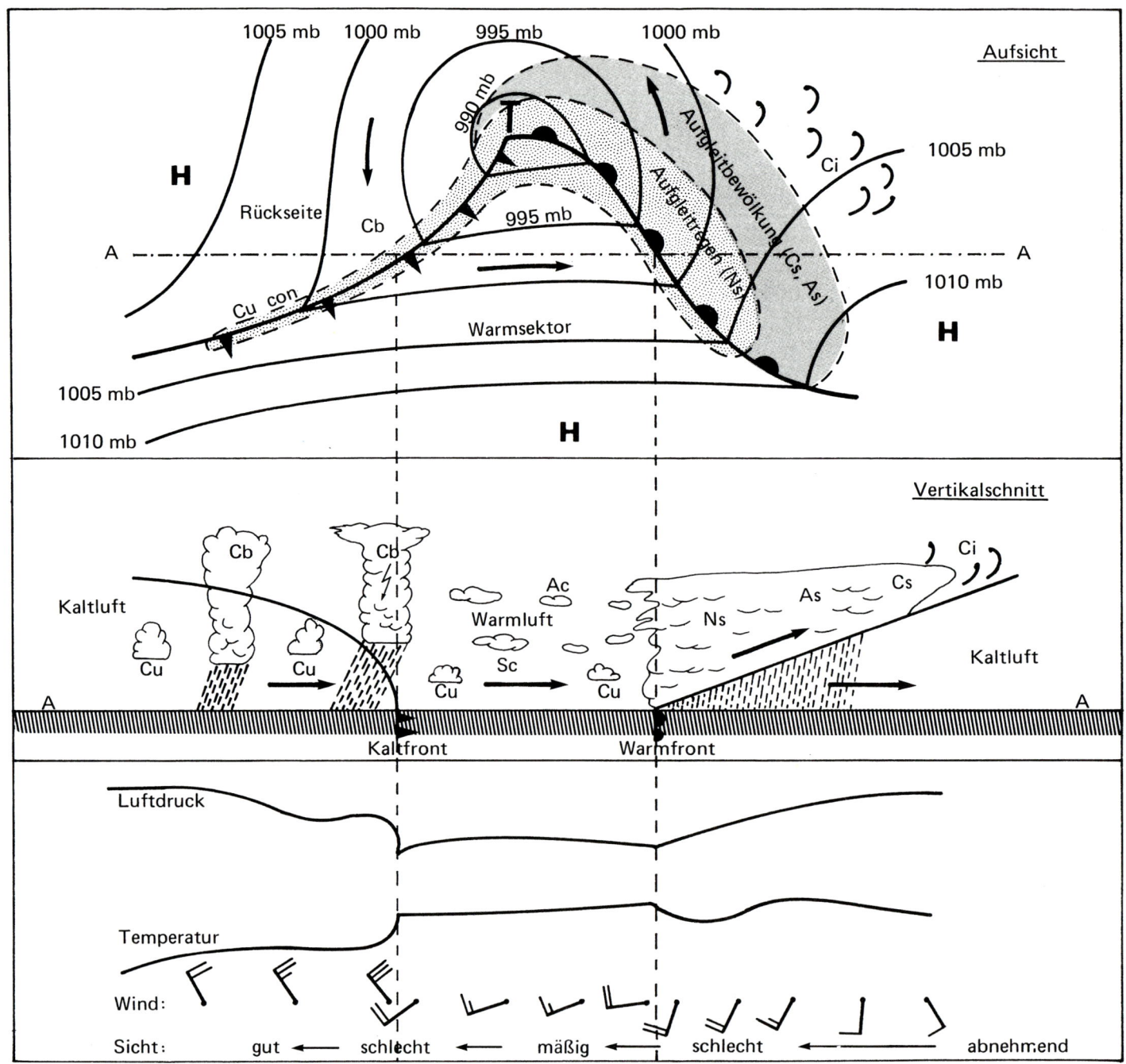

Typische Niederschlagsgebiete des Tiefs mit Luftdruck- und Temperaturverlauf sowie Winddrehung beim Durchzug der Fronten

Durchzug einer Warmfront

Die aufgleitende Warmluft ist normalerweise stabil geschichtet. Im Sommer kann sie in seltenen Ausnahmefällen labil geschichtet sein, dann weicht ihr Erscheinungsbild vom nachfolgenden Schema ab.

Der Beobachter am Boden registriert das Annähern einer Warmfront, wenn diese noch mehrere hundert Kilometer entfernt ist.

Das Wetter vor der Warmfront beginnt mit stetig sinkendem Luftdruck, da die schwere Kaltluft von oben her mehr und mehr von der herannahenden Warmluft ersetzt wird. Dies hat einen stabilisierenden Effekt, die Thermik verschlechtert sich zusehends. Gleichzeitig erscheint in großer Höhe Cirrus-Bewölkung, Cirrostratus, welche sich schnell zu einer kompakten Aufzugs- oder Aufgleitbewölkung verdichtet und nach unten anwächst.

Der Wind dreht auf Südwest und nimmt an Stärke zu.

Unterhalb werden Höhenschichten erfasst, in denen Feuchtigkeit nicht nur in Form von Eiskristallen, sondern auch als Wassertropfen vorkommt, Altostratus.

Zusammengebackene Eiskristalle fallen aus den Wolken und schmelzen beim Sturz durch tiefere Luftschichten. Ist dort die Luft noch trocken, saugt sie das Wasser gierig auf und wird feuchter, die Wolkenuntergrenze sinkt noch weiter ab.

Eine graue Wolkenschicht zeigt sich, Nimbostratus. Die fallenden Wassertropfen verdunsten nicht mehr, da die Luft inzwischen mit Feuchtigkeit gesättigt ist, sie fallen – je nach Jahreszeit – als Regen oder Schnee zur Erde. Das Niederschlagsgebiet kann gut 300 km breit sein.

Da mit Warmfrontdurchzug auch am Boden die Kaltluft von Warmluft ersetzt wird, steigt die Temperatur an. Der Wind weht gleichmäßig, ist selten böig und hat eine deutliche Südkomponente. Warmfronten ziehen langsam voran. Ihr breites Niederschlagsgebiet kann lang anhaltendes Regenwetter bescheren.

Warmsektor

Nach Durchzug des Niederschlagsgebietes hellt der Himmel auf. Die Sonne bricht wieder durch. Der Warmsektor weist in allen Höhen Warmluft auf. Der Wind weht aus südwestlicher Richtung und die Temperatur verändert sich nicht.

Im Sommer können sich hinter einer abziehenden Warmfront Quellwolken bilden, die sich infolge starker Sonneneinstrahlung auf dem durchnässten Erdboden entwickeln, aber wegen der stabilen Schichtung nicht hochreichen und nur schwache Thermik erwarten lassen.

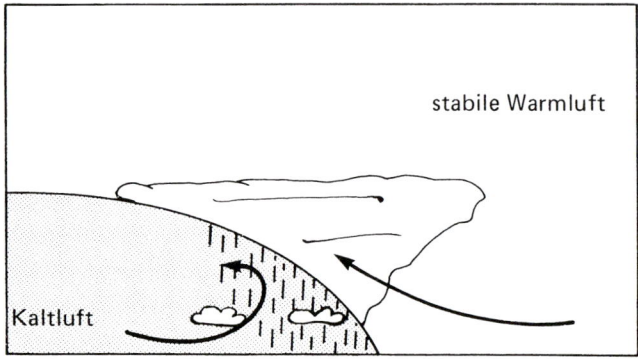

Kaltfront

Beim Vordringen kalter gegen warme Luft schiebt sich die Kaltluft infolge ihrer größeren Dichte keilförmig unter die Warmluft und verdrängt sie nach oben. Die Einbruchsfläche ist selten so geradlinig wie die Warmfrontfläche. Zum Beispiel in Gebirgstälern kann die Kaltluft der Frontlinie vorauseilen. Die Neigung der Einbruchsfläche variiert von 1 : 40 bis 1 : 80, die Fronttiefe von 10 bis 100 km. Die Wetterkarte zeigt als Kaltfront die Schnittlinie der Einbruchsfläche mit der Erdoberfläche.

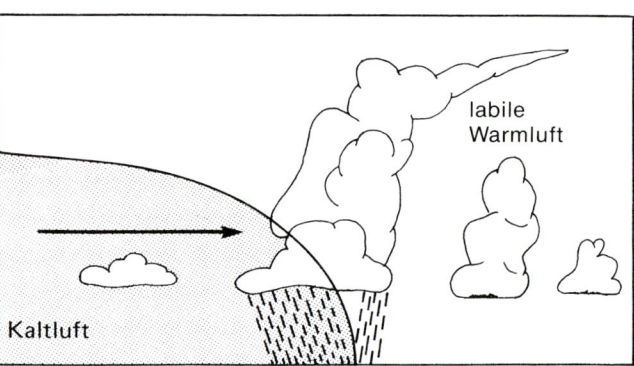

Kaltfronten bei unterschiedlicher Labilität der Warmluft

Durchzug der Kaltfront

Entlang der Einbruchsfläche strudelt – der Thermik ähnlich – die Warmluft empor. Quellbewölkung, Cumulus, entsteht. Mit Annäherung der Kaltfront sinkt die Wolkenbasis ab und es kommt zu Schauern.

Die Quellbewölkung ist aufgetürmt zur Gewitterwolke, Cumulonimbus (Cb), als charakteristische Wolke der Kaltfront. Häufig bildet sich entlang der Kaltfront eine Kette von Cumulonimben mit heftigen Frontgewittern.

Am Erdboden bildet sich ein so genannter Kaltluftkopf aus, der schon vor der eigentlichen Kaltfront in die Warmluft vordringen kann und dort eine gefährliche Böenlinie, den »Böenkragen«, erzeugt.

Beim Eintreffen der Kaltfront zeigt die Temperatur einen deutlichen, sprunghaften Rückgang.

Die stärkste Quellbewölkung tritt beim Durchzug der Kaltfront auf, der Luftdruck sinkt kurzzeitig und steigt mit Ankunft der schweren Kaltluftmasse wieder an. Mit wachsender Entfernung der Kaltfront klingt die Schauertätigkeit ab, die Quellwolken werden wieder flacher.

Rückseitenwetter

Die Rückseite hinter der Kaltfront zeigt einen Wechsel zwischen starker und aufgelockerter, doch tendenzmäßig abnehmender Quellbewölkung mit noch vereinzelten Schauern. Die Kaltluft ist labil geschichtet. Zunächst herrscht turbulenter und kräftiger Wind. Der Luftdruck steigt an. Die Sicht ist hervorragend, weil der Niederschlag die trüben Partikel ausgewaschen hat. Unmittelbar nach dem Abtrocknen entwickelt sich Thermik, die jedoch turbulent und zerrissen ist.

Okklusion

Die Warmluft ist vom Boden abgehoben und durch kältere Luft vom Boden abgeschlossen, okkludiert. Die Wettererscheinungen der Warm- und Kaltfront überlagern sich; sie sind nicht mehr durch den Warmsektor getrennt.

Drei verschieden temperierte Luftmassen sind am Aufbau der Okklusion beteiligt: die Warmluft in der Höhe und zwei Kaltluftmassen, die am Boden unmittelbar aneinander grenzen, während sie in der Höhe durch die Warmluft getrennt sind. Es hängt nun von den Temperaturverhältnissen der beteiligten Kaltluftmassen ab, welchen Charakter die Okklusion hat; ob die Erscheinungen der Warmfront oder die der Kaltfront mehr in den Vordergrund treten.

Warmfrontokklusion

Bei der Okklusion mit Warmfrontcharakter ist die nachfolgende Kaltluft wärmer als die vorausgehende Kaltluft. Damit gibt es Aufgleiterscheinungen wie bei der Warmfornt, doch in abgeschwächter Form.

Bei Durchzug der Warmfrontokklusion geht die Aufgleitbewölkung unmittelbar in Quellbewölkung über. Länger anhaltender Niederschlag wird von kurzer Schauertätigkeit abgelöst.

Kaltfrontokklusion

Bei der Okklusion mit Kaltfrontcharakter ist die nachfolgende Kaltluft kälter als die vorausgehende Kaltluft. Die Aufgleiterscheinungen sind nur schwach ausgeprägt oder fehlen gänzlich. Bei der Kaltfrontokklusion kommt es ohne vorherige Aufgleitbewölkung und -niederschläge zu starker Quellbewölkung, eventuell von Schauern begleitet.

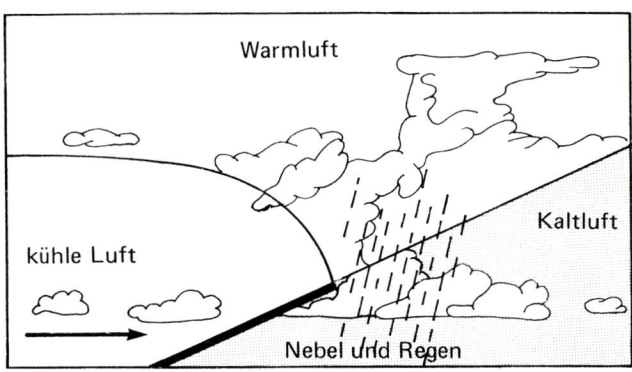

Warmfrontokklusion

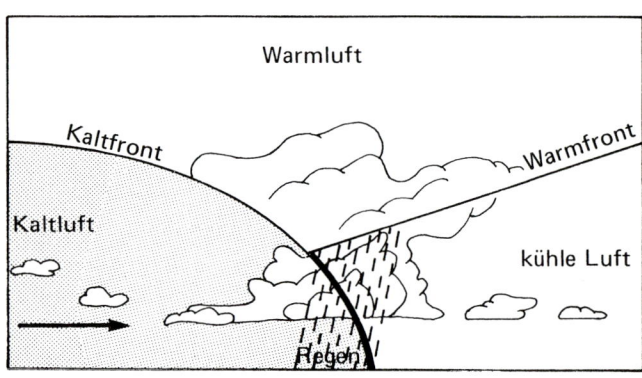

Kaltfrontokklusion

Wolkenstockwerke

Es gibt drei Wolkengrundformen:

- Cumuluswolken entstehen durch lokal aufsteigende Luft. Dies kann Thermik sein oder der Anstieg labiler Luft an Bergen oder einer Kaltfront.
- Stratuswolken entstehen durch breitflächige Abkühlung einer Luftschicht. Entweder erfolgt die Abkühlung bei der Lagerung oder langsamen Bewegung einer Warmluftschicht über kalten Untergrund, sei es kalter Boden oder eine Kaltluftschicht. Oder eine Warmluftschicht wird angehoben, durch Aufgleiten auf Kaltluft oder Anstieg am Bergzug.

Mischform aus Cumulus und Stratus ist die Stratocumulusbewölkung. In feuchte Luftschichten wachsen Cumuluswolken hinein und breiten sich horizontal aus.

- Wellenwolken entstehen durch Wellenbewegung strömender Luft. Auslöser für die Wellenbewegung sind Bergzüge oder Deformationen an Inversionsgrenzen.

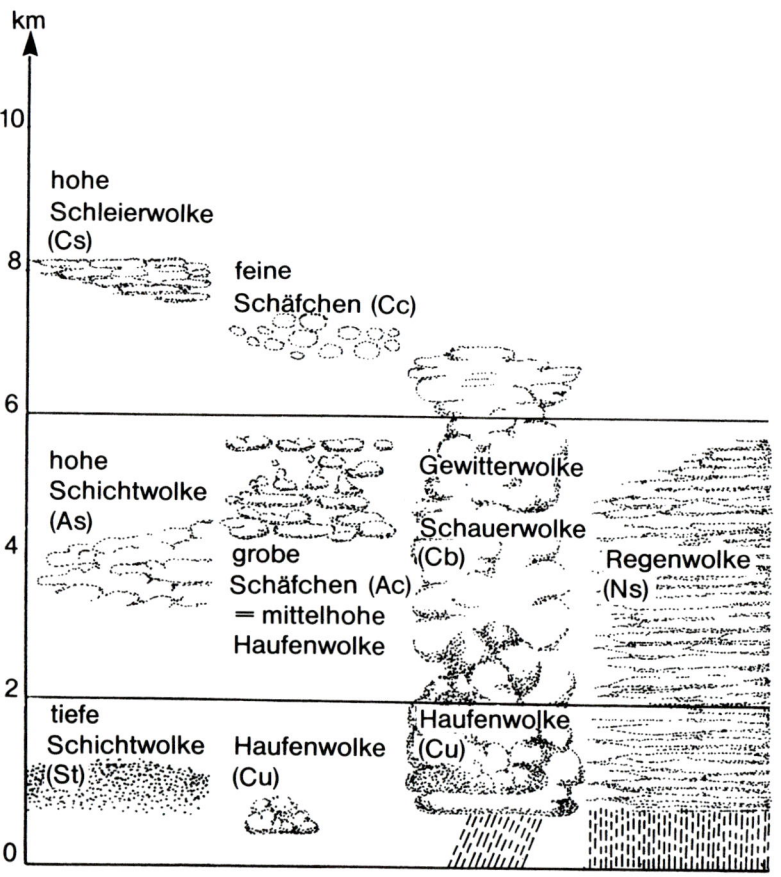

Wolkenname	Entstehung	Inhalt	Höhe	Erscheinung	Auswirkung
Stratus	Warmfront-Anhebung oder Abkühlung einer Schicht	Wasser	unter 2,5 km	niedrige graue Schicht	Nieseln
Nimbostratus	Warmfront-Anhebung	Wasser bis Eis	Grund bis über 6 km	eintönig grau	Dauerregen oder Schneefall
Altostratus	Warmfront-Anhebung oder Abkühlung einer Schicht	Wasser bis Eis	über 2,5 km hochreichend	grau	kündigt Niederschlag an
Cirrostratus	Warmfront-Anhebung	Eis	über 6 km	weißlichgraue Schleier	Vorbote der Warmfront
Cirrus	Warmfront	Eis	über 6 km	weiß faserförmig	deuten auf Warmfront und hohe Windgeschwindigkeit in der Höhe
Cumulus	örtliches Steigen	Wasser	unter 2,5 km	weiße Wattebäusche	Thermik
Altocumulus	einfließende Höhenkaltluft	Wasser Eis	über 2,5 km	weiße bis graue schuppenartige Wolkenhäufchen	Gewitterbote
Lenticularis	Wellenbewegung	unterkühltes Wasser	über 2,5 km	Linsen	Föhn
Cirrocumulus	Kaltlufteinbruch	Eis	über 6 km	kleine weiße gerippelte Häufchen	Wetterverschlechterung
Cumulonimbus	Labilität	Wasser, Eis	von Grund bis über 6 km, oft Tropopause	weiß, grau, schwarz	Gewitter
Stratocumulus	feuchte Luftschicht und Sperrschicht	Wasser	unter 2,5 km	weiß ausbreitend	Abschirmung

Der Rauch eines Strohfeuers zeigt die Entstehung einer Cumuluswolke optisch an. Zugleich macht er die komplizierte Aufwindverteilung sichtbar und beweist, dass es keine einheitlichen Aufwindmodelle gibt.

Flockige mittelhohe Wolken deuten an, dass durch Kaltlufteinschub in der Höhe ein Labilisierungseffekt eintritt.

Gewitterwolken »drücken« sich an der Inversion (häufig Tropopause) platt und bilden ihren Amboss aus.

Der Windsack des Landefeldes hat bereits auf die herabstürzende Kaltluft reagiert.

Hochdruck

Die Hochdruckgebiete in unseren Breiten unterscheiden sich:
- das Kältehoch zwischen zwei Tiefdruckgebieten, es stammt aus der polaren Kaltluftmasse;
- das stabile Warmlufthoch, das aus dem Hochdruckgürtel der Rossbreiten gedriftet ist, Azorenhoch.

Strömung beim Hoch

Jedes Hoch bildet sich durch Absinkvorgänge. Die absinkende Luft lastet auf dem Boden, der Luftdruck erhöht sich. Die Luft will aus dem Gebiet hohen Drucks nach allen Seiten wegströmen, wird dabei aber nach rechts abgelenkt. Eine Windströmung mit Drehrichtung rechts – im Uhrzeigersinn – ist das Resultat. Diese sich drehende Luftmasse heißt Antizyklone.

In Bodennähe ist Bodenreibung wirksam, die Windgeschwindigkeit wird abgebremst und damit gleichzeitig der Corioliseffekt reduziert. Die weniger starke Rechtsablenkung hier ermöglicht das allmähliche Wegströmen der Luft aus dem Hochdruckgebiet. In der Höhe dagegen bewirkt die Rechtsablenkung, dass die Luft zur Rotation gezwungen wird und dort nicht aus dem Hochdruckgebiet entweichen kann.

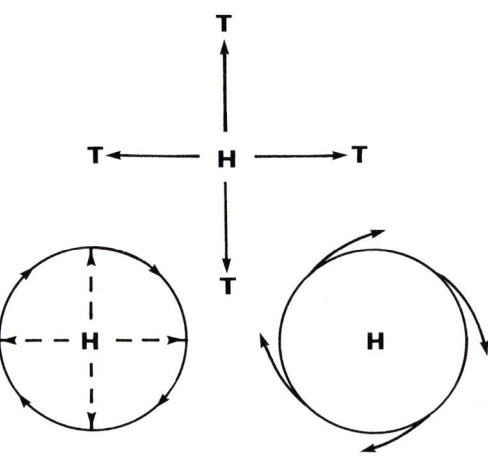

Die absinkende Luft – ihre Sinkgeschwindigkeit schwankt je nach Luftdruck zwischen 0,1 m/s und 1 m/s – gelangt in Schichten höheren Luftdrucks und wird dort zusammengedrückt. Die Kompression erwärmt sie (Beispiel Luftpumpe). Wärmere Luft kann mehr Feuchtigkeit in Gasform aufnehmen. Die Wassertröpfchen bzw. Eiskristalle der mittelhohen und hohen Bewölkung verdunsten zu unsichtbarem Wassergas, die Wolken lösen sich auf – blauer Himmel über dem Hochdruckgebiet. Das Absinken reicht nur im Zentrum des Hochs weit zum Erdboden herunter und verhindert hier Thermik. Ansonsten kommt das Absinken in irgendeiner Höhe zum Stillstand und prägt dort die Absinkinversion, bis zu der hinauf Thermik steigen kann.

Kältehoch

Durch den Vorstoß kalter Polarluft hinter der abziehenden Kaltfront einer Zyklone baut sich eine Zone höheren Luftdrucks auf. Erfolgen solche Kaltluftvorstöße im Verband mit einer Zyklonenfamilie, so haben die zwi-

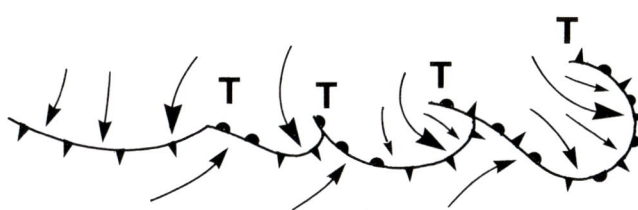

Zyklonenfamilie

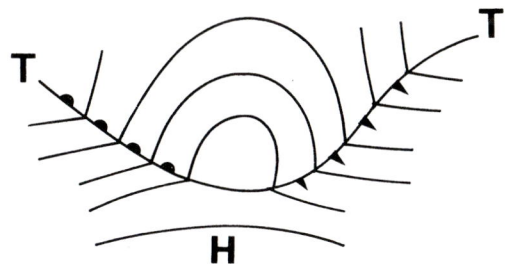

Zwischenhoch

schenliegenden Hochdruckkeile (Zwischenhoch) nur eine begrenzte Ausdehnung und ziehen ebenso schnell vorüber wie die Zyklonen. Das Kältehoch reicht nicht in große Höhe und taucht daher nicht in der Höhenwetterkarte auf.
Hinter einer größeren, selbstständigen Zyklone entsteht manchmal auch ein kräftigeres, selbstständiges Hoch, das dann nicht der Zyklone hinterherzieht.

Wärmehoch

Das Wärmehoch stammt aus der äquatorialen Luftzirkulation. Es ist ein stabiles, nahezu ortsfestes Hochdruckgebiet, das als Steuerzentrum wirkt, sodass ankommende Zyklonen rechts oder links das Hoch umschiffen. Auch die Höhenströmung weicht aus, denn das Wärmehoch reicht im Gegensatz zum Kältehoch weit hinauf bis an die Tropopause und ist auch in der Höhenwetterkarte ausgewiesen.

Winterwetter des Wärmehochs
Am Boden nimmt ein Wärmehoch stets die herrschende Bodentemperatur an, deswegen ist das Wärmehoch im Winter nur in der Höhe »warm«. An der Sperrschicht zwischen kalter Boden- und wärmerer Höhenluft kann sich Hochnebel entwickeln, der nur die höheren Lagen der Mittelgebirge und Alpen frei lässt.
Ist die Bodenluft zusätzlich feucht, bilden sich Bodennebel und Dunst. Die fehlende Luftdurchmischung unterhalb der Sperrschicht führt zu Smog.

Sommerwetter des Wärmehochs
Bei anhaltendem Sommerwetter ist die Luft bis in größere Höhe erwärmt. Thermik kann nur entstehen, wenn die Sonne den Boden und die bodennahe Luftschicht noch stärker erwärmen kann. Im zentralen Bereich des Wärmehochs herrscht meist stabiles, thermikarmes Wetter. Es gibt eine Ausnahme: wenn das überregionale Wettergeschehen dem stabilen Wärmehoch anhaltende Kaltluftzufuhr in der Höhe beschert.

Als typischer Tagesverlauf des Windes ist zu erwarten: Während der sternenklaren Nacht kühlen die Erdoberfläche und die bodennahe Luftschicht aus. Diese lastet unbeweglich am Boden und durchmischt sich nicht mit der wärmeren Luftschicht über ihr – Bodeninversion.

Nach einem windstillen Morgen nimmt mit Einsetzen der Thermik der Wind im Tagesverlauf zu. Sein Maximum erreicht er am frühen Nachmittag, wenn die Erdoberfläche am stärksten aufgeheizt ist. Dann erfolgt die thermische Durchmischung der Luftschichten und der überregionale Wind kann bis zum Boden durchgreifen.

Abends nimmt der Wind am Boden wieder ab, bis er schließlich ganz einschläft. Die durch die Auskühlung entstehende Bodeninversion bildet eine Sperrschicht gegen den überregionalen Wind.

Ist jedoch die Luftschicht in der Höhe sehr warm oder wird die bodennahe Luftschicht nicht kräftig genug aufgeheizt, kommt die thermische Durchmischung nicht zustande. Dann bleibt der Tag windschwach.

Der Wind

Das Zusammenspiel von Hoch und Tief

Das stationäre Hoch hat auf seiner östlichen Seite stets kältere Luft, auf seiner westlichen Seite wärmere Luft. Durch seine Rechtsdrehung schaufelt es südliche Warmluft nach Norden und nördliche Kaltluft nach Süden. Flankierende Tiefs verstärken diesen Effekt.

An der Entstehung des Windes sind hauptsächlich drei Faktoren beteiligt:

- Die Druckgradientkraft setzt die Luft vom hohen zum tiefen Druck in Bewegung, um Druckausgleich zu erzielen.
- Der Corioliseffekt lenkt die Bewegungsrichtung auf der Nordhalbkugel nach rechts ab und verhindert den Druckausgleich zunächst.
- Die Bodenreibung schwächt die Windgeschwindigkeit und damit den Corioliseffekt in Bodennähe ab.

Hoch
Tief

H
1020
1010
1000
995
T 990

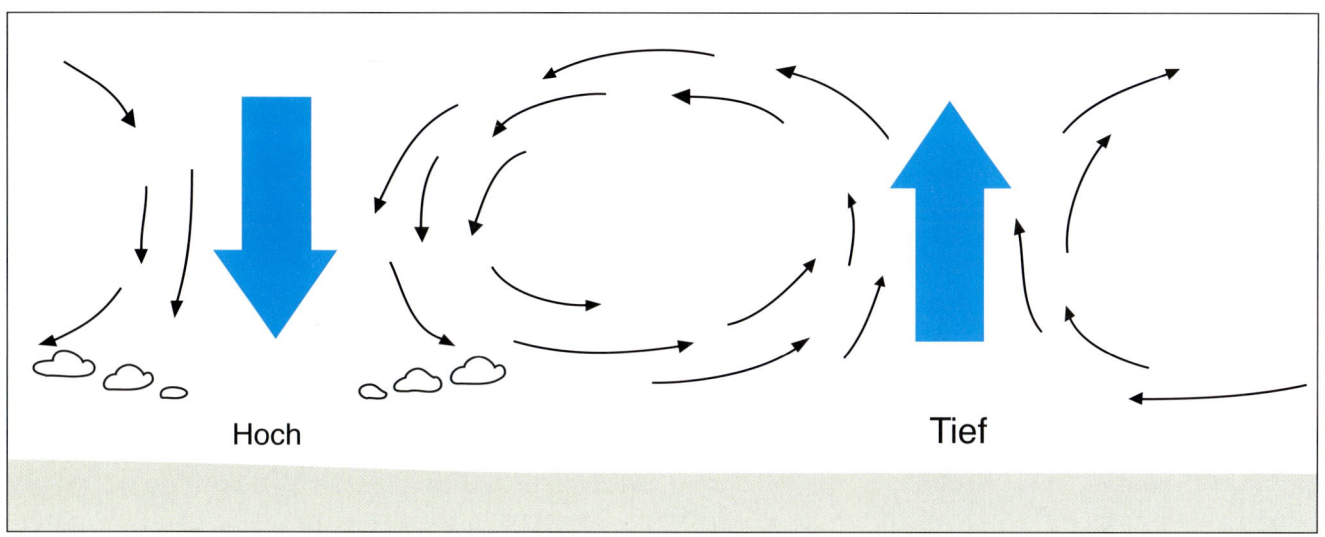

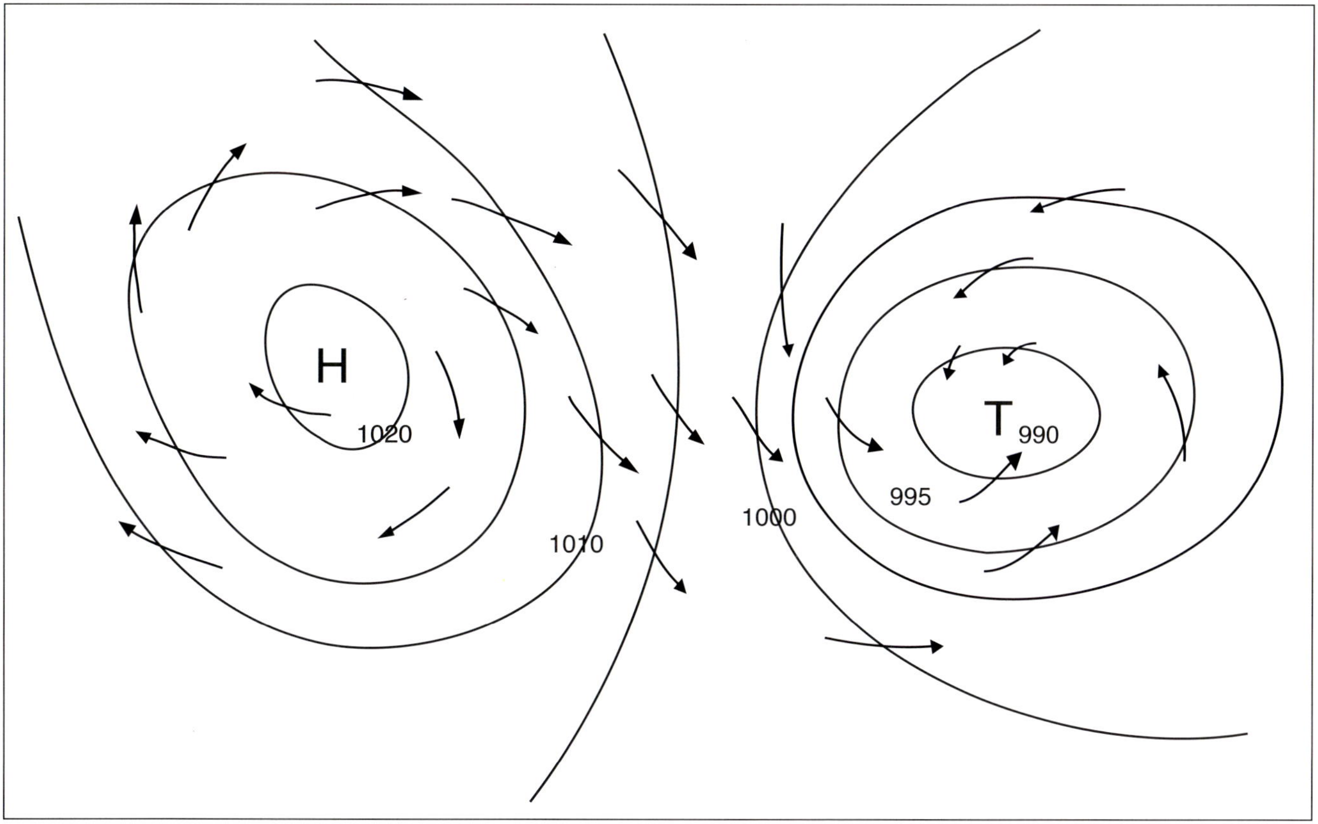

Windgradient

Der Windgradient gibt den Grad der Abschwächung des Windes zum Boden hin an. In unmittelbarer Bodennähe ist die Bremswirkung am größten. Sie ist abhängig von der Untergrundrauigkeit.

Beim Landeanflug führt ein großer Windgradient zur Verlangsamung der Strömungsgeschwindigkeit am Fluggerät – Stallgefahr.

In der Regel nimmt die Bodenreibung mit der Höhe in den ersten 500 m schneller ab, bis sie in durchschnittlich 1500 m gänzlich verschwindet.

> Faustregel: 500 m über Grund doppelte
> Bodenwindstärke
> 1500 m über Grund dreifache
> Bodenwindstärke

Die Mittelgebirge und Alpen stellen einen Sonderfall dar, weil das verwirbelte Gebiet höher reicht. Eine andere Ausnahme ist bei großen Wasserflächen gegeben, sie weisen auch direkt über der Oberfläche keine nennenswerte Verwirbelung auf.

Winddrehung mit der Höhe

Je stärker der Wind weht, umso stärker ist der Corioliseffekt. Ausgehend von der Bodenwindrichtung dreht der Wind bis etwa 500 m um 15 Grad, bis etwa 1500 m um 30 Grad nach rechts. In dieser Höhe weht er isobarenparallel, ein Austausch vom Hoch ins Tief findet hier nicht mehr statt.

Die Gradangaben sind nur Mittelwerte. Die Winddrehung z.B. über Wasser beträgt nur 10 Grad, über sehr rauer Erdoberfläche kann die Winddrehung bis 45 Grad betragen.

Windrichtung beim Durchzug des Hochs

Hochdruckgebiete – Zwischenhochs ausgenommen – ziehen wesentlich langsamer voran als Tiefdruckgebiete. Je größer ein Hochdruckgebiet ist, desto langsamer ist seine Zuggeschwindigkeit. Ein Hoch wandert durchschnittlich mit 15 bis 25 km/h.

Zieht ein Hoch von Westen kommend über den Beobachter am Boden, bemerkt er zunächst Wind aus nördlicher Richtung (Abbildung unten links).

Je näher das Zentrum des Hochs heranrückt, umso schwächer wird in der Regel der Wind. Beim Weiterzug des Hochs dreht der Wind auf Ost und frischt wieder auf (Abbildung unten Mitte). Beim Abzug des Hochs dreht der Wind auf Südost (Abbildung unten rechts).

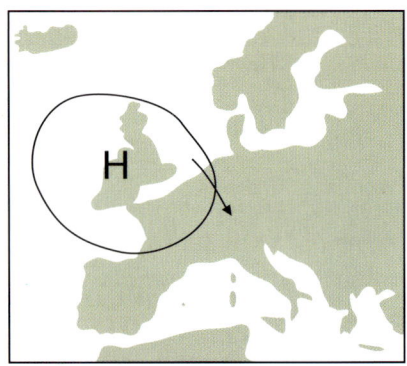
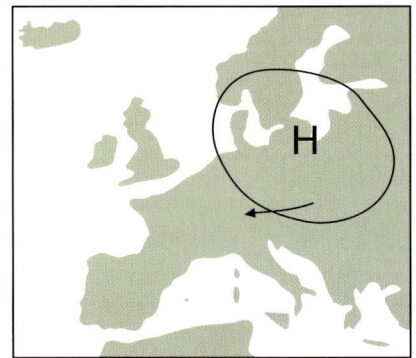
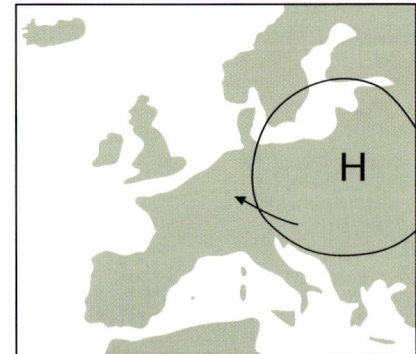

Isobaren

Über die Erde ist ein Netz von Beobachtungsstationen gelegt, die unter anderem den jeweils örtlich herrschenden Luftdruck an eine zentrale Station weitermelden. Die gemessenen Luftdruckwerte werden auf Meeresspiegelhöhe, Normal-Null (NN), umgerechnet, sonst würde sich wegen der Höhenunterschiede zwischen den Beobachtungsstationen ein verzerrtes Bild ergeben.

Die Orte gleichen Luftdrucks sind in der Wetterkarte durch Linien, genannt Isobaren, miteinander verbunden (griechisch isos = gleich und baros = Druck). Die Windrichtung in der Höhe mit isobarenparalleler Luftbewegung lässt sich an der Richtung der Isobaren ablesen. Die Krümmung der Isobaren bewirkt eine stets nach außen gerichtete Zentrifugalkraft, die geringfügigen Einfluss auf die Windgeschwindigkeit nimmt.

Druckgradient

Die Abstände zwischen den Isobaren zeigen das Druckgefälle vom Hochzentrum zum Tiefkern (Druckgradient). Je steiler das Druckgefälle, also je enger der Isobarenabstand, desto stärker ist die Druckgradientkraft und umso schneller die Luftströmung.

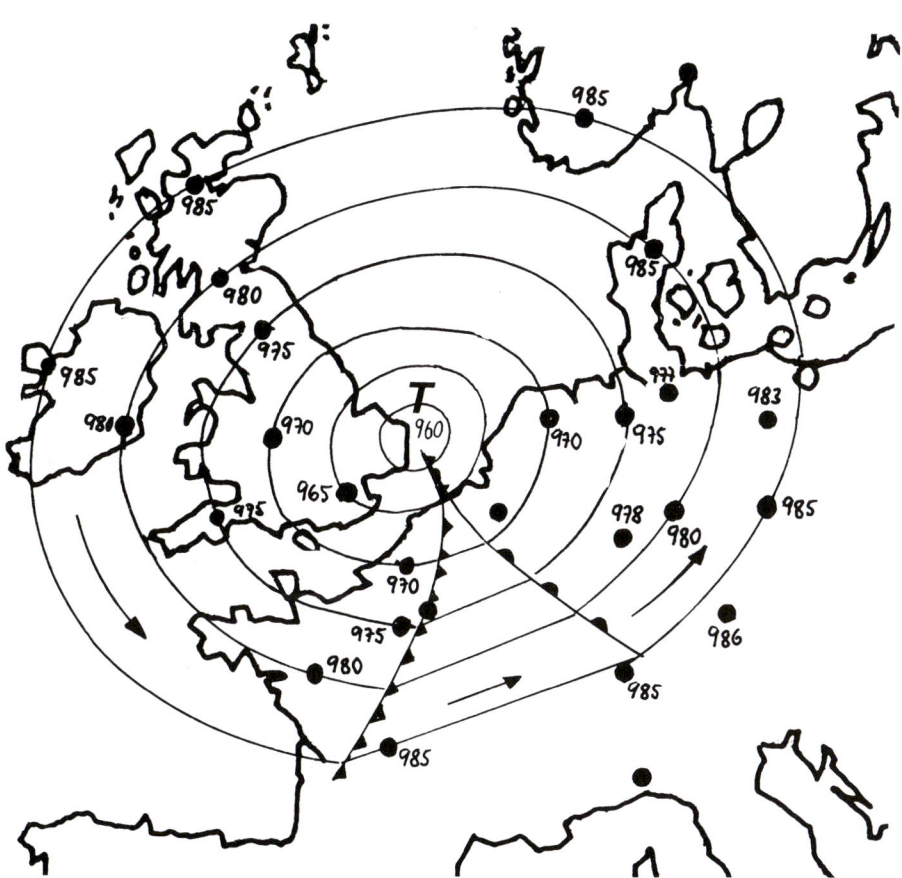

Windsystem im Gebirge

Der thermische Hangaufwind (anabatischer Hangwind), das Talwindsystem des Gebirges und der überregionale Wind ergeben oft komplizierte Windsituationen. Nachfolgend werden die einzelnen Faktoren erläutert und deren Zusammenwirken anhand von praktischen Beispielen gezeigt.

Der thermische Hangaufwind

Jedes Tal hat drei geneigte Flächen: Zwei mehr oder weniger steil abfallende Berghänge und den zur tieferen Ebene abwärts geneigten Talgrund. Das Zusammenspiel dieser Flächen bei Sonneneinstrahlung bewirkt den thermischen Hangaufwind. Stabile Schichtung und der überregionale Wind können den Hangaufwind behindern.

Auslösung durch Sonneneinstrahlung
Mit Beginn der Sonneneinstrahlung erwärmen sich zuerst die gut eingestrahlten Hangflächen, deren Bewuchs und Oberflächenbeschaffenheit eine schnelle Erwärmung zulassen. Senkrechte Einstrahlung bei klarer Luft auf trockener Oberfläche bewirkt die stärkste Erwärmung. Die aufgeheizten Hangflächen erwärmen die hangnahe Luft. Warme Luft ist leicht, sie steigt. Anabatischer Wind setzt in einer hangnahen, mehr als 150 m dicken Schicht ein.
Messergebnisse aus einem Forschungsprojekt über dem Inntal liefern Anhaltspunkte:

Entfernung in Metern senkrecht zum Hang									
5	10	15	20	25	30	35	45	90	100
Windgeschwindigkeit in km/h hangaufwärts									
9	11	13	13	15	15	13	13	9	9
Vertikale Komponente des Windes in m/s									
1,6	2,1	2,5	2,7	2,8	2,7	2,6	2,5	1,8	1,6

Anabatische Winde an einem 42 Grad steilen Berghang bei Innsbruck

Stabilität
Je stabiler die überregionale Luftmasse geschichtet ist, umso schmäler die Hangaufwindschicht und umso geringer die Aufwindgeschwindigkeit.

Hangneigung

Flache Hänge begünstigen eine dickere Aufwindschicht. Steile Hänge begrenzen den Aufwind auf eine schmälere Schicht mit höherer Aufwindgeschwindigkeit. Im Durchschnitt ist 30 bis 40 m vom Hang entfernt die hangparallele Strömung des anabatischen Windes am stärksten.

Hanghöhe

Führt der Weg des Hangaufwindes eine weite Strecke über erwärmte Hangoberfläche, wird er dort zusätzlich aufgeheizt, er nimmt an Stärke zu und sein Aufwindband wird breiter.

Hangverlauf

Wird die Aufwindschicht durch Geländestufen, Bewuchs oder Schattengrenzen von der Hangoberfläche kurzzeitig abgelöst, schmiegt sie sich danach wieder an den Hang, sofern der weitere Hangverlauf dies zulässt. Die Aufwindgeschwindigkeit lässt jedoch insgesamt wegen der Wirbelbildung bei der Ablösung und der anschließenden Unterbrechung der Wärmezufuhr nach.

Kein Zurück zum Hang gibt es an größeren waagrechten Absätzen (z.B. Hochebene), an Waldrändern (so-

Die Thermik verliert den Hang.

lange die Waldfläche kalt ist), an der Schneegrenze und am Gletscherrand. Über sehr kalten Flächen herrscht trotz Sonneneinstrahlung immer Abwind (Gletscherwind).

Ablösung am Bergkamm

Am Berggrat löst sich der Hangaufwind endgültig ab und vereinigt sich mit den anabatischen Winden der anderen Bergflanken. Der weitere Aufstieg folgt den Gesetzen der Thermik.

Je höher die Kammlage, umso höher steigt theoretisch der Aufwind über den Kamm. Im Hochgebirge wurden in Kammhöhe Aufwindstärken von 10 m/s gemessen.

Die Thermik findet zum Hang zurück.

Gebirgswindzirkulation

An einem sonnigen Tag im Gebirge arbeiten zwei Kreis-läufe:

● Jedes einzelne Tal entwickelt für sich den anabatischen Wind an beiden Hangflächen, dessen Aufstieg teilweise durch absinkende Luft im mittleren Talbereich ausgeglichen wird.

● Zeitlich verzögert bewirkt die Summe der an den Bergkämmen wegsteigenden Warmluft ein großräumiges Anheben der gesamten Luftmasse über der Gebirgsregion. Kühlere Luft aus dem Flachland strömt durch die Täler nach – Talwind weht. Der Druckausgleich erfolgt durch Höhenströmung in Gegenrichtung.

Beide Kreisläufe überlagern sich und haben bei ungestörter Hochdrucklage einen 24-Stunden-Rhythmus.

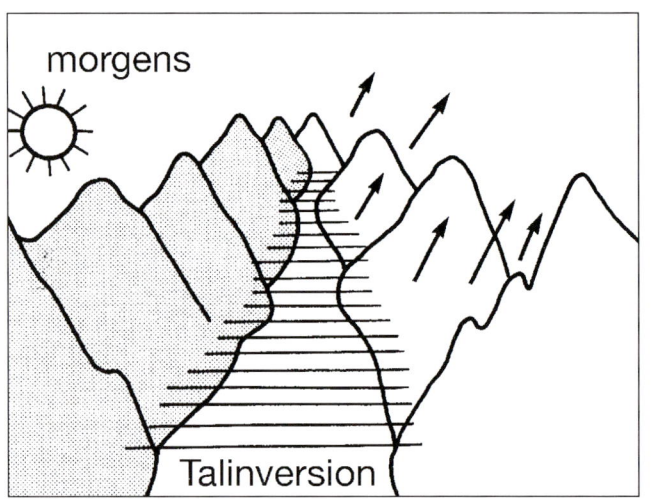

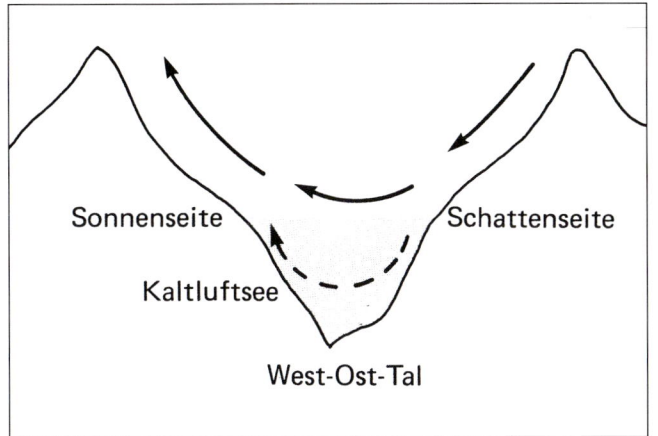

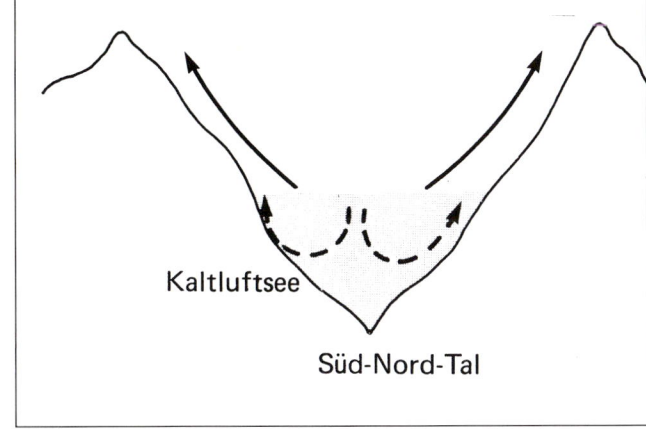

Vormittag

Nach Sonnenaufgang heizen zuerst steile Ost- und Südosthänge auf, am späten Vormittag die Südhänge; jeweils hohe Lagen früher als tiefere.

Mittag

Die höher stehende Sonne erwärmt nun auch die talnahen Hänge und den Talgrund. Der über Nacht entstandene Kaltluftsee im Tal (Talinversion) wird weggeheizt. An allen Hangflächen – ausgenommen reine Nordlagen – weht vom Tal bis zur Kammhöhe anabatischer Hangwind. Die Aufwindstärke hängt ab von der Strahlungsintensität, an unbeschatteten Südhängen ist der Aufwind am stärksten.

Die großräumige Gebirgswindzirkulation beginnt und der Talwind setzt ein. Breite und tiefe Täler bilden starken Talwind. Im Taleingang am Anfang des Gebirges und später bei Talverengungen beschleunigt er (Düseneffekt), bei Ausweitungen wird er langsamer. Der stetige Luftstrom durch das Tal stört die Thermikbildung über dem Talgrund und beendet die kurze Dauer des Hangaufwindes im talnahen Bereich. Im unmittelbaren Alpenvorland kann sich schlecht Thermik bilden, weil die Luft vor ausreichender Erwärmung ins Gebirge abgesaugt wird.

Nachmittag

Der Wärmeunterschied zwischen den hangnahen Luftschichten und der mittlerweile durchmischten und angewärmten Umgebungsluft nimmt ab, die Aufwinde verlieren mit fortschreitendem Nachmittag an Stärke. Der Talwind strömt mit etwa 20 km/h die Täler entlang hinauf ins Zentralgebirge, an Engstellen kann er über 40 km/h erreichen. Zwischen 200 und 400 m Höhe über dem Talgrund ist er besonders ausgeprägt.

Abend

Am frühen Abend kühlen zuerst die Hangflächen aus, die am schwächsten eingestrahlt waren und deren Untergrund wenig Wärme gespeichert hat. Sie werden kälter als der Wärme speichernde Talgrund und kühlen die hangnahe Luftschicht. Kalte Luft ist schwer und sinkt. Es entsteht katabatischer Wind (griechisch absteigend) – Bergwind, in einer hangnahen Schicht von weniger als 150 m Stärke.

Entfernung in Metern senkrecht zum Hang									
5	10	15	20	25	30	35	45	90	100
Windgeschwindigkeit in km/h hangabwärts									
4	5	7	7	9	10	7	7	1	0

Katabatische Winde an einem 42 Grad steilen Berghang bei Innsbruck

Katabatische und anabatische Winde bestehen in der Umschlagszeit nebeneinander. Wenn der kühle Hangabwind bei seinem Abstieg auf Warmluft trifft, kommt es zu thermischen Ablösungen.

Sobald nur noch katabatischer Wind an den Hängen herrscht, dreht sich der Kreislauf um. Über warmen Talflächen steigt Luft auf (Umkehrthermik).

Am späteren Abend hat sich auch der Talgrund abgekühlt, das Temperaturgefälle zwischen Hängen und Tal ist ausgeglichen und die Umkehrthermik endet.

Die Luft über dem gesamten Gebirge sinkt großräumig ab und strömt während der Nacht beständig mit 5 bis 10 km/h durch die Täler hinaus ins Flachland. Dieser Effekt ist in sternenklarer Nacht am stärksten ausgeprägt.

Der Talabwind kann in den großen Gebirgstälern bis in die frühen Vormittagsstunden andauern.

Talwind und überregionaler Wind

Der normale Tagesgang des Talwindes kann vom überregionalen Wind stark beeinflusst werden, wenn dieser bis ins Tal durchgreift:

- Weht der überregionale Wind dem Talwind entgegen, kommt es zu einem Kräftemessen im Tal. Der stärkere Wind setzt sich dort durch. Dies kann je nach örtlicher Gegebenheit in den verschiedenen Gebirgsabschnitten zu unterschiedlichen Resultaten führen. Auch im Tagesverlauf ändert sich das Resultat, da sich Stärke und Richtung des Talwindes ändern.
- Weht der überregionale Wind in gleicher Richtung wie der Talwind, verstärkt dies die Talwindgeschwindigkeit.
- Weht der überregionale Wind quer zum Talverlauf, kann er dennoch, vor allem in breiten Tälern und an der Einmündung von Quertälern, in den Talwind eingreifen.
- An der Scherfläche zwischen überregionalem Wind und Talwind entstehen Scherwind-Turbulenzen.

Talwindkonvergenz

Noch komplexere Windsituationen treten auf, wenn der Talwind auf seinem Weg ins Gebirgszentrum durch miteinander vernetzte Täler strömt, die in verschiedene Richtungen laufen. Dann können umgelenkte Talwinde aufeinander prallen und Talwindkonvergenzen erzeugen.

Ausschnitt aus KOMPASS Panoramakarte Tirol Nr. 181, Lizenznr. 30-0503-L

Beispiel für den Talwindverlauf im Gebiet Inntal/Zillertal. Der Talwind des breiten Inntales übersteigt die quer stehende Bergkette und fällt in das Zillertal ein.

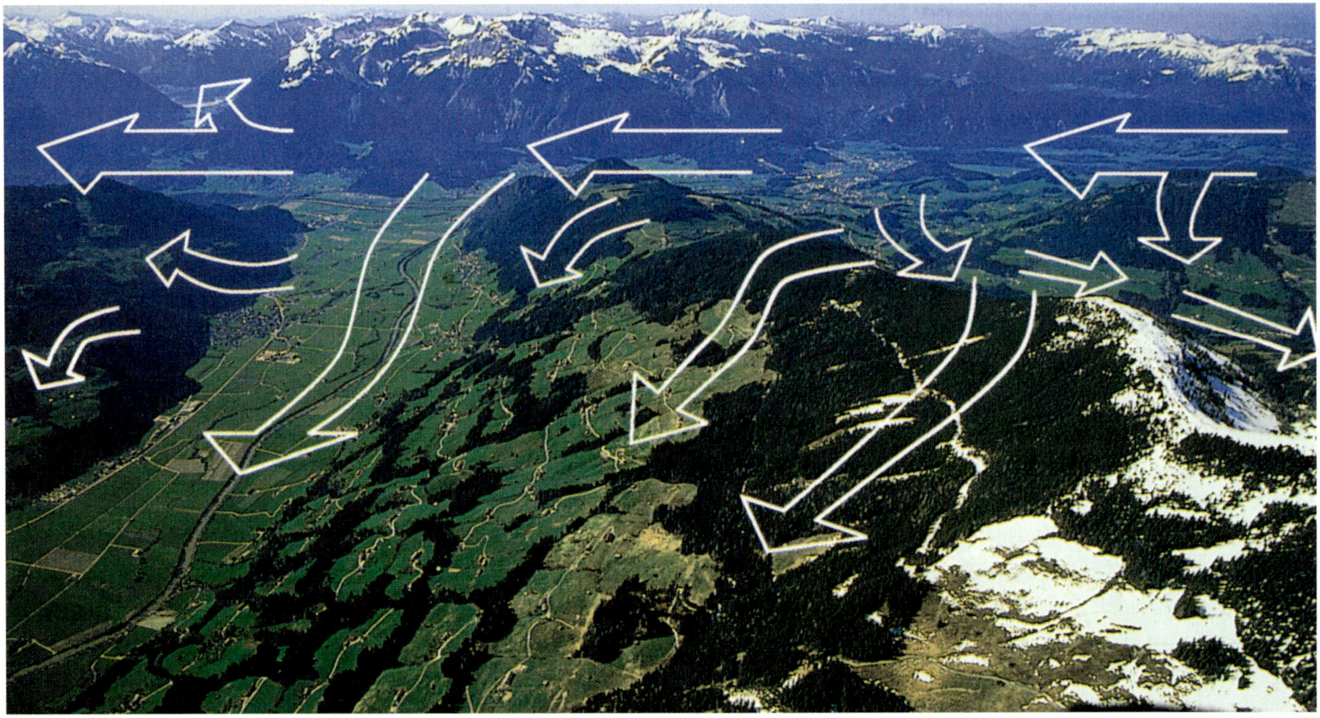

Thermik

Thermik in der Meteorologie ist Aufwärtsbewegung von Luft, die weniger dicht und deshalb leichter ist als die Umgebungsluft. Dichteunterschiede in der bodennahen Luft entstehen hauptsächlich durch Temperaturunterschiede am Boden, manchmal durch Feuchtigkeitsunterschiede. Hier dargestellt sind die Abläufe der »Warmluft«-Thermik. Wenn Thermik durch Feuchtigkeitsunterschiede entsteht, gelten die Darstellungen analog. Wärme- und Feuchtigkeitsunterschiede können kombiniert wirken.

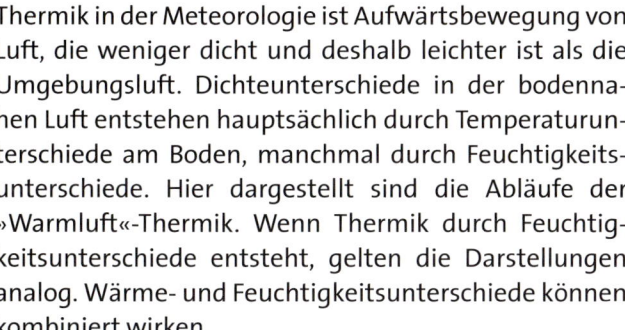

Thermik über erwärmter Platte. Versuch der Universität Minnesota

Erhitzte Luftschicht

An Sonnentagen ist die Temperatur der Erdoberfläche mehr oder weniger stark aufgewärmt. Dadurch wird die aufliegende Luftschicht wärmer und leichter als die Luft darüber. Die erwärmte Luftschicht am Boden ist oft durch ihr Flimmern, beispielsweise über Asphalt, zu erkennen. Über wüstenähnlichen Gebieten kann sie mehrere hundert Meter dick sein, in Meeresgebieten kaum mehr als 1 m. Je dicker die überhitzte Luftschicht ist, desto stärker ist das zu erwartende Steigen.
Bei einem Wärmevorsprung von etwa 2 °C zur Umgebungsluft will sich Warmluft vom Boden lösen. Aber zunächst muss ein Weg durch die darüber liegende dichte Luft gebahnt werden.

Thermikblase

Entsteht in der erwärmten Bodenschicht ein besonders stark aufgeheiztes Warmluftkissen, werden die Linien gleicher Temperatur, die zugleich die Linien gleichen Luftdrucks sind, über dem Warmluftkissen aufgewölbt. Durch das so entstandene Druckgefälle über dem Warmluftkissen fließt die Luft nach außen ab. Am Erdboden im Mittelpunkt des Warmluftkissens fällt der Luftdruck, Luft von außen strömt nach. Die Zirkulation schließt sich durch die aufsteigende Luftströmung im Zentrum und das Absinken an den Rändern.
Allmählich wird das Warmluftkissen abgeschnürt und es entwickelt sich eine Blase mit Kugelkappenform. Diese Thermikblase steigt mit zunehmendem Auftrieb hoch, da sie wärmer ist als die Umgebungsluft. Sie zieht hinter sich eine Schleppe wirbelnder Luft her – verursacht durch den Sog der aufsteigenden Warmluftblase.
Von unten wird weitere Warmluft angesogen, jedoch von seitwärts auch kühle Luft. Diese Luftkörper mischen sich und sind deshalb etwas schwerer als die vorauseilende Warmluftblase. Darum folgt die Schleppe der emporschießenden Thermikblase etwas langsamer.
Ist am Boden keine weitere Warmluft vorhanden, bleibt es beim Aufstieg einer einzelnen Thermikblase. Solange

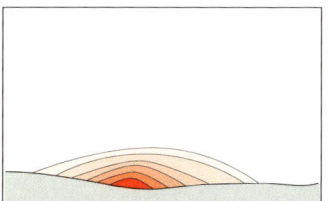
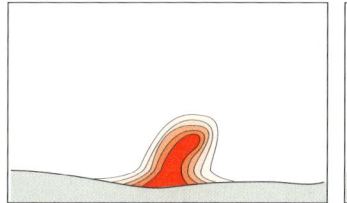
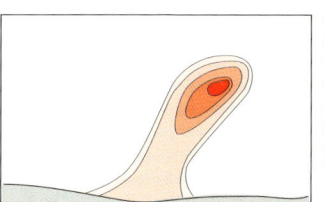
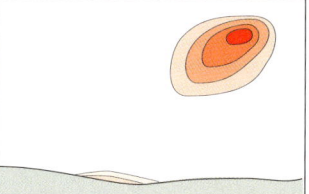

Innerhalb des Thermik-schlauchs finden sich oft Blasen, die besonders warm sind und deshalb innerhalb der aufsteigenden Luft schneller steigen.

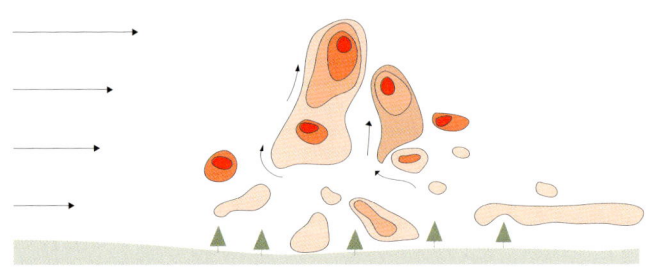

die aufsteigende Blase wärmer ist als die Umgebungsluft, dauert ihre Aufwärtsbewegung an.

Bei uneinheitlicher Aufheizung des Bodens werden an mehreren Stellen kleine Warmluftblasen erzeugt, die sich beim Aufstieg mit anderen Warmluftblasen vereinigen und zu größeren Gebilden zusammenwachsen. Diese strömen auf ihrem Weg nach oben mit weiteren Warmluftgebilden zusammen und bilden noch größere und aufwindstärkere Einheiten.

Thermikschlauch

Erwärmt sich die frische Luftschicht, die nun auf der Heizfläche liegt, wiederholt sich der Vorgang; man spricht von pulsierender Thermik. Benötigt die neuerliche Erwärmung nur wenige Minuten, wird die neue Warmluftblase beim Erreichen der Schleppe ihrer Vorgängerin aufgrund des geringeren Stirnwiderstandes schneller aufsteigen. Es entsteht ein durchgehender

Thermikschlauch, durch den die Warmluft aus der Umgebung nach oben strömt.

Um die aufsteigende Warmluft herum sinkt die kältere Luft zum Boden und drückt dort seitlich gegen das verbliebene Warmluftreservoir, schiebt es zum Aufwindkanal und drückt es vollständig nach oben.

Ist das Thermikgebiet abgeschattet, wird keine Luft nachgeheizt und die Warmluftzufuhr unterbrochen. Der Thermikschlauch reißt ab und treibt ohne Bodenverbindung nach oben.

Das Innenleben der Thermik

Nach einem Modell des Meteorologen Scorer lässt sich die Thermikblase am besten als waagrechter Wirbelring beschreiben, der als Ganzes in der Umgebungsluft nach oben steigt und gleichzeitig in fortlaufender Bewegung sein Innerstes nach außen wälzt.

Es ergeben sich zwei Steigbewegungen: erstens der Aufstieg der Thermikblase in der Umgebungsluft und zweitens der aufgerichtete Teil der Umwälzbewegung im Zentrum des Wirbelrings.

Die Aufwindstärke im Zentrum ist zirka doppelt so groß wie die Steiggeschwindigkeit der gesamten Thermikblase. Dadurch ist das Fluggerät in der Lage, im Kern schneller zu steigen, als die ganze Thermikblase steigt. An der Obergrenze des Wirbelrings angekommen, steigt man nur noch mit der Aufwärtsbewegung der gesamten Thermikblase.

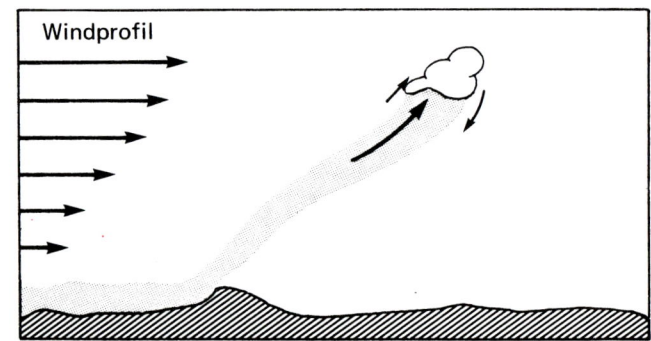

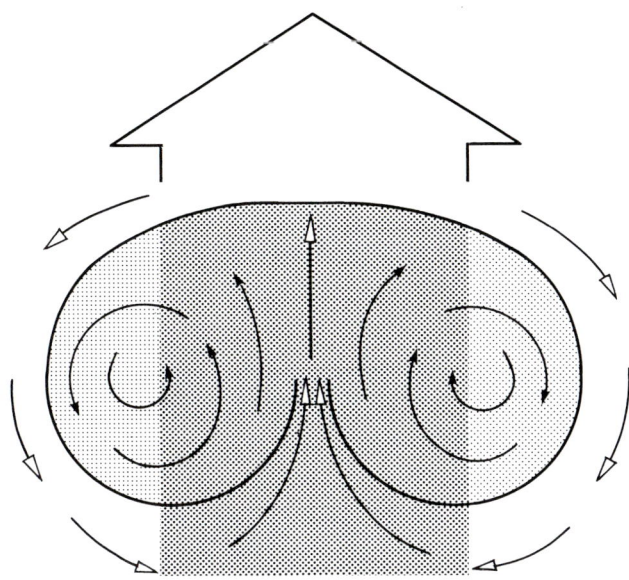

Durch Reibung mit der Umgebungsluft kommt es in den Randzonen der Blase zu einer Abschwächung der Umwälzgeschwindigkeit. Außerdem wird im Randbereich kühle Luft aus der Umgebung mit in die aufsteigende Wirbelströmung einbezogen. Dadurch verbreitert sich der Wirbel mit der Zeit und der Temperaturunterschied zur Umgebung wird allmählich abgebaut.
Und der Thermikschlauch? Er entspricht in seiner Struktur einer bis zum Boden gestreckten Thermikblase.

Adiabatische Abkühlung

Der Luftdruck nimmt mit zunehmender Höhe ab. Deshalb dehnt sich die Thermikblase während des Aufstiegs fortwährend aus. Dehnt sich Gas aus, so muss es Arbeit leisten. Zur Arbeit wird Energie benötigt. Diese Energie bezieht die Luft aus der eigenen Wärmeenergie, sie kühlt daher ab. Umgekehrt tritt bei Verdichtung (Kompression) von Luft Erwärmung ein.
Ändert sich die Temperatur der Luft nur durch Ausdehnung oder Kompression, ohne dass Wärmeabgabe an die Umgebung oder Wärmezufuhr aus der Umgebung erfolgt, spricht man von einem adiabatischen Vorgang. Steigt die Thermik (außerhalb von Wolken) auf, kühlt sie sich alle 100 m um 1 °C ab, d.h. der trockenadiabatische Temperaturgradient beträgt 1 °C. Solange sie wärmer ist als die Nachbarluft, kann sie weiter steigen. Hat die Umgebungsluft dieselbe Temperatur wie die Thermik, ist weiterer Aufstieg nicht möglich. Sinkt Luft (außerhalb von Wolken) ab, vollzieht sich der Vorgang in umgekehrter Weise, pro 100 m Absinken erwärmt sich die Luft um 1 °C.

Stabilität – Labilität

Wichtigste Voraussetzung für Thermik: die Umgebungsluft um den Aufstiegsweg der Thermik darf nicht stabil geschichtet sein. Stabile Schichtung liegt vor, wenn die Temperatur der Umgebungsluft mit zunehmender Höhe zunimmt oder weniger als die der aufsteigenden Thermik abnimmt.
Meteorologen ermitteln den Temperaturverlauf durch Radiosondenmessung. An einem mit Wasserstoff gefüllten Ballon werden Geräte aufgelassen, die Luftdruck, Temperatur und relative Feuchte messen und diese Messwerte mittels eines Senders zum Boden zurückfunken. Zur Feststellung von Windrichtung und Windgeschwindigkeit in den verschiedenen Höhenschichten wird ihr Weg über Radar verfolgt. Für die Bestimmung, ob die Schichtung stabil, labil oder indifferent ist, genügt zunächst der Temperaturverlauf.

Sperrschichten
Eine Schichtung der Luft, bei der die Temperatur nach oben zunimmt, heißt Inversion; sie wirkt als Sperrschicht für Thermik. Eine Schichtung der Luft, bei der die Temperatur der Luft nach oben gleich bleibt, heißt Isothermie; sie hat ebenfalls Sperrwirkung. Schwache Sperrschichten können von stark aufgeheizter Thermik durchstoßen werden.
Sperrschichten lassen sich nach ihren Entstehungsgründen unterscheiden:

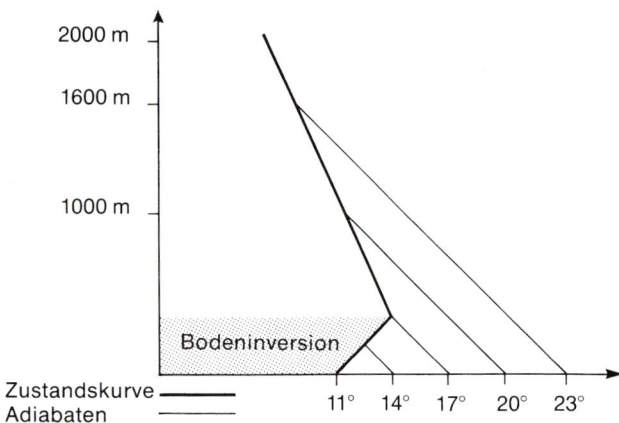

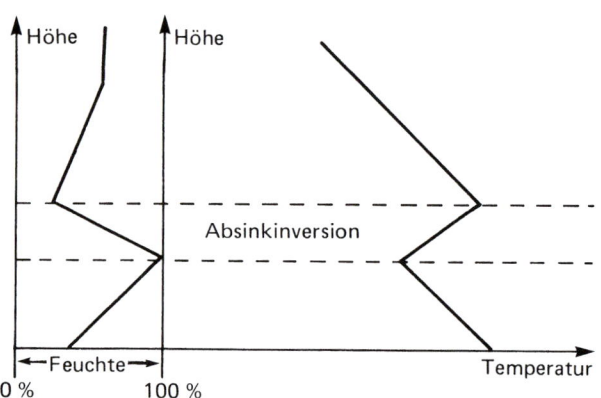

Steigt in diesem Beispiel die Lufttemperatur am Boden über 17 °C, ist die Bodeninversion weggeheizt und Thermik steigt hoch; bei Aufwärmung auf 20 °C bis 1000 m, auf 23 °C bis 1600 m.

Absinkende Luft wird erwärmt und entfernt sich immer weiter von ihrem Taupunkt. Die Luftfeuchte weist oberhalb dieser Inversion ihren geringsten Wert auf.

Bodeninversion. Die in wolkenarmer Nacht ausgekühlte Erdoberfläche kühlt die unmittelbar aufliegende Luftschicht. Direkt über dem Erdboden ist die Luft am kältesten, mit wachsender Entfernung vom Boden nimmt der Kühleffekt ab. Ab einer bestimmten Höhe über Grund wirkt sich der Abkühlungsprozess nicht mehr aus. Scheint tagsüber die Sonne, wird die bodennahe Kaltluft weggeheizt. Danach kann Thermik aufsteigen. Besonders häufig kommt die Bodeninversion in Tälern vor, weil hier drei kühlende Flächen die Luftmasse umgeben, Talinversion.

Bodeninversion kann auch dadurch entstehen, dass eine Kaltluftmasse in den untersten Schichten herangeführt wird. Die unteren Luftschichten sind dann kälter als die Luftmasse darüber.

Absinkinversion. Aus großer Höhe absinkende Luft erwärmt sich durch Kompression. Solange hoher Luftdruck herrscht, die Absinkvorgänge also anhalten, kann Thermik nur bis zur Absinkinversion hinaufsteigen.

Stabilisierende Warmluft. Eine Warmluftmasse schiebt sich über bodennahe Kaltluft.

Labile und indifferente Schichtung

Nimmt die Temperatur der Umgebungsluft mit der Höhe stärker ab als die Thermikluft beim Aufstieg sich abkühlt, so erhält die Thermik zunehmend Auftrieb. Das Steigen nimmt mit wachsender Höhe zu.

Eine labile Schichtung entsteht, wenn die bodennahe Luft erwärmt wird und/oder bei Kaltlufteinbruch in der Höhe.

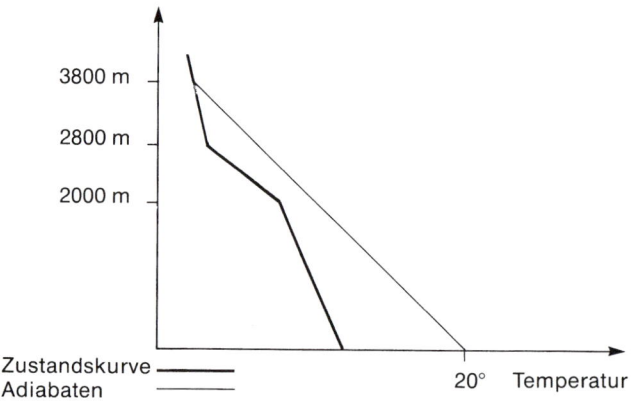

Wird in diesem Beispiel die Lufttemperatur am Boden bis 20 °C aufgeheizt, steigt die Thermik bis 3800 m. Zwischen 2000 und 2800 m besteht zunehmender Steigwert.

Nimmt die Temperatur mit der Höhe im selben Maß ab, wie die Thermik beim Aufstieg sich abkühlt (Indifferenz), steigt die Thermik mit konstanter Steiggeschwindigkeit.

Thermik in der Wolke

Kühlt sich Thermik bei ihrem Aufstieg so weit ab, dass sie ihre Taupunkttemperatur unterschreitet, wird der weitere Aufstieg als Wolkenbildung sichtbar. Bei der Kondensation wird Kondensationswärme frei. Sie gibt der Thermik innerhalb der sich bildenden Wolke einen zusätzlichen Auftrieb.

Die Temperaturabnahme um 1 °C pro 100 m Aufstieg – trockenadiabatischer Temperaturgradient – gilt nicht innerhalb der Wolke. Wegen der ständig frei werdenden Kondensationswärme ist die Abkühlung geringer. Dieser feuchtadiabatische Temperaturgradient in der Wolke schwankt je nach Menge der frei werdenden Kondensationswärme zwischen 0,3 und 0,9 °C. Als Mittelwert gilt in unseren Breiten 0,6 °C pro 100 m Höhendifferenz.

Der Radiosondenaufstieg meldet auch die Luftfeuchte. Anhand von Luftfeuchte und Temperatur lässt sich voraussagen, ob die Thermik ihren Taupunkt erreicht, ob sich also Wolken bilden.

Trockene Thermikluft hat einen niedrigen Taupunkt. Sie muss hoch aufsteigen, um sich so weit abzukühlen, dass sie ihren Taupunkt erreicht. Macht eine Sperrschicht dem Aufstieg vorzeitig ein Ende, bleibt es bei Blauthermik.

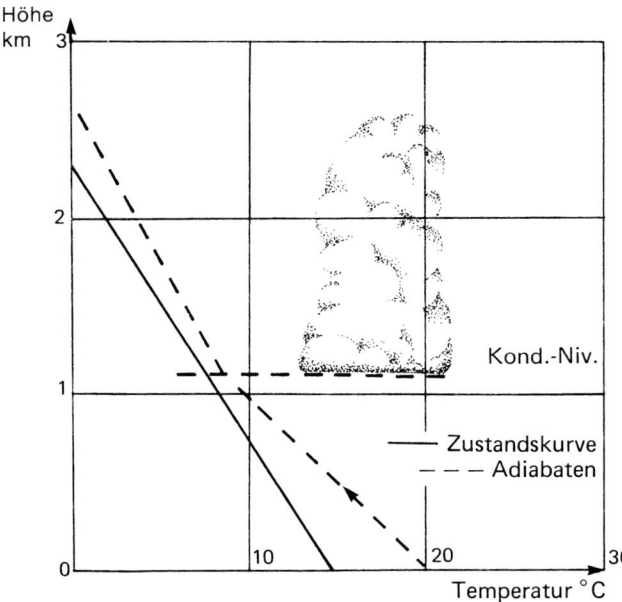

Feuchtlabilität

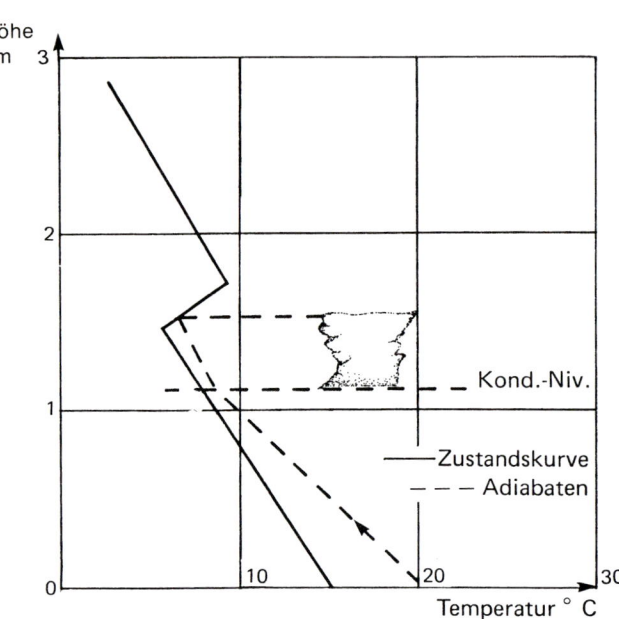

Feuchtstabilität mit kurzer Labilitätsphase

Die Wolkenbildung hängt von der Feuchteschichtung ab:

- **Feuchtlabilität.** Die Kondensationswärme genügt, um der Thermik gegenüber der Umgebungsluft ständig zusätzlichen Auftrieb zu geben. Die Wolke quillt hoch. Das Steigen innerhalb der Wolke nimmt nach oben zu. Dies wirkt sich schon unterhalb der Wolke aus, weil Luft stärker nachgesogen wird.
- **Feuchtstabilität.** Die Umgebungsluft ist so warm, dass selbst frei werdende Kondensationswärme nicht ausreicht, um der Thermik einen Wärmevorsprung zu verschaffen. Kein Steigen in der Wolke, keine Aufhäufung der Wolke.
- **Feuchtindifferenz.** Die Temperatur der Umgebungsluft nimmt in gleichem Maß ab wie die Temperatur der in der Wolke aufsteigenden Thermik.

Wachsen Cumuluswolken in eine feuchte Luftschicht hinein, die nach oben von Sperrschicht begrenzt wird, so breiten sich die Thermikwolken seitwärts aus. Der Him-

mel wird zunehmend bedeckt. Thermik entsteht nurmehr über verbliebenen Sonnenflecken.

Gute Streckenfluglagen haben relativ trockene Luft mit indifferenter bis labiler Schichtung, bei einer Inversion in großer Höhe, die das weitere Anwachsen der Thermikwolken begrenzt und Gewitter verhindert.

Entstehung der Thermik

Regen verhindert Thermik. Es wurden fast 500 Wetterlagendaten auf den Zusammenhang zwischen Niederschlagshöhe und Streckenfluggüte am Folgetag untersucht. Segelfliegern war kein Überlandflug möglich, wenn die Niederschlagshöhe am Vortag mehr als 10 l/m² betrug. Fielen 5 l/m², lag die Chance für Streckenflüge am Folgetag nur bei 10%. Ausnahmsweise können kräftiger Luftdruckanstieg und die Zufuhr von sehr trockenen Luftmassen die Wetterlage vorzeitig verbessern.

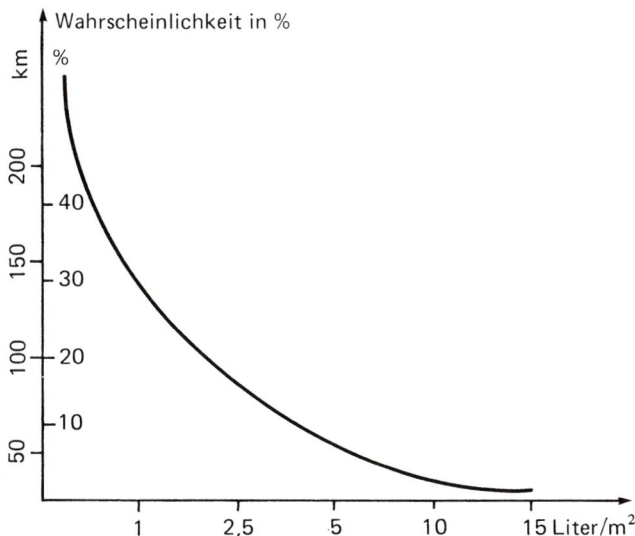

Mögliche Streckenweiten (beim Segelflug)

Ist der Boden feucht, so wird Wärmeenergie zur Verdunstung des Wassers verbraucht. Sonnenschein trocknet zunächst den Boden, dann erwärmt er ihn. Doch der Boden wird nicht an allen Stellen gleichmäßig erwärmt und er kühlt bei Abschattung nicht überall gleichmäßig aus.

Sonne und Schatten

Bei **anhaltendem Sonnenschein** entstehen Unterschiede durch
- die Strahlungsintensität. Gebiete, über denen Industriesmog, Dunst und Staub die Sonne filtern, erhalten wenig Wärme.
- den Winkel zur Sonne. Flächen mit senkrechter Einstrahlung erwärmen am besten.
- Luv- oder Leegebiet. Wind kühlt den Boden und verstärkt zudem die Verdunstungtätigkeit. Leegebiete bieten Windschutz und haben in der Regel trockeneren Bewuchs, erwärmen sich also besser als windige Lagen.
- die Bodenbeschaffenheit. Die Erdoberfläche wärmt je nach Oberflächenbeschaffenheit verschieden stark.

Bei **teilweiser Abschattung** gilt
- der Bewölkungsgrad. Über 4/8 ist die Thermik abgeschwächt.
- die Bewölkungsart. Je nach ihrer Art filtern die Wolken unterschiedlich stark.

Bedeckungsgrad	Segelflug-Steigwerte		
	Sc	Ac, As	Ci, Cs
5/8	1,6	1,0	1,5
6/8	1,2	1,0	1,5
7/8	0,7	1,0	1,0
8/8	0,2	1,0	1,0

Ist die Sonne **vollständig abgeschirmt**, ist maßgebend:
- die Einstrahlungsdauer. Hat die Sonne lange genug vor Eintritt des Schattens geschienen, hält die Thermikentwicklung an, solange der Wärmevorrat des Bodens reicht.
- die Schattendauer. Bei anhaltender Abschirmung kühlen all die Flächen rasch ab, die sich rasch erwärmen. Dagegen liefern Flächen mit hoher Wärmespeicherfähigkeit und Wärmeleitfähigkeit am längsten Thermik, weil deren abkühlende Oberfläche von der in der Tiefe gespeicherten Wärme nachgespeist wird.

Einfallswinkel der Sonnenstrahlung

Die Bestrahlungsstärke ist umso größer, je höher die Sonne steht. Flache Einstrahlung verteilt ein Strahlungsbündel über eine größere Fläche. Bei steiler Einstrahlung kommt die gleiche Menge Wärmeenergie einer kleineren Fläche zugute. Bei niedrigem Sonnenstand wird zudem die Strahlung aufgrund des langen Strahlungsweges durch die Atmosphäre geschwächt. In unseren Breiten strahlt die Sonne im Sommer am steilsten und im Winter am flachsten ein. Folge: die Thermiksaison beginnt im März und endet im September.

Im Bergland erhalten zuerst steile Osthänge, mittags flache Südhänge und nachmittags steile Westhänge die beste Bündelung an Sonnenenergie.

Im Durchschnitt sind Süd- und Südwesthänge am wärmsten.

Ausrichtung	Nord	Ost	Süd	West
Erwärmungsfaktor	1,0	1,2	1,4	1,3

Geländerücken sind in der Regel um 10% wärmer als flaches Gebiet. Geländemulden sind schattiger und es sammelt sich Kaltluft an; im Ergebnis sind sie 10 bis 30% kühler.

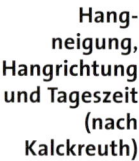

Hangneigung, Hangrichtung und Tageszeit (nach Kalckreuth)

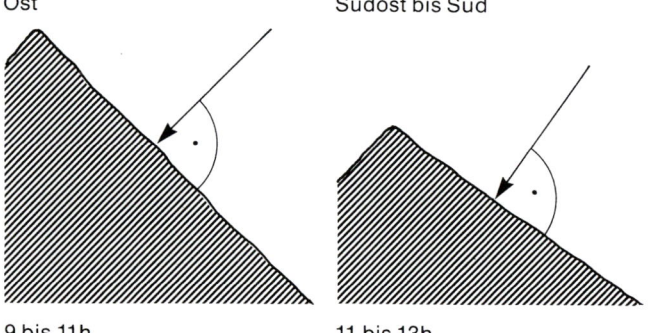

Ost
9 bis 11h

Südost bis Süd
11 bis 13h

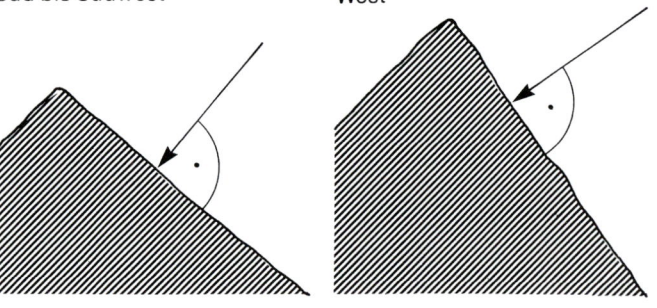

Süd bis Südwest
13 bis 15h

West
nach 15 h

Reflektion

Wärmeunterschiede am Boden sind für die Thermiksuche von wesentlicher Bedeutung. Lediglich im Frühjahr und Frühsommer, bei labilisierenden Kaltlufteinbrüchen, liefern auch schlechtere Untergründe brauchbare Thermik.

Die Erdoberfläche reflektiert einen Teil der Sonneneinstrahlung, den Rest wandelt sie in Wärme um (Absorption). Der Albedowert sagt, wie viel Prozent der Einstrahlung reflektiert wird. Er ist je nach Bodenbeschaffenheit unterschiedlich groß.

Art der Oberfläche	durchschnittlicher Albedowert (in %)
trockene, hohe Getreidefelder	5
Asphalt	7
schwarze Erde	10
feuchte Sandflächen	10
Nadelwald	10
kahler Boden	15
Gras	15
feuchter Tonboden	15
Laubwald	15
Savanne	17
Wüste	27
trockener Tonboden	27
trockener Sand	40
Altschnee	55
Neuschnee	85

Der Albedowert wird zusätzlich von der Farbe des Untergrundes und seiner Glätte beeinflusst.

- Dunkle Flächen erwärmen sich besser als helle, weil eine dunkle Farbe Sonnenenergie stärker absorbiert.
- Glatte Flächen erwärmen sich schlechter als raue, weil eine raue Oberfläche weniger stark reflektiert.

Wärmeleitfähigkeit und Wärmekapazität

Die Wärmeleitfähigkeit sagt aus, wie viel der eingestrahlten Wärmeenergie in tiefere Bodenschichten geleitet wird und wie viel zur Aufheizung der Oberflächenschicht verbleibt. Geringe Wärmeleitfähigkeit heißt, dass die Isolation zum tieferen Boden gut ist. Luft ist ein guter Isolator. Durchlüftete Böden haben eine geringe Wärmeleitfähigkeit.

Verschiedene Böden und Gesteine haben unterschiedliche Wärmekapazität, ihre thermischen Eigenschaften fordern unterschiedlich viel Energie zur Erwärmung.

Die Wärmekapazität gibt an, wie viel Wärmeenergie für die Erwärmung eines Volumens von 1 m^3 um 1 °C benötigt wird.

Wärmeleitfähigkeit und Wärmekapazität eines Untergrundes steigen mit dem Wassergehalt des Bodens.

- Trockene Flächen erwärmen sich schneller als feuchte, weil die eingestrahlte Wärmeenergie nicht für Verdunstung verbraucht wird.
- Wasser im Boden verzögert die Erwärmung der Oberfläche, weil Wasser stark wärmeleitend wirkt. Die einstrahlende Wärmeenergie wird in die Tiefe abgeleitet.
- Wasserflächen verzögern die Erwärmung der Oberfläche besonders stark. Zusätzlich zur Verdunstungskälte an der Oberfläche und zur Wärmeableitung in die Tiefe wirkt die hohe Wärmekapazität von Wasser; Energie wird gespeichert, ohne dass eine deutliche Temperaturerhöhung an der Oberfläche auftritt.
- Der Wasserhaushalt von Pflanzen schwankt während ihrer Entwicklung. Abgestorbene Vegetation hat extrem wenig Wärmeleitfähigkeit, grüne Vegetation ist mäßig stark wärmeleitend. Je wasserärmer die Pflanzen sind, desto geringer ist auch ihre Verdunstungstätigkeit. Ein großer Laubbaum verdunstet an einem Sommertag gut 3 t Wasser.
- Trockenes Gestein erzeugt trotz hoher Wärmeleitfähigkeit Thermik, da keine Energie für Verdunstung verbraucht wird. Sandsteiniger Bodenunterbau liefert bessere Thermik als kalksteiniger Untergrund.

Bodenart	Wasserspeicherung	Durchlüftung
Sand	gering	gut
Kalk	vorübergehend	gut
Lehm	gut	mittel
Löss	stark	gut
Ton	sehr stark	schlecht
Moor	sehr stark	schlecht

Böden mit geringer Wärmeleitfähigkeit heizen bei Sonneneinstrahlung schnell auf und kühlen bei Abschattung schnell ab.

Böden mit hoher Wärmeleitfähigkeit haben bei Sonneneinstrahlung eine lange thermische Totzeit, sie liefern erst später Thermik.

Bodenart	Zeitverschiebung (Totzeit)
lockere, trockene Böden	0 bis 15 Minuten
Steinboden/Fels	1,5 bis 2,5 Stunden
niedrige Pflanzenbestände	2,5 bis 3 Stunden

Kombination der Faktoren

Zur Beurteilung der thermischen Eigenschaften des Untergrundes müssen Reflektion, Wärmeleitfähigkeit und Wärmekapazität in Bezug zur Einstrahlungs- und Abschattungsdauer gesetzt werden. Thermikfüchse stellen sich beim Überflug verschiedener Untergründe vor, sie würden dort unten entlangspazieren und Wärme oder Kühle empfinden.

- Flächen ohne Vegetation heizen grundsätzlich schneller und besser auf als Flächen mit Bewuchs.
- Trockener Sand heizt schnell und gut, weil er gut durchlüftet ist und gut Wärme absorbiert.
- Trockener Moorboden heizt schnell und gut, er hat wegen seiner schwarzen Farbe hohe Absorption und enthält viel Luft; die Wärme wird nicht in die Tiefe abgeleitet.
- Gepflügte Äcker heizen schnell und gut, weil Luft im Boden eingepflügt ist. Die gefurchte, dunkle Oberfläche bringt hohe Absorption, die geringe Feuchtigkeit bei fehlendem oder trockenem Pflanzenbewuchs bewirkt geringe Wärmeleitfähigkeit. Messungen im Kartoffelfeld ergaben 2 bis 5 °C höhere Temperatur im Feld als 1 m darüber.
- Hoher Getreidebestand heizt gut im Reifestadium, weil er stark absorbiert und die Luft lange zwischen den trockenen Pflanzen klebt. Sie ist dabei vom Wind abgeschirmt. Messungen zeigten: Zwischen Halmen von reifen Kornfeldern steigt die Lufttemperatur 2 bis 3 °C höher als die Temperatur 0,5 m über den Ähren.
- Kalkfels heizt schnell und gut, weil das Gestein trocken ist und Luft enthält.
- Granitfels erwärmt später als Kalk, da er weniger Luft im Gestein und deshalb höhere Wärmeleitfähigkeit besitzt. Er heizt dennoch gut wegen seiner Trockenheit.
- Kurze, trockene Wiesen heizen eher und besser als feuchte Wiesen. Die Verdunstung einer frisch gemähten Wiese verbraucht viel Wärme. Trockenes Heu ist hingegen eine gute Thermikquelle, da es eine isolierende Schicht bildet.
- Nadelwald heizt später als Wiesengrund. Steht er auf trockenem Untergrund und ist er licht genug, um Sonne einstrahlen zu lassen, liefert er gute Thermik.
- Laubwald heizt schlecht, weil die starke Verdunstung der Blätter Wärme verbraucht und die Baumkronen den Untergrund abschatten. Im Winter können schnee- und laubfreie Bäume und Gebüsch Thermik liefern.
- Tonboden heizt schlecht, er hält viel Wasser und ist wenig durchlüftet.
- Nasse Moorflächen heizen schlecht, weil alle Poren mit Wasser vollgesogen sind. Dennoch können feuchtes Moor und kleine Seen schwachen Aufwind erzeugen; feuchte Luft ist leicht und steigt.
- Große Nassgebiete sind kalt und liefern keinen Aufwind. Die aufliegende feuchte Luft erhält keinen Auftrieb gegenüber der wärmeren Umgebungsluft.

Thermikablösung

Sind alle Voraussetzungen für Thermik gegeben – die Luft am Boden ist aufgeheizt, labile Luftschichtung besteht –, steigt dennoch zunächst keine Thermik auf. Die Warmluft klebt fest am Untergrund und wartet auf einen ablösenden Impuls.

Bei Windstille
Die Thermik löst sich direkt am Entstehungsort ab, zu erkennen an Windbewegung am Boden zum Ablöseort hin. Verschiedene Gründe bewirken die Ablösung:
- **Ablösung durch Wärmeimpuls.** Die Luft wird aufgeheizt, bis sie nach langer Zeit so sehr überhitzt ist, dass sie sich vom Boden löst. Eine zusätzliche Hitzequelle wirkt ablösend, z.B. Feuer, Industriewärme. Feuer erzeugt gefährlich turbulenten Aufwind, Industriethermik ist meist giftig.
- **Ablösung an Temperaturgrenzen.** Grenzt Warmluft an kältere Luft, löst sie sich an diesem Grenzverlauf ab, weil die dichtere Kaltluft auf die Warmluft Druck ausübt. Sie schiebt einen Keil unter die Warmluft. Gleichmäßiger Bewuchs über weite Flächen liefert keinen Ablösungsgrund, die Warmluft bleibt lange am Boden und löst sich schließlich über kleinsten Unregelmäßigkeiten ab.

Temperaturgrenzen sind Wolkenschatten, Waldkanten, Straßen, Wasserufer, Schneegrenzen; Bergkanten wegen unterschiedlicher Aufheizung der Bergflanken.
- **Ablösung durch Erschütterung.** Landende Gleitschirme und Flugdrachen produzieren Wirbel, die Thermik zur Ablösung bringen können. Führt ein Windenstart durch die Warmluft, wird dem Startenden die Thermik unter Umständen gleich nachgeliefert. Turbulenzbildung von benachbart aufsteigender Thermik bewirkt ebenfalls ablösende Erschütterung.

Bei schwachem Wind
Die Thermik löst sich in der Nähe des Entstehungsorts ab.
- **Abrisskanten.** Bei unebenem Untergrund treibt der Wind die Warmluft gegen Geländekanten, welche die Luft vom Boden ablösen (Waldkanten, Hangkanten etc.).
- **Temperaturgrenzen.** In der Ebene wird Luft gegen Temperaturgrenzen getrieben.
- **Mitnahmeeffekt.** Bereits abgelöste Thermik treibt über Warmluftgebieten und saugt die am Boden klebende Warmluft hoch.

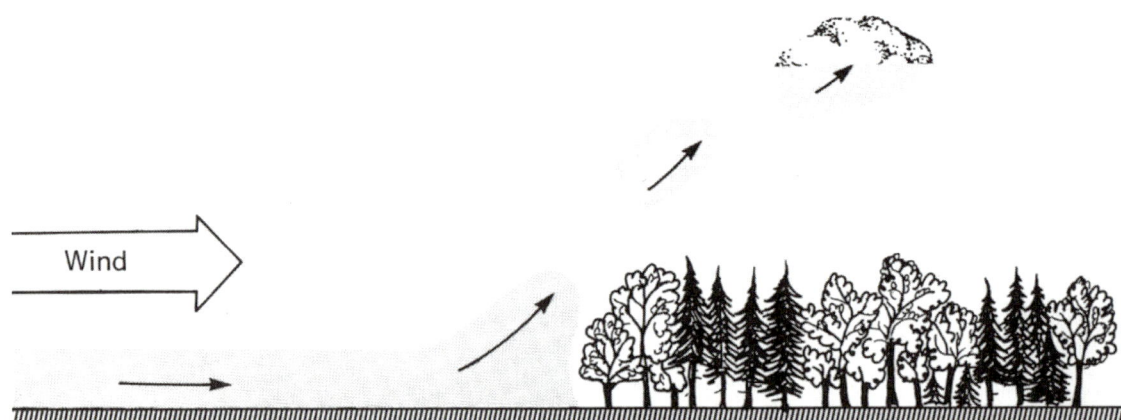

Schwacher Wind treibt die Thermik gegen eine Waldkante.

Wind

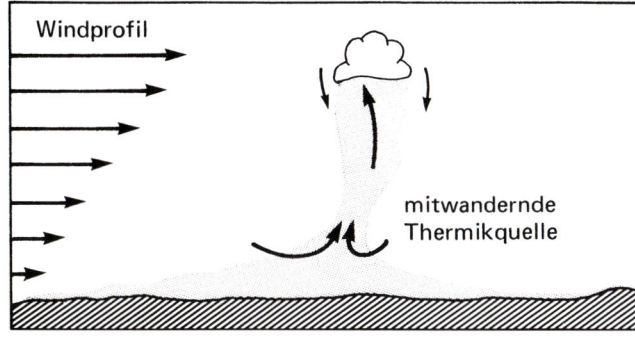

Mitnahmeeffekt

Bei starkem Wind

Die Thermik löst sich unabhängig vom Heizort ab. Die Thermikblasen werden vom Boden abgerissen, bevor sie den nötigen Auftrieb aufweisen. Solche häufigen Thermikablösungen vermindern die Stärke der einzelnen Aufwinde. Der Boden wird dabei ständig gekühlt und wirksame Quellen überhitzter Bodenluft bilden sich seltener.

Bei starkem Wind ist die Durchmischung der Bodenluft mit den darüber liegenden Luftschichten so stark, dass die Bodenwärme rasch auf eine dickere Schicht verteilt wird. Diese Schicht haftet nicht als ruhig lagernde Luftmasse auf den windigen Bodenstellen, sondern löst sich

bei unebenem Untergrund an größeren Geländekanten ab, in der Ebene durch Turbulenzbildung. Kleinere Geländekanten und Temperaturgrenzen sind bei starkem Wind ohne Bedeutung für die Thermikauslösung. Der leeseitige Rand von windgeschützten Lagen stellt dagegen eine zuverlässige Ablösegrenze dar. Im Bergland ist die Thermik wesentlich turbulenter und nur Aufwinde mit ausgedehnten Wärmequellen sind gut ausfliegbar.

Thermikaufstieg

Der Durchmesser von Thermikschläuchen kann mehrere hundert Meter betragen oder auch nur 2 m. Er hängt von der Größe der Entstehungsfläche ab. Die Form des Querschnitts ist ebenso zufällig wie die Form, die ein Spiegelei in der Pfanne annimmt. Ebenso wie das Spiegelei irgendwo sein Eigelb hat, gibt es innerhalb des Thermikschlauches das Gebiet des besten Steigens.

Eine Thermik hat nebeneinander mehrere Aufwindkerne, wenn während des Aufstiegs mehrere Thermikschläuche zusammenströmen oder wenn Wind mehrere Thermikblasen an dieselbe Ablösekante bewegt. Der Aufstiegsweg der Thermik wird vom Wind beeinflusst. Wind verbiegt den Thermikschlauch und versetzt die

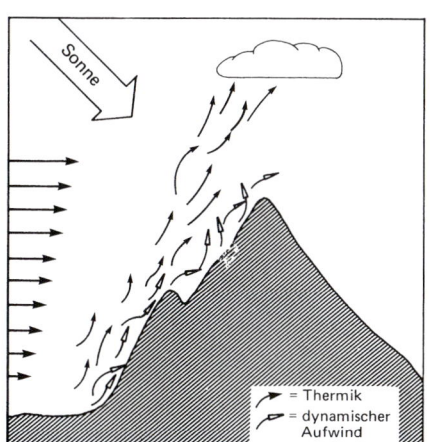

Wind bis ca. 30 km/h

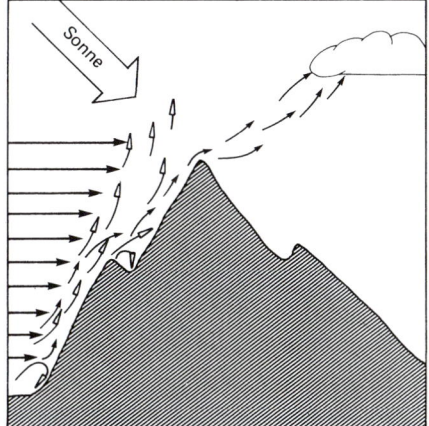

Wind ab ca. 30 km/h

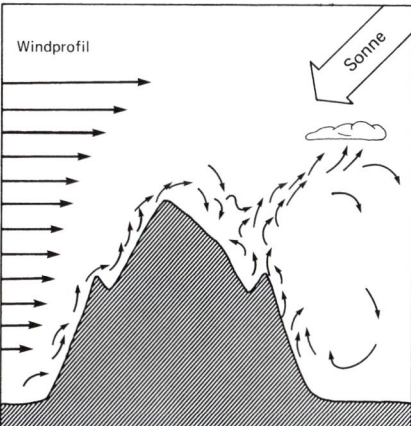

Leethermik

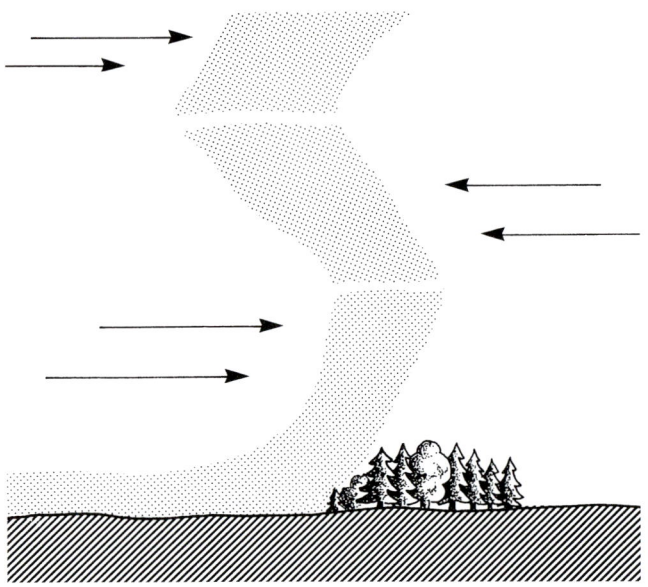

**Wind-
scherung**

Thermik hinter ihren Entstehungsort. Starker Wind zer-
fetzt den Thermikschlauch. Treten in der Höhe Wind-
scherungen auf, zerreißen sie den Aufwind und treiben
die Aufwindteile in verschiedene Richtungen.

Thermikstärke

Je höher die Thermik steigt, desto größer ist auch das
mittlere Steigen. Bei gut ausgeprägter Quellbewölkung
nimmt das Steigen in den letzten 100 m unter der Basis
in der Regel zu. Für das maximal zu erwartende Steigen
kann man veranschlagen:
- im Flachland – mittleres Steigen + $2/3$ des mittleren
  Steigens.
- im Alpenraum – Verdoppelung des Wertes für mittleres Steigen.

Thermikdauer

Exakte Regeln bestehen nicht. Aus der Erfahrung hat
sich herauskristallisiert:
- Die Thermik endet etwa ein bis zwei Stunden vor
  Sonnenuntergang wegen der abnehmenden Boden-

temperatur. Bei anhaltender Labilität endet die Thermik erst mit Sonnenuntergang.
- Je später die Thermik am Morgen eines Hochdruckta-
  ges einsetzt, desto früher endet sie abends.
- Verstärkt sich ein Hochdruckgebiet über mehrere
  Tage, beginnt die Thermik pro Hochdrucktag mor-
  gens zirka eine Stunde später und hört abends eine
  Stunde früher auf; wegen der Alterung der Luftmasse
  und der Verstärkung der Absinkinversion.

Thermikstraßen

Zur Entstehung von Thermikstraßen ist ein gleichmäßiger Untergrund erforderlich. Bei Windstille würde über
dieser Fläche Thermik annähernd gleichmäßig verteilt
aufsteigen. Wind ändert die Verteilung, indem er die
Thermik hintereinander aufreiht.
Voraussetzung: Eine Inversion muss die Thermikhöhe
begrenzen, damit das Strömungssystem sich ausbilden
kann. Der Wind darf in Bodennähe nicht so stark wehen,
dass er die Thermikbildung erschwert, er muss aber mit
wachsender Höhe zunächst kräftig an Geschwindigkeit
zunehmen und im Bereich der Thermikspitzen wieder
abnehmen.
Erreicht die Thermik beim Aufstieg ihren Taupunkt, werden die Thermikreihen durch Wolkenstraßen sichtbar.
Zwischen den Thermikstraßen herrscht Abwind. Der Abstand zwischen ihnen beträgt etwa das 2,5fache ihrer
Höhe über Grund.
Im Gebirge tritt diese Art Thermikreihung nicht auf, weil
der Untergrund zu verschiedenartig ist. Nur entlang von
thermisch sehr aktiven Gebirgszügen sind vergleichba-
re Thermikreihungen anzutreffen.

Thermikwolken

Den Studien des dreifachen Segelflugweltmeisters Helmut Reichmann sind detaillierte Beschreibungen des Le-
benslaufs von Thermikwolken zu verdanken. Die nachfolgenden Darstellungen zu Cumulus und Schauerwol-
ken orientieren sich an Reichmann.

Cumulus

Nach Erreichen des Taupunkts bildet der Aufwindschlauch während des weiteren Aufstiegs eine Wolke. Folgende Entwicklungsstadien treten auf:

1. Hat die Aufwindspitze den Taupunkt erreicht, bildet sich zunächst ein Dunstschleier, der schnell deutlicher wird (10 s bis 1 min).

2. Einzelne unregelmäßige Wolkenballen zeigen sich, verdichten sich und wachsen zusammen.

3. Die Wolke bildet immer deutlicher klare Ränder aus, sie wird kompakter. Wo das Steigen am stärksten ist, beult sie sich kuppelförmig gleißend hell und mit scharf gezogenen Rändern nach oben aus. Gewöhnlich ist sie an der Basis am dunkelsten. Dunkle Stellen deuten auf eine hohe Anzahl von Wassertröpfchen hin. An dunklen Stellen wird durch Kondensation viel Wärme frei, was den Aufwind verstärkt. Ist die Wolkenuntergrenze (Basis) kuppelförmig durchgewölbt, deutet dies auf besonders warme Luft – also besonders starken Aufwind –, der seinen Taupunkt erst weiter oben erreicht.

4. Die Wolke wächst, solange Warmluft vom Boden nachgeliefert wird.

5. Steigt keine Warmluft mehr auf, kommt das Wachstum zum Stillstand. Die Ränder der Wolke zerfasern, weil sie sich mit der Umgebungsluft mischen und dort hinein ihr Wasser verdunsten. Das Ausfasern tritt zuerst an der Wolkenbasis auf. In diesem Stadium kann die Wolkenkuppel noch weiter wachsen. Verallgemeinert gilt: Ist die Basis schmäler als die Kuppel hoch, ist keine günstige Aufwindsituation unter der Wolke zu erwarten. Ist eine Kerbe oder ein Spalt in der Wolkenkuppel zu erkennen, wird die Wolke in zwei Teile zerfallen. Aufwind ist nicht unter dem Spalt, aber vielleicht unter einer der Resthälften vorhanden, die sich individuell weiterentwickeln oder auflösen.

6. Zuletzt fasern auch die Kuppelränder aus. Die Wolke zerfällt in Teile. Bei der Verdunstung ihrer Wassertröpfchen wird so viel Wärme verbraucht, dass Abwind entsteht, der sich selbst verstärkt.

7. In diesem Abwind werden die Wolkenreste aufgelöst. Der Abwind währt etwas länger, als die Wolke sichtbar ist. Die Auflösung der Wolke geschieht jedoch nur in trockener Umgebungsluft. Besteht dort eine feuchte Luftschicht, hängen aufwindlose Wolken noch lange Zeit am Himmel.

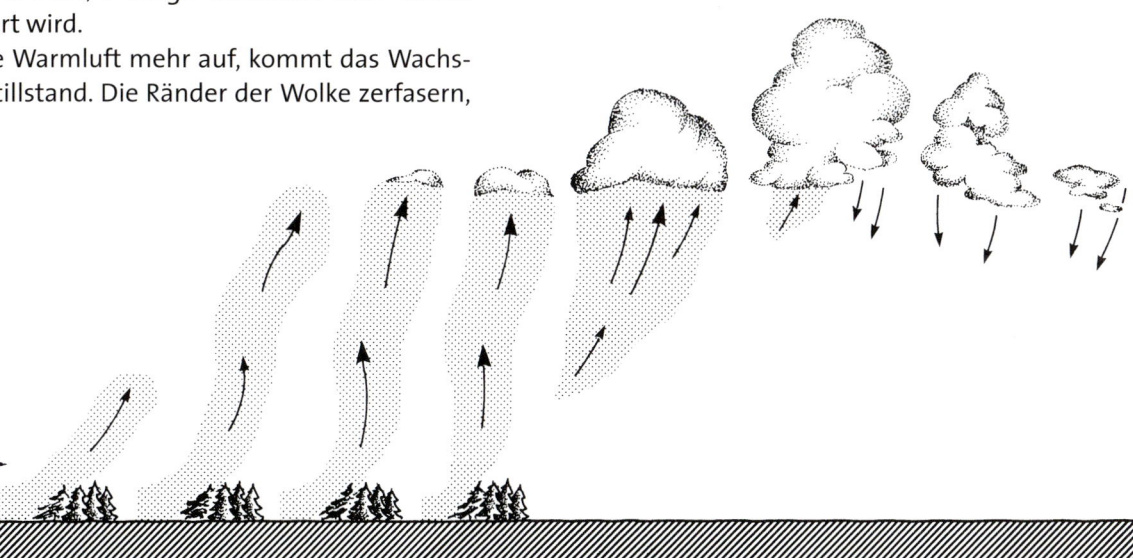

Lebenslauf der Cumuluswolke

Bestes Steigen

Bei Windstille ist senkrecht unter einer Cumulus Aufwind zu erwarten. Die der Sonne zugewandte Seite der Quellwolke hat manchmal verbesserte Steigwerte. Herrscht in Wolkenhöhe Wind, bestimmt das Windprofil den Ort des besten Steigens. Der Wind verschiebt die Wolke in Bezug auf den Aufwindkern. Weht der Wind über der Wolkenbasis stärker als unter der Wolkenbasis, ist das beste Steigen auf der Luvseite zu finden. Stärkerer Wind unter der Wolkenbasis lässt das beste Steigen auf der Leeseite erwarten.

Anstieg der Basishöhe

Ab Einsetzen der Cumulusentwicklung geht mit weiterer Aufheizung des Bodens ein Anstieg der Basishöhe einher, über den Alpen oft um 500 m. Die größte Basishöhe wird am frühen Nachmittag erreicht.

Schauerwolken

Werden Thermikwolken von starken Wärmequellen gespeist, die kontinuierlich nachheizen, wachsen sie ständig weiter bis zur Inversionsgrenze. Liegt die Inversionsgrenze in großer Höhe, werden die Wolkentürme mehrere tausend Meter hoch.

Die Thermik reißt bei ihrem langen Aufstieg große Mengen kälterer Umgebungsluft mit. Kondensiert auch die mitgerissene Umgebungsluft und genügt die frei werdende Kondensationswärme zum weiteren Aufstieg dieser ursprünglich thermikfremden Luft, kann sich Eigendynamik entwickeln: Aufwind, der nicht am Boden, sondern in großer Höhe entstanden ist, verstärkt das weitere Anwachsen der Wolke. Sie schießt in die Höhe. Unter der Wolke entsteht starker Sog, der neue Luftmassen in die Thermik hineinreißt.

Andere Aufwinde werden angesogen und speisen nun gemeinsam diesen Riesenaufwind, der dabei noch stärker und umfangreicher wird. In der weiter entfernten Umgebung des Riesencumulus sorgt breitflächiges Absinken für Ausgleich. Der mächtige Aufwind hält an, bis der gesamte Einzugsbereich seines Sogs von warmer Bodenluft leer gefegt ist. Nach dem Zerfall der großen Cumulus ist das Gebiet lange Zeit thermisch tot. Aus hochaufgetürmten Cumuluswolken (Cumulus congestus) ist kräftiger Niederschlag zu erwarten, sofern sie die Null-Grad-Grenze deutlich übersteigen.

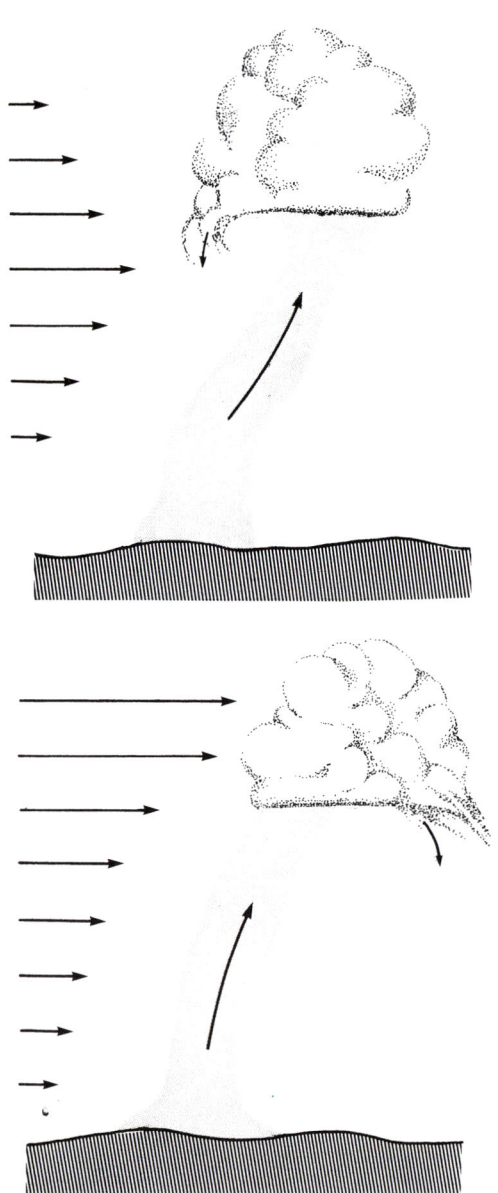

Versetzung der Thermik und bestes Steigen unter der Wolke in Abhängigkeit vom Windgradienten

Gewitter

Voraussetzung zur Bildung einer Gewitterwolke (Cumulonimbus) ist ein größerer Vorrat an feuchter Warmluft in den untersten Luftschichten, überlagert von Höhenkaltluft – feucht-labile Luftschichtung.

Lebensphasen einer Gewitterzelle

Die Gewitterwolke besteht aus mehreren Zellen unterschiedlicher Entwicklung:

Im **Jugendstadium** besteht die Zelle aus einem einzigen Aufwindschlot mit einem Durchmesser zwischen 2 und 8 km. Dieser Aufwindbereich wird von einer Zone seitlicher Luftzufuhr umgeben. Während dieser Phase erreicht die Zelle in Europa eine maximale Höhe von etwa 9 km. Das Jugendstadium dauert etwa 15–30 Minuten.

Das **Reifestadium** einer Gewitterzelle beginnt mit dem Einsetzen des Niederschlags. Die Wolkenobergrenze liegt nun zwischen 11 und 14 km. Der Wolkenaufwind kann die an Umfang und Menge angewachsenen Niederschlagselemente (Regen, Schnee, Graupel, Hagel) nicht mehr tragen, sie fallen aus und verwandeln den Aufwind in einen Abwind. Die Zelle ist jetzt zweigeteilt,

in einen Aufwind- und einen Abwindsektor. Die Zweiteilung geschieht in Höhe der Null-Grad-Grenze und im Wolkenbereich darüber.

Die Aufwindstärken innerhalb der Wolke liegen zwischen 15 und 20 m/s, mit Spitzenwerten bis 50 m/s. In den Abwinden wurden Spitzen von 25 m/s registriert, deren heftigster Bereich im unteren Teil der Wolke und unter der Wolke liegt. Auf- und Abwinde sind extrem turbulent.

Während des Reifestadiums verliert die Haufenwolke ihre scharfen Ränder, die Wolkenobergrenze nimmt ein faserig-streifiges Aussehen an. Reicht sie bis zur Tropopause oder wird sie vorher von einer Sperrschicht gestoppt, breitet sich der Wolkengipfel wie ein Amboss aus oder wird vom Höhenwind einseitig in Windrichtung verformt.

Die Minustemperaturen erreichen im Wolkengipfel bis 50 °C. Durch die Reibung beim Auf und Ab der Niederschlagselemente in der Wolke entsteht elektrische Spannung, die sich in »Blitz und Donner« entlädt. Das Reifestadium dauert etwa 30–60 Minuten.

Das **Auflösestadium** einer Zelle ist erreicht, wenn sich der Abwind über den gesamten unteren Zellenbereich

Struktur einer Gewitterwolke

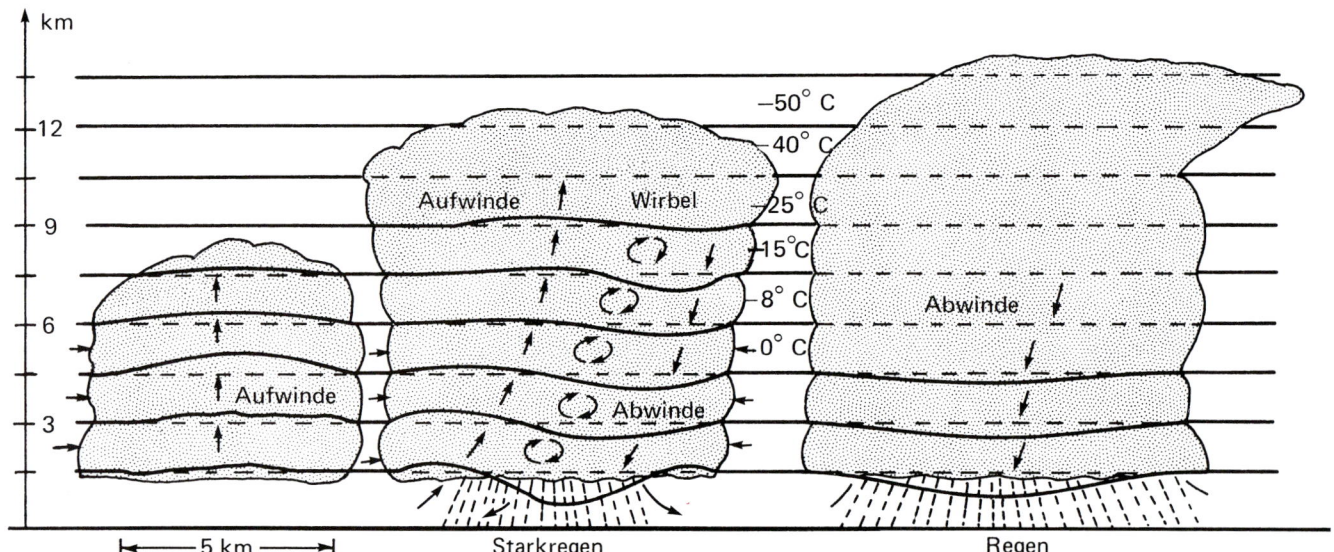

ausgedehnt hat. Der schauerartige Starkniederschlag macht gleichmäßigem leichten Niederschlag Platz: Die Wolke regnet sich aus und zerfällt. Das Auflösestadium dauert weitere 30 Minuten.

Zusammenwirken der Gewitterzellen

Durch das Nebeneinander und Nacheinander mehrerer Zellen in ihren unterschiedlichen Reifestadien bildet sich ein erster Wolkenturm, breitet sich zu einem Amboss aus, vereist dann und hört schließlich zu wachsen auf. Unmittelbar darauf oder daneben steigt ein neuer Turm

hoch. Zunächst enthält auch dieser neue Turm nur unterkühlte Wassertropfen, aber bald wächst er in den alten Amboss, der aus Eiskristallen besteht. Es kommt zur Impfung der hochquellenden Wolke – Voraussetzungen für großtropfigen Schauerniederschlag, Graupel und Hagel.

Sooft ein Wolkenturm oder eine Zelle ihr Reifestadium beendet hat, quillt der nächste Turm nach oben und fängt die fallenden Eispartikel auf, um sie erneut nach oben zu tragen. Die frei werdende Schmelzwärme verursacht eine zusätzliche Labilisierung, sodass der nach-

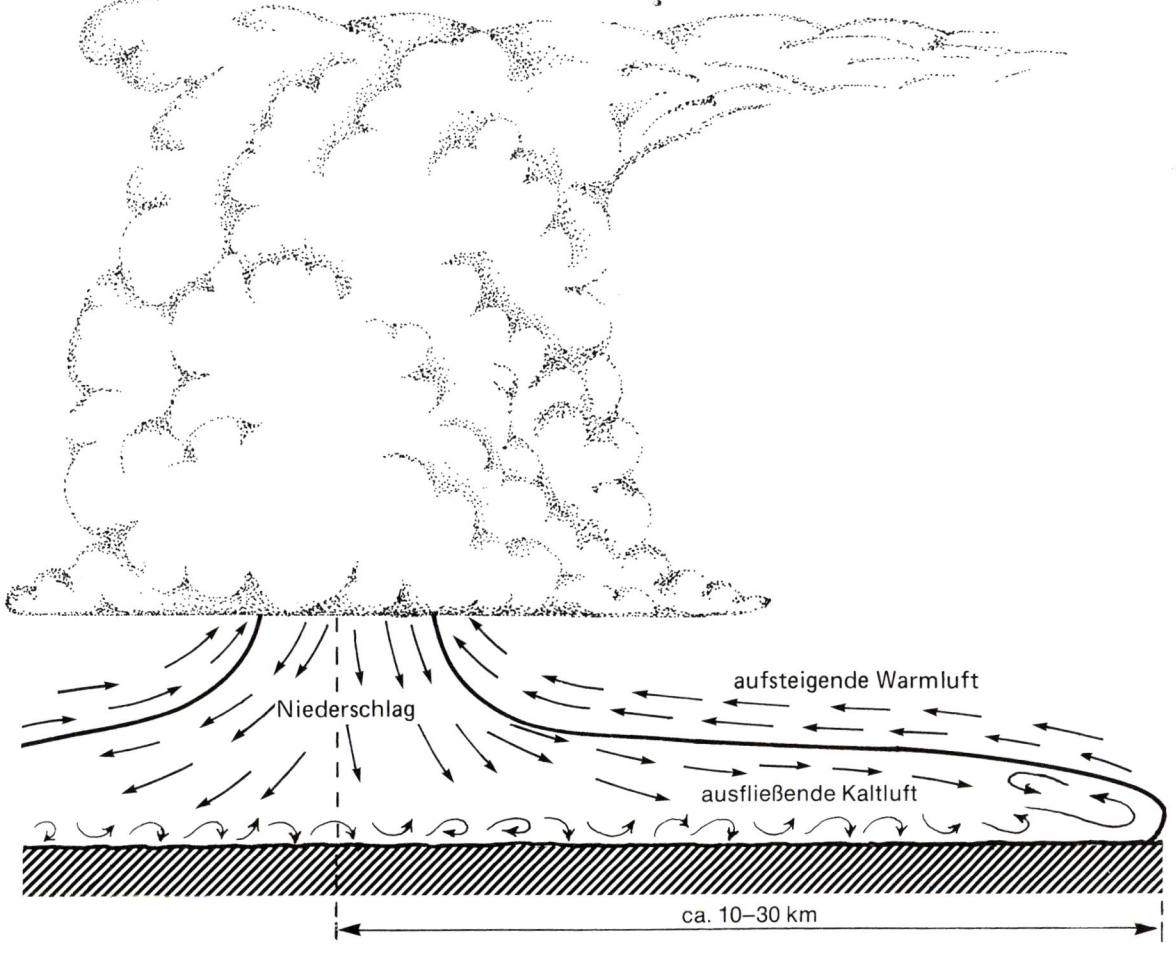

folgende Quellwolkenturm höher aufquellen kann. Als letzte Sperre stoppt im Sommer häufig erst die Tropopause die Gewittertürme.
Das Aufquellen neuer Türme wiederholt sich mehrere Male.

Gewitterarten

Zu unterscheiden sind die sommerlichen Wärmegewitter und die jahreszeitlich unabhängigen Kaltfrontgewitter.

Wärmegewitter. Sie treten meist bei Abschwächung sommerlicher Hochdruckgebiete auf. Normalerweise schiebt sich in 3 bis 4 km Höhe kühlere Luft über bodennahe Warmluft. Bei geringen Luftdruckgegensätzen, abnehmendem Luftdruck und Feuchtlabilität entstehen kleine Wärmetiefs mit örtlichen Wärmegewittern. Sie bilden sich bevorzugt über trockenen Nadelwald- und Moorgebieten, da die Wärmespeicherung in den Wäldern und die Feuchtigkeit in den Moorgebieten gewitterfördernd wirkt. Kühlere Wiesen- oder Flusstäler hemmen die Bildung von Wärmegewittern.

Kaltfrontgewitter. Erfolgt ein Kaltluftvorstoß gleichzeitig in der Höhe und in den tieferen Schichten, so handelt es sich um einen Kaltlufteinbruch. Entlang der Kaltfront bildet sich eine Kette hochreichender Quellbewölkung mit aktiven Gewittern. Kaltfrontgewitter beenden meist eine länger anhaltende Schönwetterperiode.

Gewittervorboten

Wachsen bereits vormittags Wolkentürmchen aus einer gemeinsamen Wolkenbasis im mittelhohen Niveau heraus, zeigt dies optisch den Kaltluftvorstoß in der Höhe an. Diese zinnenartigen mittelhohen Wolken (Altocumulus castellanus) verschwinden nach etwa einer halben Stunde wieder. Sie kündigen in drei von vier Fällen durch ihr Auftreten nachmittägliche Gewitter an.

Gewittergefahren

● Bereits außerhalb des direkten Gewitterbereichs entsteht starker und böiger Wind, der in Talverläufen beschleunigt wird.
● Die Saugwirkung unterhalb von Gewitterwolken ist so stark, dass auch extreme Flugmanöver mit höchster Sinkgeschwindigkeit kein Entrinnen garantieren.
● In vielen Gewitterwolken kommt Hagel vor, auch wenn er nicht bis zum Erdboden ausfällt.
● Die extremen Minustemperaturen führen zu Vereisung.
● Die stärksten Blitzschläge treten in einer mittleren Höhe von 1500 m bis 3000 m und an exponierten Stellen auf.
● Fluggeräte werden im Gewitteraufwind in große Höhen mit Sauerstoffmangel hochgerissen.
● Starke Turbulenz herrscht im gesamten Wolkenbereich und darunter.
● Heftige Niederschläge setzen die Sichtweiten stark herab, und sie lassen die Wolkenbasis unter das Niveau von Bergen und Hügeln absinken.
● Ausfließende Kaltluft kann als starker, turbulenter Bodenwind schon weit vor dem Gewitter auftreten.

Spezielle Aufwindformen

Für den Streckenflieger sind Thermik und Hangwind die wichtigsten Aufwinde. Hin und wieder kann er andere Aufwinde nutzen. Für den Gleitschirmpiloten zu gefährlich sind die Föhnwellen.

Aufwind vor Wolken

Ortsfeste, kräftige Thermikschläuche können gegenüber dem Wind ein Hindernis darstellen, ähnlich einem Hang. Ein Windprofil wie bei Wolkenstraßen verursacht ruhiges gleichmäßiges Steigen.

Seefront (nach Reichmann)

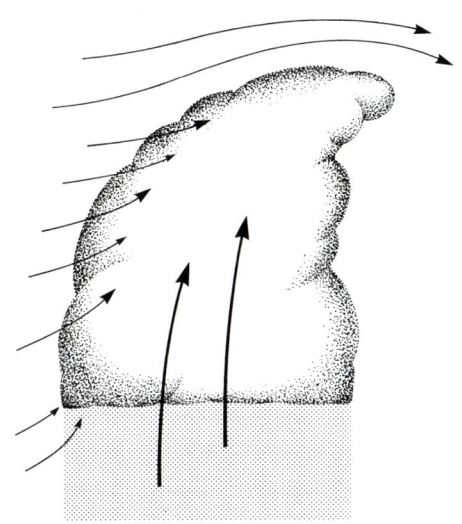

Aufwind vor Wolken

Aufwind vor einer Front

Wenn eine Kaltluftmasse sich gegen eine Warmluftmasse vorschiebt, entsteht entlang der Frontlinie Aufwind. Wie gefährlich eine Kaltfront ist, hängt ab vom Temperaturunterschied zwischen der Kaltluft und der Warmluft vor der Front. Ist der Temperaturunterschied gering, entstehen keine Frontgewitter. Schwache Kaltluftstaffeln sind zum Fliegen geeignet, Windgeschwin-

digkeit und Böigkeit bleiben relativ gering. Ihr Durchgang ist meistens an einer Linie lebendiger Cumulusaktivität erkenntlich. Bei trockener Luftmasse bleibt der Staffeldurchgang unsichtbar. In jedem Fall macht sich die Linie dadurch bemerkbar, dass die Thermikaktivität plötzlich nicht mehr auf einzelne Thermikschläuche beschränkt ist, sondern dass »auf breiter Front« Steigen auftritt.

Die Seefront, die durch den Seewind an Küsten und Ufern von Meeren und großen Seen entsteht, ist ungefährlich. Die aufs Land vordringende Seeluft lässt sich mit einer flachen Kaltfront vergleichen. Ist sie genügend aktiv, entsteht entlang der Seefront brauchbarer Aufwind, der durch eine Wolkenstraße an der Frontlinie gekennzeichnet ist.

Konvergenz

Das Zusammentreffen zweier gleichartiger Luftmassen, die sich aufeinander zubewegen, heißt Konvergenz. Ein Teil der Luft wird durch den Zusammenstoß aufwärts gezwungen. Im Inneren Spaniens oder Italiens lassen sich großräumige Konvergenzen beobachten. Sie bilden häufig einen breiten Streifen mit starken und hochreichenden Aufwinden.

Im Gebirge treten kleinräumige Konvergenzen auf. Beispielsweise treffen häufig am Malojapass und am Grimselpass zwei Talwinde aufeinander.

Eine Variante ist die Stufenthermik: Am Arlberg strömt Luft aus dem Inntal mit Luft vom Bodensee zusammen. Die Inntalluft ist trockener als die Bodenseeluft und bildet daher eine höhere Wolkenbasis als die in geringerer Höhe kondensierende Bodenseeluft.

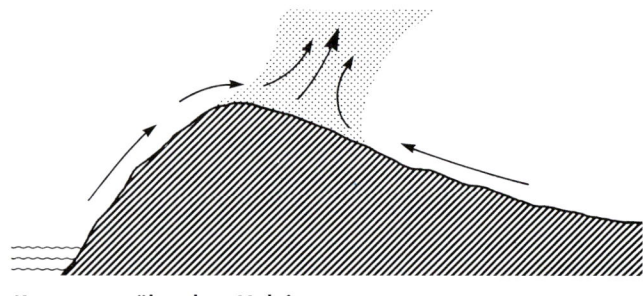

Konvergenz über dem Malojapass

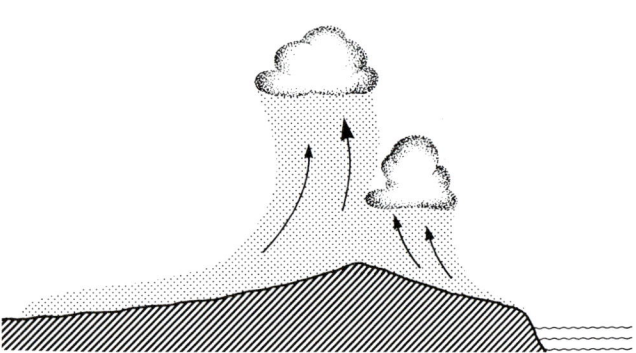

Konvergenz über dem Arlberg

Föhn 💿

Entstehung

Gebirgshindernisse, die wegen ihrer räumlichen Ausdehnung nicht zulassen, dass der Wind sie umfließt, zwingen die anströmende Luft zum Aufsteigen und zum Überströmen. Bei dieser zwangsweisen Hebung kühlt sich die Luft trockenadiabatisch ab, bis das Kondensationsniveau erreicht wird und sich unterhalb der Berggipfel – selten darüber – Bewölkung ausbildet. Beim anschließenden Aufstieg in der Wolke kühlt die Luft weiter ab und scheidet die überschüssige Feuchte als Niederschlag aus. Ihre absolute Feuchte wird geringer.

Beginnt die abgeregnete Luft nach Überströmen des Gebirgshindernisses abzusinken, lösen sich die Wolken auf. Das anschließende trockenadiabatische Absinken, die Austrocknung der Luft und ihre Erwärmung auf der Leeseite werden als Föhn bezeichnet.

Bedingungen für die Föhnentstehung:
● Schnell strömende Luftmasse überquert eine breite Berg- oder Gebirgskette.
● Das Gebirge erstreckt sich nahezu rechtwinklig zur Windrichtung.
● Die Gebirgskämme liegen höher als das Kondensationsniveau der anströmenden Luft.
● Keine verharrende Luftmasse im Lee, die Strömung kann bis in tiefe Lagen absinken.
● Die Windgeschwindigkeit am Hauptkamm beträgt mindestens 50 km/h.
● Die Windrichtung bleibt nahezu konstant bis hinauf zur Tropopause.
● Eine Inversion liegt in 3000 bis 4000 m Höhe NN (besonders im Alpenbereich).

Wolken und Wind bei Föhn

Die von der Leeseite her über dem Gebirge zu beobachtende Wolkenwand, Föhnmauer, ist die Begrenzung der niederschlagsreichen Staubewölkung auf der Luvseite. Häufig treten mittelhohe Wellenwolken (Altocumulus lenticularis), linsenförmige Wolken, auf. Sie entstehen über und hinter dem Gebirge, das die strömende Luft in vertikale Schwingung bringt und von Gebirgszug zu Gebirgszug – bei richtigem Abstand – bis zur mehrfachen Kammhöhe aufschaukelt. Die Schwingungen reichen auf der Leeseite einige hundert Kilometer weit, bis zur zigfachen Höhe des Gebirges.

Die Wellengipfel werden von Wellenwolken markiert. Diese sind reine Durchströmungswolken. Die schwingende Luft kondensiert fortlaufend beim Wellenanstieg durch adiabatische Abkühlung und verdunstet wieder beim Wellenabstieg.

Der Föhn führt auf der Leeseite zu trockenadiabatischer Erwärmung mit Wolkenauflösung oder zumindest Wolkenauflockerung (Föhnlücken).

Der Föhn bewirkt auf der Leeseite unberechenbare, turbulente Fallwinde. Zudem erzeugt die schwingende Luftbewegung beim Übergang in normal fließende Luftströmung im Tal Rotoren mit besonders starker Turbulenz. Der obere Rotorbereich wird manchmal durch eine

Rotorwolke sichtbar, einer zerfetzten Cumulus in Drehbewegung (Rollcumuluswolke).

Während die üblichen Leerotoren hinter Berggraten zu erwarten sind, treten die Föhnrotoren zusätzlich irgendwo im Talbereich auf.

Erkennen des Föhn

Der typische Föhn ist leicht zu erkennen. Die Staubewölkung mit ihrer ausgeprägten Staumauer zeigt sich am höchsten Gebirgskamm. Im Lee sorgt klare Luft für extreme Fernsicht. Die geschliffenen Wellenwolken in großer Höhe und zerrissenen Rotorwolken darunter sind eindeutig.

Gefährliche Föhnlagen können jedoch auch gegeben sein, ohne dass die typischen Erkennungszeichen auftreten. Die schnelle Luftströmung mit gefährlicher Turbulenz kann von anderen Wettereinflüssen überlagert sein. Beispielsweise überlagert manchmal eine herannahende Warmfront mit ihrer hohen Bewölkung die

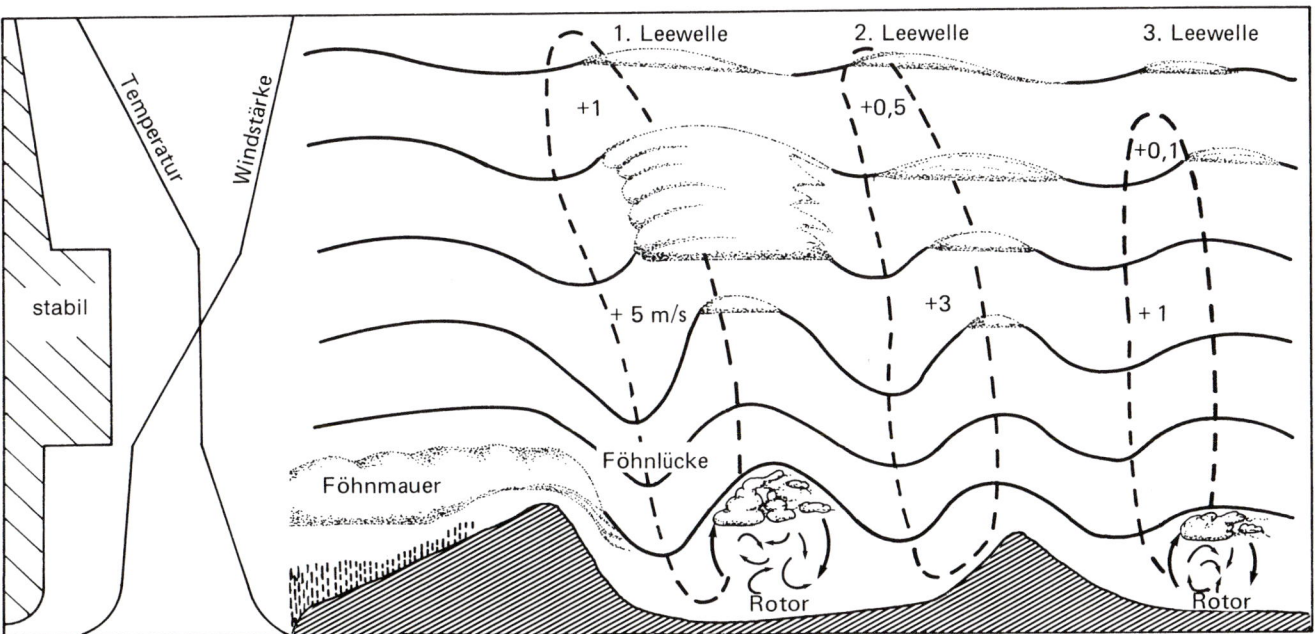

Föhnschema mit Leewellen (nach Reichmann)

Hohe Feuchte und Labilität lassen Quellbewölkung mit tiefer Basis entstehen. Dieser Tag ist für einen weiten Streckenflug noch zu feucht.

Aus einer gemeinsamen Wolkenbank quellen türmchen- oder zinnenförmige Wolkengebilde (castellanus) und künden hohe Gewitterwahrscheinlichkeit im Tagesverlauf an.

Wolkenstraßen in perfekter Anordnung ermöglichen größte Reisegeschwindigkeiten.

Föhn: Über einer turbulenten Rotorenwolke formiert sich eine Linsenwolke.

Föhnströmung. Die typischen Föhnwolken sind dann nicht erkennbar. Oder eine gänzlich andere Wettersituation besteht: Eine besonders labil geschichtete Luftmasse sorgt für starke Thermikentwicklung, die in die Föhnströmung eingelagert ist. Dann zeigt sich Cumulusbewölkung. Nur an der schnellen Zuggeschwindigkeit und den ausgefransten Umrissen ist die Gefahr dann erkennbar.

Oft verharrt zunächst im Lee des Gebirges eine mächtige Kaltluftmasse. Die Föhnströmung kann dann nicht zum Boden hinuntersinken und strömt oben über die Kaltluftmasse hinweg. Dann ist unten in der Kaltluft nichts vom Föhn zu spüren, der in den Gipfelregionen und im Gebirgsinneren wütet. Der Föhn kann in der Folge urplötzlich die Kaltluftmasse beseitigen und als Fallwind in die tiefen Lagen hinunterbrechen.

In all diesen Fällen bleibt ein Warnsignal gegeben: die Wetterstationen am Gebirgskamm melden starken Wind, der quer über das Gebirge strömt.

Trügerischen Schutz vor dem Föhn bieten abschirmende, durchgehende Bergketten, hinter denen leeseitige Kaltluftmassen verharren. Dagegen sind große Passeinschnitte günstige Einfallstore für den Föhn. Der Fallwind kann die Kaltluft hier rasch beseitigen. Dagegen erfolgt in den föhngeschützten Gebieten das Abtragen der Kaltluft oftmals langsamer. Dennoch können auch hier

bestimmte Wettereinflüsse die Kaltluft urplötzlich beseitigen. So kann starke Sonneneinstrahlung die bodennahe Luftschicht der Kaltluftmasse erwärmen. Die dann aufsteigende Thermik bewirkt eine Durchmischung der ruhigen Luftmasse unten mit der starken Föhnströmung darüber. Dies führt zur raschen Auflösung der Kaltluft und der Föhn bricht nach unten durch. Die Kaltluftmasse auf der Leeseite des Gebirges könnte aber auch durch eine sich ändernde überregionale Wetterentwicklung wegtransportiert werden. In den so genannten föhngeschützten Gebieten ist also in Wirklichkeit kein zuverlässiger Schutz vor dem Föhn gegeben.

Föhnähnliche Windsituationen

Das Azorenhoch erzeugt häufig in Verbindung mit einem Tief über Italien den berüchtigten Mistral in Frankreich. Aufgrund des Düseneffekts zwischen dem Massif Central und den südlichen Alpen wird er in der Region des Rhônetals stark beschleunigt. Bei Hochdruck über Europa weht häufig der Bora-Wind quer über die Bergzüge Jugoslawiens und Italiens und löst dabei Föhneffekte aus.

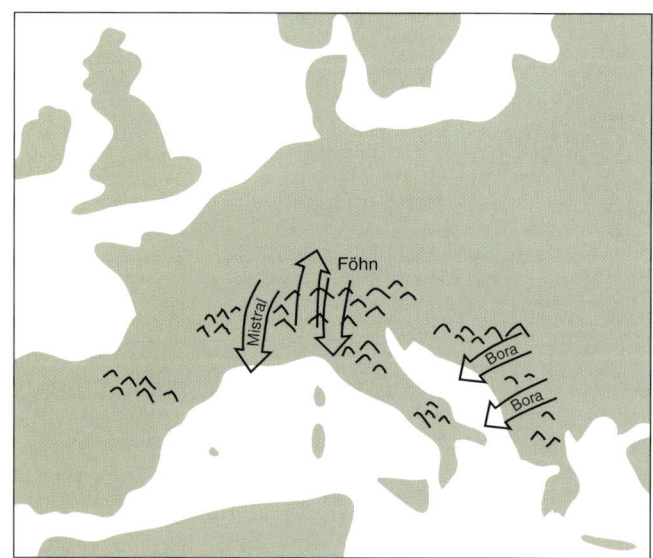

Wetterlagen

Die grundsätzlich vorherrschende Westdrift wird durch Vordringen polarer Kaltluft (Nordlagen), Warmluftvorstoß (Südlagen) und seltenere Ostwetterlagen unterbrochen. Die bei uns eintreffenden Luftmassen haben je nach Herkunft eine unterschiedliche Charakteristik. Die in der Luft enthaltene Feuchte ist bei Meeresluftmassen grundsätzlich höher als bei kontinentalen.

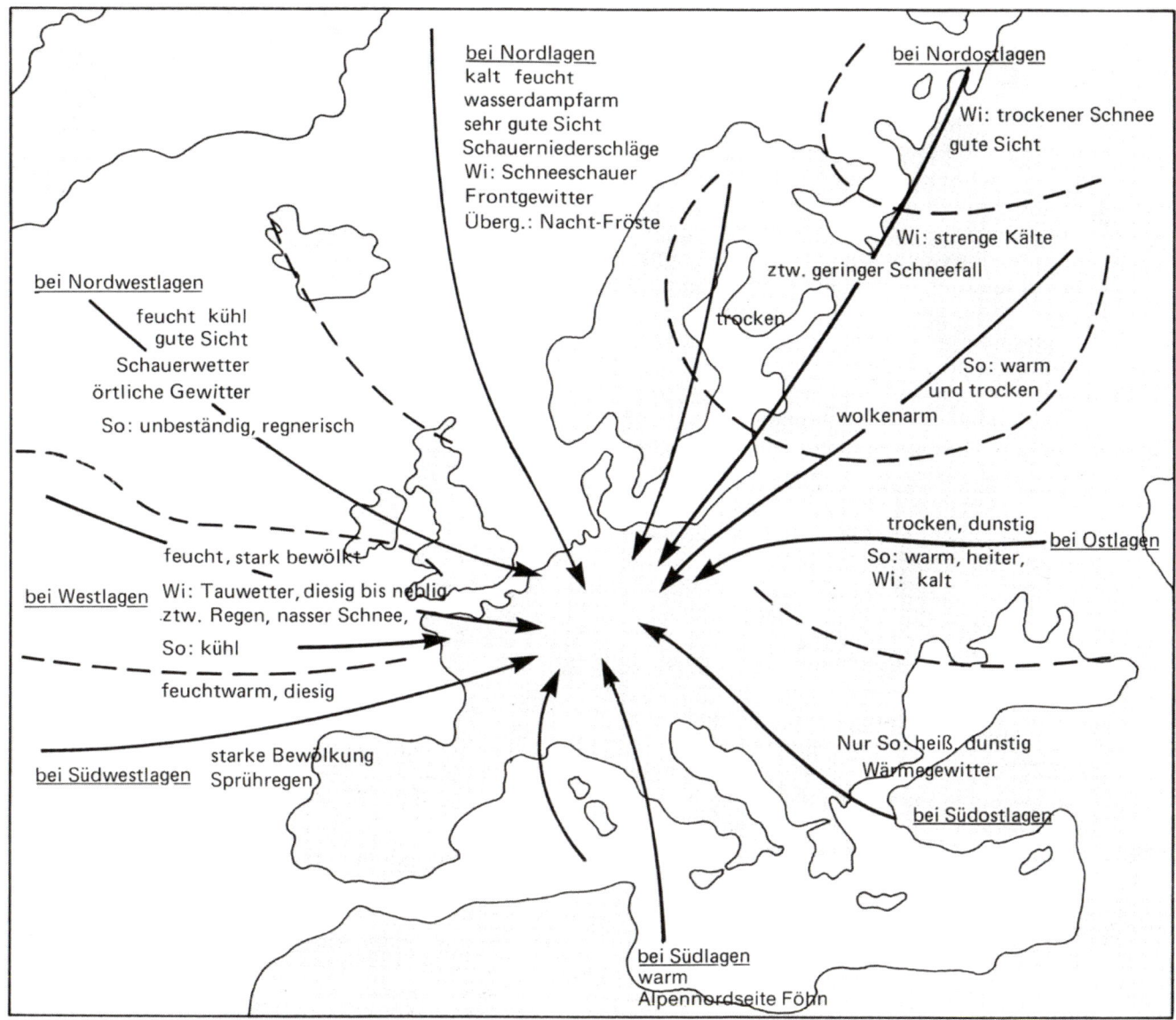

bei Nordlagen
kalt feucht
wasserdampfarm
sehr gute Sicht
Schauerniederschläge
Wi: Schneeschauer
Frontgewitter
Überg.: Nacht-Fröste

bei Nordostlagen
Wi: trockener Schnee
gute Sicht

Wi: strenge Kälte
ztw. geringer Schneefall

trocken

So: warm
und trocken

wolkenarm

bei Nordwestlagen
feucht kühl
gute Sicht
Schauerwetter
örtliche Gewitter
So: unbeständig, regnerisch

trocken, dunstig
bei Ostlagen
So: warm, heiter,
Wi: kalt

feucht, stark bewölkt

bei Westlagen Wi: Tauwetter, diesig bis neblig
ztw. Regen, nasser Schnee,
So: kühl

feuchtwarm, diesig

starke Bewölkung
bei Südwestlagen Sprühregen

Nur So: heiß, dunstig
Wärmegewitter

bei Südostlagen

bei Südlagen
warm
Alpennordseite Föhn

Günstige Streckenflugwetterlagen

Das Augenmerk richtet sich auf die Lage der Druckgebilde. Die hier typisierten Wetterlagen werden sich in der Natur verschieden ausprägen. Folgende Bedingungen sollten zusammentreffen:

- Hochdruckeinfluss zwischen 1017 und 1024 hPa.
- Wind geringer als 25 km/h.
- Kein Tiefdruckeinfluss, keine Fronten.
- Labile Luftschichtung.
- Wolkenbasis vormittags mindestens 2500 m NN.

Nordostlage und Ostlage

Ab Ende März bis Ende Juni schafft die Druckverteilung – Hoch über Großbritannien bis Skandinavien und Tief über der Adria – labile Polarluft aus Nordosteuropa heran und sorgt für gute Thermik.
Der kräftige Wind – für Gleitschirme gefährlich kräftig – kann bei günstigem Windgradient Straßenthermik bilden. Das südliche Deutschland und besonders der Alpenraum können durch das Mittelmeer-Tief benachteiligt sein.

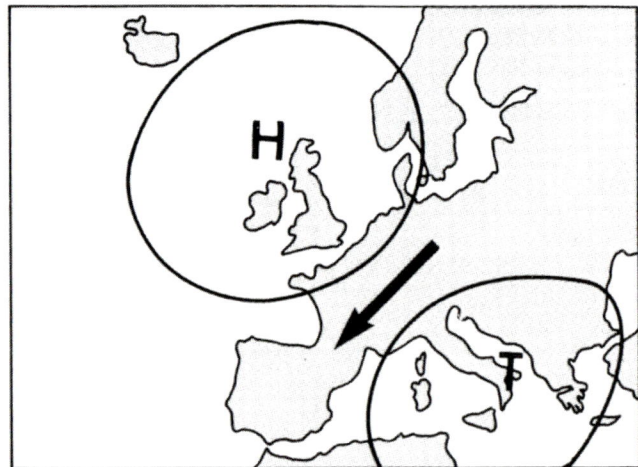

Nordostlage

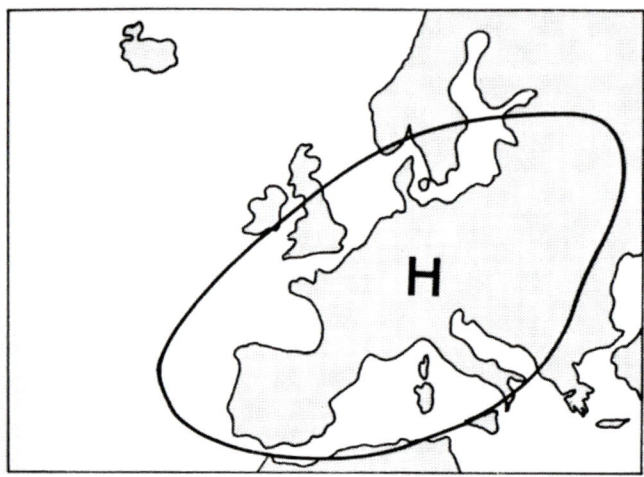

Zentrales Hoch

Zentrales Hoch

Häufig im Sommer, seltener im Frühjahr, liefert ein zentrales Hoch für mehrere Tage Streckenflugwetter. Einschränkung: Im Bereich des Hochdruckzentrums, wo die Absinkinversion am tiefsten liegt, ist die Thermik in ihrer Höhe eng begrenzt oder kann ganz zum Erliegen kommen. Die Windgeschwindigkeiten sind gering. In lang anhaltenden Hochdruckgebieten verschmutzt unterhalb der Sperrschicht die Luft und behindert die Sonneneinstrahlung – die Thermik wird schwächer. Im Randbereich des abziehenden Hochs können **Südwestwindlagen** mit besonders günstigen Thermikbedingungen entstehen.

Zwischenhoch

Nach Abzug einer Kaltfront und Abklingen des böigen und wechselhaften Rückseitenwetters setzt sich Zwischenhocheinfluss mit mäßiger Labilität durch. Während in den Alpen zunächst noch die Wolkenbasis unter Gipfelniveau liegt, entwickeln sich im Flachland bereits gute Flugbedingungen.

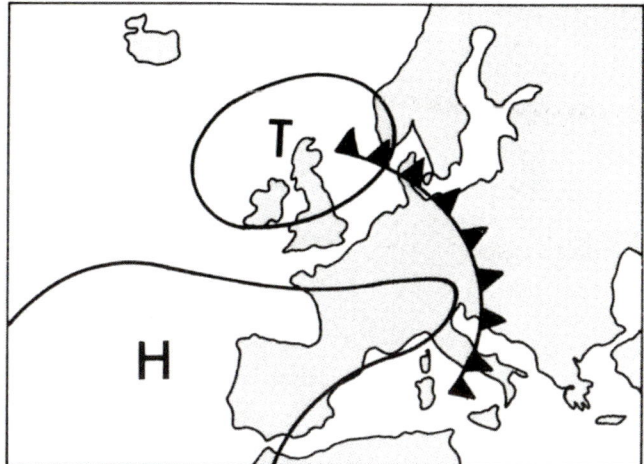

Zwischenhoch

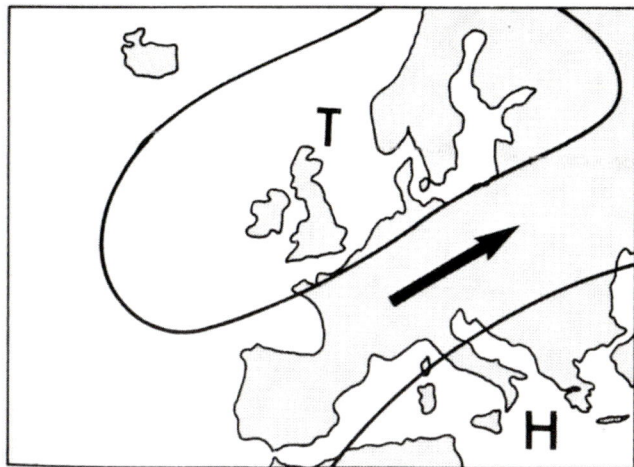

Südwestlage

Antizyklonale Westlage

Im Sommer bringen normalerweise Westlagen ergiebige Regenfälle. Schuld daran ist das Aufeinandertreffen von Kaltluft aus dem Norden und Warmluft von Süden her. Greift jedoch der Einfluss eines Hochs aus dem Mittelmeerraum weiter nordwärts aus oder lässt der Einfluss des Tiefs über dem Nordmeer nach, besteht bei antizyklonal gekrümmten Isobaren Hoffnung auf gutes Flugwetter im Alpengebiet. Dann nämlich ruft die labile, aus den Subtropen stammende Warmluft gute Flugbedingungen mit hohen Steigwerten hervor, wobei aber – besonders in den südlichen Alpenbereichen – nachmittags und zum Abend hin die örtliche Gewitterneigung als Hemmnis wirken kann.

Südwestlage

Die Südwestlage tritt im Sommer nicht häufig in Erscheinung. Sie ist sehr schwer in der Bodenwetterkarte zu erkennen, denn die typische Südwestströmung drückt sich erst in den Höhenwetterkarten deutlicher aus. Die Südwestlage bildet aufgrund der kräftigen Windzunahme mit der Höhe vielfach Thermikreihungen aus. Bei stärkerem Wind kann sie aber zu Föhnerscheinungen führen. Oft macht sich die Windzunahme erst oberhalb von 4000 m Höhe richtig bemerkbar, was sich dann mitunter in einer Kombination von Thermik – aufgereiht von Südwest nach Nordost – und föhnwellenartigen Gebilden darstellt. Aber es ist Respekt geboten, denn aus solchen Situationen entwickelt sich häufig auch eine richtige Föhnlage.

Wetterkarte

Ein Hochdruckgebiet mit Kern über der Normandie bestimmt auch das Wettergeschehen in Süddeutschland. Es ist Bestandteil einer Hochdruckzone, die sich von den Azoren über Mitteleuropa bis nach Russland erstreckt.

An der Nordseite dieser Hochdruckzone werden atlantische Tiefausläufer ostwärts gesteuert: Kaltfront westlich Irlands, Warmfront über der Nordsee und Okklusion über Norddeutschland sowie dem Baltikum. Der große Isobarenabstand über Deutschland weist auf schwachen Wind aus verschiedenen Richtungen hin. Starken Wind kann man beispielsweise an den geringen Isobarenabständen des Tiefs nördlich Irlands erkennen.

Die überwiegend offenen Stationskreise im Hochdruckgebiet zeigen blauen bis leicht bedeckten Himmel, die ausgefüllten Stationskreise entlang der Fronten und in den Tiefdruckgebieten weisen auf geschlossene Wolkendecke hin.

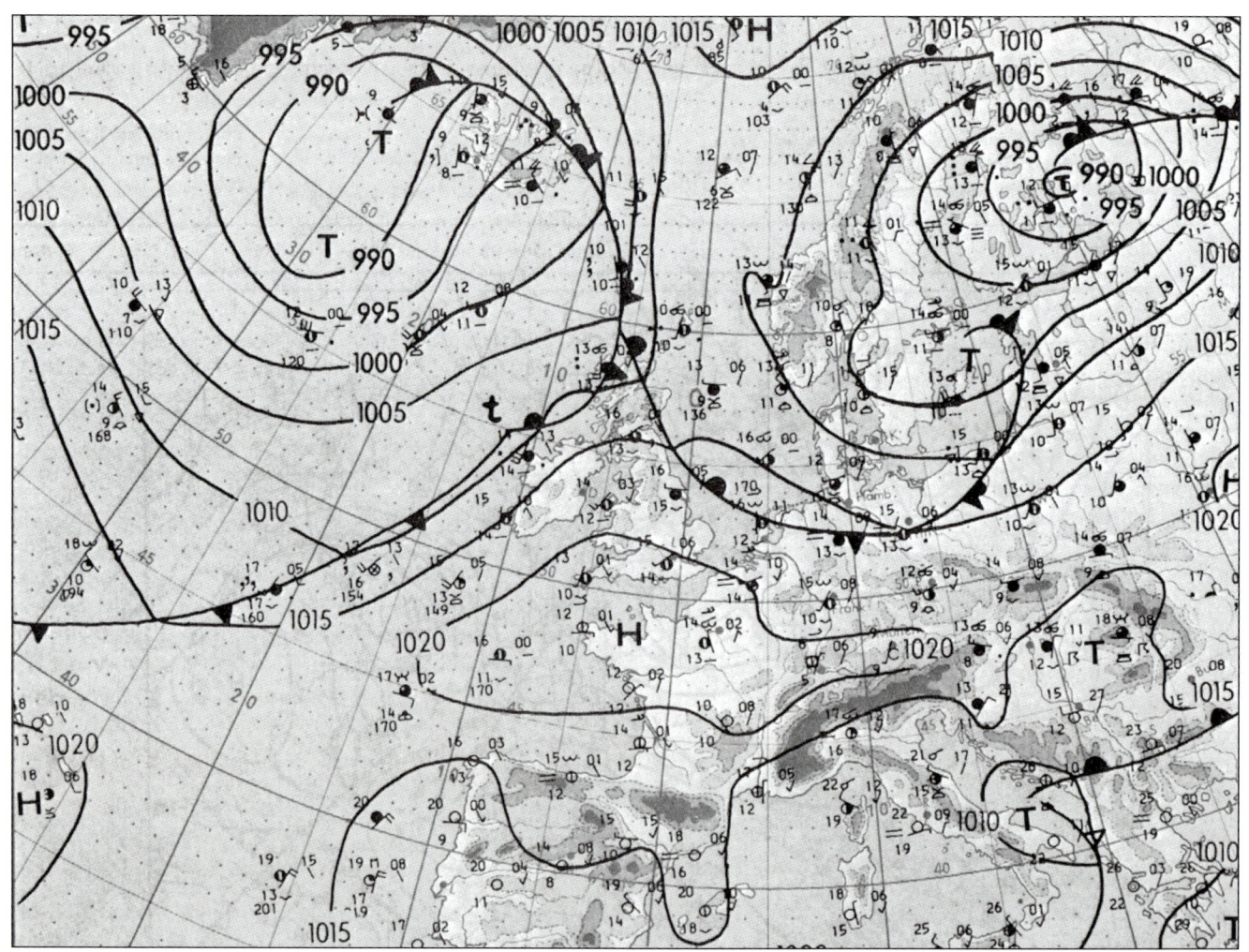

Wichtige Symbole der Wetterkarte

Bedeckungsgrad

Der Kreis markiert den Standort der Wetterstation. Durch entsprechendes Ausfüllen des Kreises wird der Grad der gemeldeten Gesamtbedeckung des Himmels über der Station dargestellt.

Windrichtungspfeile

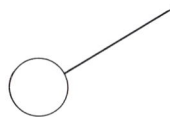

Der lange Strich am Stationskreis zeigt die Windrichtung an. Beispiel Nordostwind

Befiederung der Windpfeile

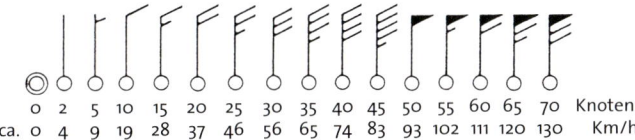

0	2	5	10	15	20	25	30	35	40	45	50	55	60	65	70	Knoten
ca. 0	4	9	19	28	37	46	56	65	74	83	93	102	111	120	130	Km/h

Befiederung der Windpfeile (1 Knoten = 1,853 km/h)
ein halber Strich: 5 Knoten
ein ganzer Strich: 10 Knoten
ein Wimpel (Dreieck): 50 Knoten

Fronten

Kaltfront   Warmfront   Okklusion

Wetter-Tipps für Gleitschirmflieger

- Langsame Wetterbesserung verspricht anhaltendes Schönwetter. Die thermikstarken Labilitätsphasen (1017–1024 hPa) bei Aufbau und Abbau des Hochs werden entsprechend langsamer durchschritten.
- Rascher Druckanstieg weist auf eine nur vorübergehende Wetterbesserung hin, rascher Druckabfall auf eine schnelle Wetterverschlechterung.
- Morgentau spricht für ein Anhalten des Schönwetters.
- Störung des täglichen Temperaturverlaufs – Erwärmung tagsüber, Abkühlung nachts – kündigt das Ende des Schönwetters an.
- Bei Störung im Tagesgang des Berg- und Talwindes ist mit Wetterverschlechterung zu rechnen.
- Am Berg herabsinkender Morgennebel deutet auf Schönwetter hin.
- Am Berg aufsteigender Morgennebel bedeutet Schlechtwetter.
- Lösen sich die Cumuluswolken am Abend nicht auf, ist Wetterverschlechterung zu erwarten.
- Verdichtende Cirren aus dem Westen – sie erzeugen oft Ringe und Höfe um Sonne und Mond – kündigen eine Front an.
- Mittelhohe Wolkenbänke mit Türmchen sind Vorboten von Schauern oder Gewittern.
- Quellwolken mit scharfen Rändern deuten gute Wetteraussichten an.
- Gute Fernsicht auf den Bergen bei dunstverhangenen Tälern ist ein Zeichen für Fortbestand des Schönwetters. Setzen sich dagegen auch in den Tälern hervorragende Sichtweiten durch, folgt allgemein ein Wetterumschwung.
- Dreht der Wind allmählich von Nordwest auf Nordost und Ost, ist dies ein Zeichen für mehrtägige Beständigkeit.
- Gleichmäßiger und langsamer Luftdruckanstieg zeigt das Näherkommen eines Wärmehochs an.

Zum Normaljahr

Die Monate April bis August sind wegen der Schichtung der Luft die bevorzugten Streckenmonate. Die über die Wintermonate stark abgekühlten kontinentalen Luftmassen sind kalt, gleichzeitig heizt die nun höher stehende Sonne den Boden gut auf. Die vom Boden aufgewärmten Warmluftblasen steigen in die kalte Luft auf und haben dort einen guten Wärmevorsprung zur umgebenden Luft.

In etwa 1500 m Höhe sollte der Unterschied zwischen Lufttemperatur und Taupunkt (Spread) zwischen 5 und 10 °C liegen, mehr würde Blauthermik bewirken, weniger würde zu Wolkenausbreitung führen.

Aussagen über den Grad der Labilität bieten die Temperaturgradienten zwischen den Tal- und Bergstationen. Zwischen Hohenpeißenberg (977 m) und Zugspitze (2960 m) ist ein Unterschied von 12–15 °C günstig, zwischen Säntis (2500 m) und Jungfraujoch (3573 m) sind es 6–9 °C. Zugrunde gelegt wird ein Gradient von 0,7 °C pro 100 m. Mehr bedeutet mehr Labilität als nötig. Ein Temperaturunterschied zwischen München und der Zugspitze von 20 °C lässt auf starke Thermik schließen.

Im April stehen immerhin schon sechs bis sieben Thermikstunden zur Verfügung. Auf der Alpensüdseite gibt es häufig im ersten Aprildrittel gute Streckentage unter Hochdruckeinfluss mit Ost- bis Nordostströmung. Allmählich setzt in den Alpen die Schneeschmelze ein. Erst wenn diese weit fortgeschritten ist, werden die Talwindsysteme wieder stärker.

Im Mai entwickeln sich vor allem ab Monatsmitte kurzfristig gute Streckentage. Der Kontinent heizt sich langsam auf. Auch im Flachland intensiviert sich die Bodenerwärmung wegen der höher steigenden Sonne. Frisch einströmende Kaltluft aus nördlichen und östlichen Breiten mit relativ wenig Feuchte sorgt für gute Thermik mit hoher Wolkenbasis. Vor allem der Monatsanfang des Juni ist ertragreich, besonders im Alpenraum. Günstige Temperaturgradien-

ten zwischen kalter Luft über den Bergipfeln und stark aufgewärmter Bodenoberfläche sind gegeben. Allerdings verstärken sich jetzt auch die Talwindsysteme bei Hochdruckwetter. Nach Ablauf der ersten Juniwoche sorgt die Schafskälte für eine Schlechtwetterperiode, die bis zur Junimitte anhält.

Im Juli bieten sich auch die höchsten Regionen der West- und Zentralalpen für Streckenflüge an. Diese Gebiete liegen in der Regel oberhalb der Sperrschicht sommerlicher Hochdruckgebiete. Allerdings ist hier mit sehr starken Talwinden zu rechnen. Auch das Hochland von Zentralspanien und die Seealpen Südfrankreichs bieten jetzt starke und hochreichende Thermik.

Im August hat eine Erwärmung der Luftmasse bis in größere Höhen hinauf stattgefunden. Doch zwischendurch sind nach Kaltluftvorstößen noch gute Tage zu erwarten. Generell stabilisiert aber frisch eingeströmte Luft bei fehlendem Nachschub rasch.

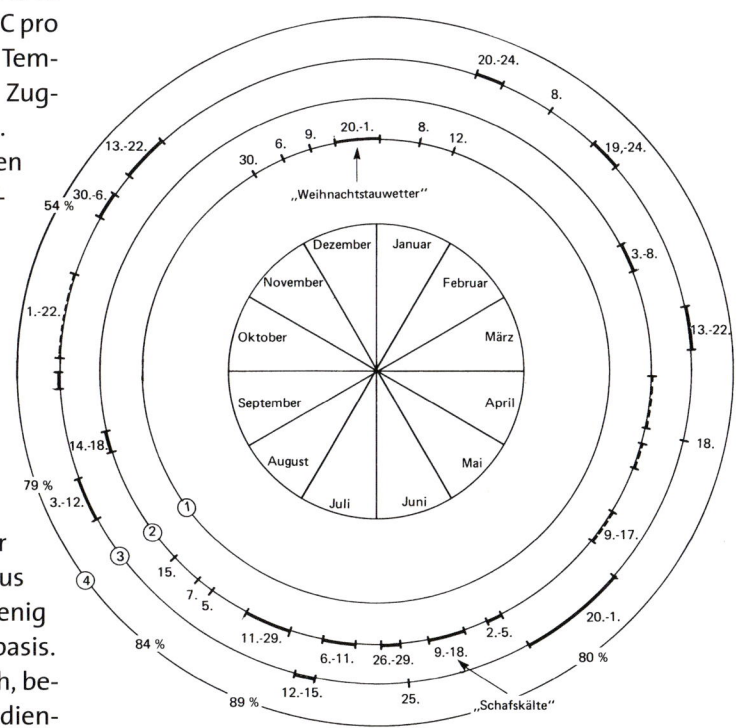

Das Normaljahr

1 Tiefdruckperioden

2 »Europäischer Monsun«

3 Hochdruckperioden

4 Häufigkeit in Prozent

Streckenflug alpin

Leistungsorientiertes Fliegen 🔵

Es ist unbefriedigend, nach stolzem Höhegewinn vom Hausberg frohen Mutes »auf Strecke zu gehen« – und sich dann nach wenigen Kilometern am Boden wiederzufinden. Streckenfliegen setzt mehr als nur Startüberhöhung voraus:
Den Aufwind gezielt zu finden und optimal zu nutzen, die Entfernungen zu schätzen und den Gleitwinkel bei unterschiedlichen Windverhältnissen zu kalkulieren, sind wesentliche Grundfertigkeiten und können am Hausberg trainiert werden. Nur wer sie routiniert beherrscht und über das taktische Instrumentarium verfügt, hat echte Chancen.

Fliegen im Aufwind

Wenn der Aufwind – am Hang die vertikale Windkomponente – größer ist als das geringste Sinken des Gleitsegels, ist Höhengewinn möglich.
Wo ist Aufwind? – An frequentierten Fluggeländen kennen die erfahrenen Piloten die Hausbärte.
Auch gleiche Aufwindquellen arbeiten von Tag zu Tag anders und stellen an den trainierenden Piloten ständig neue Anforderungen.

Einfliegen in den Aufwind

Sobald der Pilot erstes Steigen spürt – meist noch bevor das Vario reagiert – löst er die Bremsen.
Damit kann er die Erhöhung des Anstellwinkels durch den Aufwind kompensieren. Zu großer Fahrtverlust, Pendeln und Sackflug werden verhindert.
Wird das Gleitsegel nur an einer Seite angehoben, kurvt der Pilot in Richtung der angehobenen Seite. Die Kurvenlage sorgt zugleich für die notwendige Beschleunigung.
Nach dem Einfliegen verlangsamt der Pilot durch dosierten Bremsleinenzug seine Fahrt bis zur Geschwindigkeit des geringsten Sinkens.

Kurven im Aufwind

Optimal ist die Steuertechnik, bei der unter Beibehaltung der Geschwindigkeit des geringsten Sinkens der gewünschte Kurvenradius durch Gewichtsverlagerung auf dem Sitzbrett erzielt wird. Für engere Kurvenradien muss zusätzlich mit konventioneller Steuertechnik gearbeitet werden: Leichtes Anziehen der Bremsleine an der Kurveninnenseite und gleichzeitig Nachgeben an der Außenseite.
Die Gewichtskraftsteuerung bietet mehrere Vorteile:
- Anstellwinkel und Segelprofil des geringsten Sinkens werden nur wenig verändert.
- Der Widerstand am Schirm bleibt gering, da die Bremsklappe nicht eingesetzt wird.
- Das Gleitsegel dreht flach, d.h. die projizierte Fläche bleibt groß.
- Die Gefahr von Sackflug oder Negativkurve ist geringer als bei konventioneller Steuerung.

Der Kurvenradius wird der horizontalen Ausdehnung des Aufwindgebietes angepasst. Um maximale Steig-

Gerät steigt mit 0,5 m/s   Gerät sinkt mit 0,5 m/s

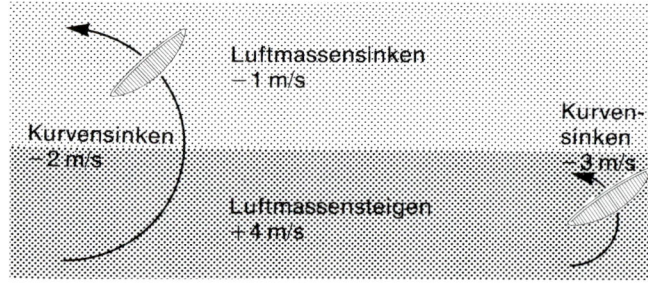

Gerät sinkt mit 1 m/s   Gerät steigt mit 1 m/s

werte zu erzielen, ist die Schräglage gerade so groß, dass die Kappe innerhalb des Aufwindzentrums bleibt. Die optimale Kombination aus Schräglage, Kurvenradius und Geschwindigkeit ermittelt der Pilot mithilfe seines Variometers, das den effektiven Steigwert anzeigt, also das (größere) Steigen der Umgebungsluft abzüglich Kurvensinken von Pilot und Gleitsegel.

Verlassen des Aufwindes

Gerät das Gleitsegel aus dem Aufwindgebiet in turbulente Randzonen mit Abwind, verringert sich beim Übergang der Anstellwinkel, die Kappe beschleunigt und kippt nach vorne. Der Pilot wirkt dieser Tendenz durch frühzeitiges Anbremsen entgegen.

Je stärker der Aufwind war, auf desto stärkere Randturbulenzen und Abwinde muss der Pilot sich gefasst machen. Unter extremen Bedingungen kann die gesamte Vorderkante einklappen und das Gerät in den Frontalstall geraten.

Fliegen am Hang

Anforderungen und Risiken

Wie gut der Pilot das jeweilige Aufwindband nutzen kann und wie nahe er sich an den Hang wagen darf, hängt von vielen verschiedenen Faktoren ab:

Pilot
- Zum Hangsegeln ist hohes Flugkönnen erforderlich.
- Der Pilot braucht gutes Einschätzungsvermögen für die jeweilige Situation und das Zusammenspiel von Wind, Eigengeschwindigkeit und Kurvenradius.
- Richtiges Agieren und Reagieren in plötzlichen Gefahrensituationen muss reflexartig beherrscht werden.

Gerät
- Das Gerät muss dem Piloten bestens vertraut sein. Die Vertrautheit stellt sich erst nach vielen Flügen ein und muss beim Wechsel auf ein neues Gerät durch viele Übungsflüge immer wieder neu gewonnen werden.
- Je wendiger der Schirm und je gutmütiger sein Einklappverhalten, desto näher kann der Pilot an den Hang gehen.

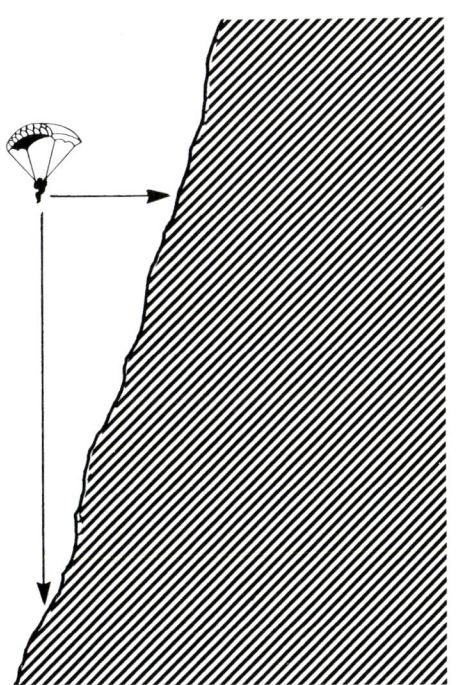

Bei gleichem Horizontalabstand verschiedene Sicherheitshöhen

Gelände

- Glatte Hänge ohne Hindernisse – besonders Almwiesen – können bei gleichmäßigen Windverhältnissen sehr hangnah beflogen werden. Ein Vorteil ergibt sich jedoch nur bei schmalem Aufwindband und laminarer Anströmung.
- Schroffes Gelände und bewaldete Hänge verlangen größeren Hangabstand: Das beste Steigen ist außerhalb der hangnahen Wirbelzone; in der Wirbelzone besteht erhöhte Gefahr des Eindrehens und Einklappens.
- An Abstufungen im Hangverlauf muss mit sehr starken Verwirbelungen oder sogar Rotoren gerechnet werden.
- Steilwände sind für viele beklemmend. Aber falls hier das Gleitsegel einklappt, steht Sicherheitshöhe zur Verfügung.
- An flachen Hängen bringt schon eine geringfügige Flugstörung den Piloten in gefährliche Bodennähe – häufige Ursache für Baumlandungen.
- Im Hangfußbereich bei Steilhängen die stark verwirbelte Zone meiden – größerer Hangabstand.
- Bei allen Hängen ist darauf zu achten, dass für kritische Situationen stets genug Höhe zum Abdrehen bleibt.

Wind

- Hohe Windgeschwindigkeit bewirkt am Hang große Aufwindkomponente und geringe Horizontalkomponente.
  Über der Hangkuppe kehrt sich das Verhältnis der Komponenten um, die Horizontalkomponente wächst überraschend schnell an. Dies birgt die Gefahr, dass der Schirm nach dem Übersteigen der Hangkuppe rückwärts in das Lee abgetrieben wird. Deshalb immer deutlich vor der Hangkante bleiben, wo auch der Bereich des besten Steigens liegt.
- Oft nimmt der Wind mit der Höhe stark zu (Windgradient). Das verschärft den oben beschriebenen Horizontalwindeffekt.

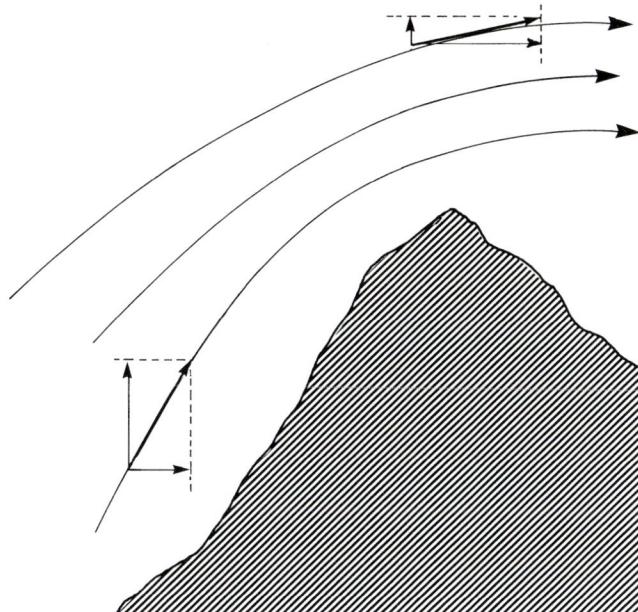

Unterschiedliche Windkomponenten

Optimales Steigen am Hang

Das Steigen ist gelände- und windabhängig. Es lassen sich nur Faustregeln aufstellen:

- Nie im steilen Winkel bis an den Hang fliegen! Rechtzeitig den Vorhaltewinkel gegen den Wind einnehmen und seitwärts herandriften.
- Aufwindband ausloten. Dicke? Breite? Wo Stellen mit stärkstem Steigen?
- Ausschau halten nach günstigen Hangverläufen – Dellen, Hangdüsen, glatte Flächen. Wie nah am Hang ist das beste Steigen?
- Bereiche mit starker Turbulenz meiden, Flugweg in Bereiche mit möglichst laminarer Luft und gutem Steigwert legen.
- Vor Geländestufen genügend hochsteigen und erst oberhalb der Turbulenzzone an den Hang zurückkehren. Für evtl. notwendige Rückkehr zur Hangkante Höhenreserve einkalkulieren.

- Böiger Wind erfordert großen Hangabstand. Das plötzliche Nachlassen und Auffrischen des Windes lässt den Schirm pendeln und kann ihn zum Einklappen bringen.

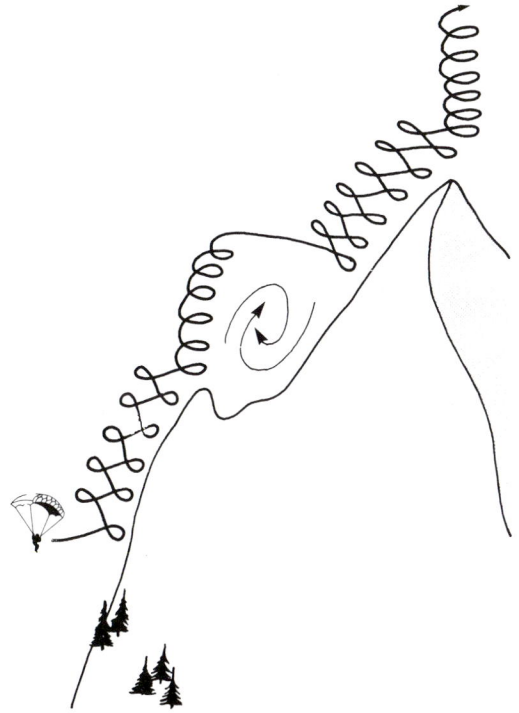

Geländestufe

Kurventechnik

Prinzipiell werden bis zur Sicherheitshöhe oberhalb der Hangkante nur Achter geflogen, nie Kreise.

Der Pilot achtet auf die akustische Varioanzeige, die optische Anzeige würde ihn ablenken. Die Höhenveränderungen stellt er durch den Hangbezug fest.

Die Wende wird frühzeitig durchgeführt, noch im Bereich des vollen Steigens, nicht erst wenn der Aufwind nachlässt. Die im verlängerten Geradeausflug gewonnene Höhe würde durch verspätetes Kurven schnell verbraucht. Die Kurve wird gedämpft ein- und ausgeleitet. Zum Kurvenausgang – noch bevor die Nase zum Hang zeigt – steuert der Pilot gegen die Drehrichtung und lässt sich unter sanften Korrekturen wieder bis zum op-

timalen Abstand an den Hang tragen. Steile und enge Kurven bringen Nachteile: Das hohe Kurvensinken vernichtet Höhe, die Pendelbewegung bringt Unruhe in den Ablauf und der Pilot schwingt gefährlich nahe an den Hang.

Stellen des besten Steigens laden zum Wenden ein. In Hangdüsen kann ständiges enges Achtern vorteilhafter sein als Geradeausflug über die volle Hangbreite. Vorsicht, optimales Fliegen am Hang heißt auch Rücksicht auf andere zu nehmen und auf eigene Flugvorteile zu verzichten. Besonders unterschätzt wird die Gefahr beim Unterfliegen eines anderen: Ein plötzlicher Heber wird vom unteren Schirm früher aufgenommen und treibt ihn in die Flugbahn des oberen Piloten.

Hangdüse

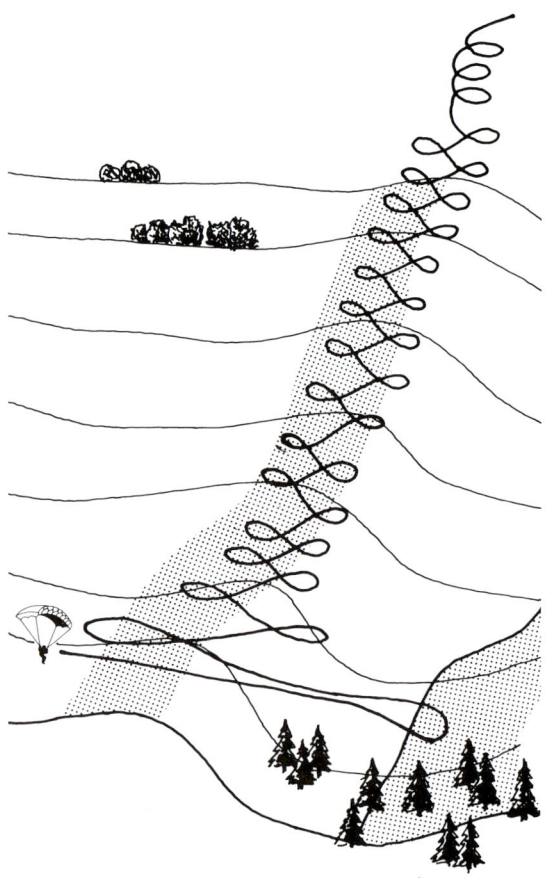

Fliegen in der Thermik

Thermiksuche

Als Orientierungshilfe bei der Aufwindsuche hilft eine gedachte Linie zwischen der Thermikwolke und der vermuteten Abrisskante unter Berücksichtigung des Windes. Bei Blauthermik können statt Thermikwolken dunstige Stellen oder Unebenheiten an der Inversionsgrenze die Thermik anzeigen. Trifft man nach ruhiger Luft auf Turbulenzen, ist die gesuchte Thermik nahe.

- In **geringer Höhe** fliegt der Pilot auf der Suche gezielt die möglichen Thermikquellen und Abrisskanten an. Der Bodenwind ist zu beachten, er bestimmt die Abrisskanten.
- In **mittlerer Höhe** fliegt er die dortigen Abrisskanten an – z.B. Schneegrenzen, Berggrate – unter Berücksichtigung des überregionalen Windes.
- In **großer Höhe** richtet sich der Pilot nach den Wolken und fliegt aufquellende, scharf umrandete Cumuli an. Dunkle Stellen an der Basis signalisieren gutes Steigen.

Andere Gleitsegel, Hängegleiter, Segelflugzeuge und vor allem Thermikvögel in der näheren Umgebung zeigen Aufwind an. Kreisen sie unterhalb der eigenen Höhe lohnt sich der Anflug. Kreisen sie bereits oberhalb der eigenen Höhe, ist der Bart nur zu finden, wenn sich vom kreisenden Segler zur vermuteten Thermikquelle die gedachte Linie ziehen lässt.

Zentrieren in geringer Höhe

Der Zentriervorgang ist abhängig von der Flughöhe. Thermik in geringer Höhe ist noch kleinräumig, zerfasert, unzuverlässig. Der Pilot bemüht sich um ersten Höhengewinn und meidet das Risiko, beim systematischen Zentrieren den Bart endgültig zu verlieren.

In engen oder ruppigen Bärten mit häufigem Wechsel von Steigen und Sinken ist durch regelmäßigen Blick auf den Höhenmesser zu kontrollieren, ob im Ergebnis nicht Höhe verloren geht. Hat man einen »Nullschieber«, nicht ungeduldig werden. Die Wettkampfpraxis hat gezeigt, dass man in niedriger Höhe nichts verschenken sollte, denn bessere Aufwindgebiete sind mangels Höhenreserve kaum zu erreichen. Geduldiges Kreisen wird oft durch verbessertes Steigen belohnt, wenn die Thermik wieder pulsiert oder eine störende Abschattung weiterzieht. Konzentration und zähes Kämpfen sind notwendig, die Wartezeit kann Stunden dauern.

Ab Beginn des Steigens fliegt der Pilot so weit geradeaus (vielleicht 3–5 s), bis er weiß, dass sein Vollkreis im Bart Platz findet; dann kreist er in Richtung des vermuteten Aufwindkerns ein. Wer zu früh oder zu spät einkreist, vergibt oft seine letzte Chance.

Mit zunehmendem Höhengewinn öffnet der Pilot vorsichtig den Kreis und beginnt die Umgebung nach besserem Steigen abzutasten. Er verschafft sich eine räumliche Vorstellung über die Ausdehnung der Thermik und die Lage des Zentrums. Erst in zuverlässiger Flughöhe zentriert er den Bart mit systematischen Suchkreisen.

Zentrieren in größerer Höhe

Auf der Suche nach dem Kern – Zentrieren – ist schon mancher Bart verloren gegangen. Die Flughöhe beim systematischen Zentrierverfahren muss daher die Chance für erneuten Thermikanschluss bieten.

Trifft der Pilot auf einen Bart, fliegt er im Steigen geradeaus, bis er Veränderung spürt:

- Verbesserung des Steigens – geradeaus weiterfliegen.
- Verschlechterung des Steigens – enge Kehre in bevorzugte Drehrichtung.
- Einseitiges Heben – Eindrehen in Richtung der angehobenen Seite.
- Einseitiges Senken – Eindrehen entgegen der gesenkten Seite.

An das Eindrehen schließen sich die Suchkreise in gleich bleibender Drehrichtung an:

- Das Steigen nimmt zu – weiter Kurvenradius.
- Das Steigen nimmt ab – enger Kurvenradius.

In größerer Höhe weitet sich das Zentrum aus, mehrere Bärte schließen sich zusammen, die Lage des Zentrums

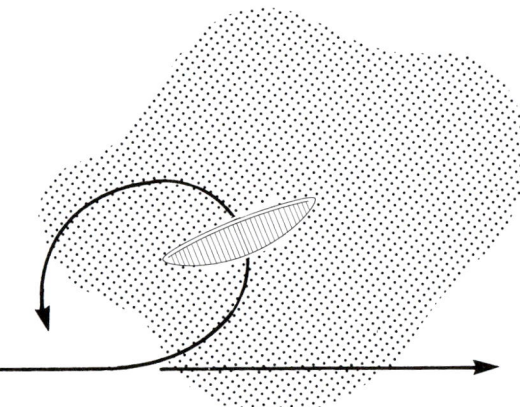

Einkreisen zu früh

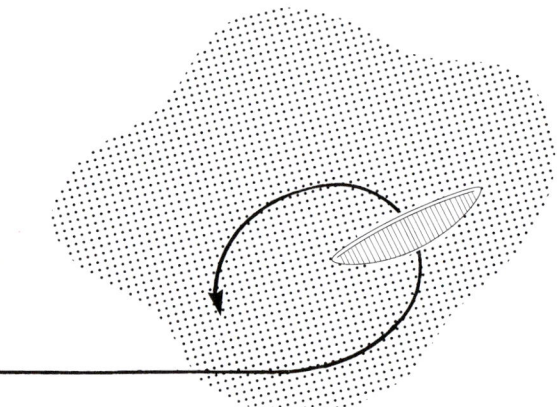

Richtig eingekreist

verschiebt sich. Daher ist das Zentrieren ein fortlaufender Vorgang, bis das Zentrum die besten Steigwerte des Tages bietet.

Beim schnellen Aufstieg muss der Pilot ständig den Abstand zur Wolkenbasis im Auge behalten und rechtzeitig vor Erreichen der Basis zum Wolkenrand fliegen – Vorsicht vor dem Sog der Wolke!

Horizontale Windscherung bringt besondere Schwierig-

keiten, Erkennungszeichen: Der Bart geht immer wieder in derselben Höhe verloren, weil der Wind oberhalb der Scherung den Bart in unvermutete Richtung versetzt. Die Windscherung kann nur durch sauberstes Zentrieren durchstiegen werden.

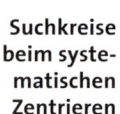 **Suchkreise beim systematischen Zentrieren**

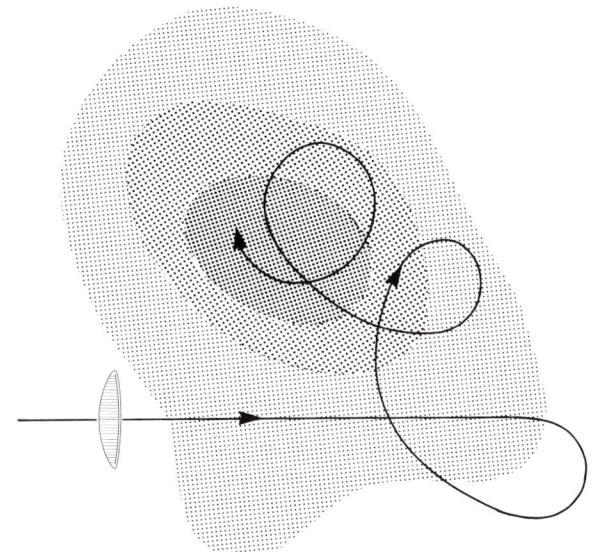

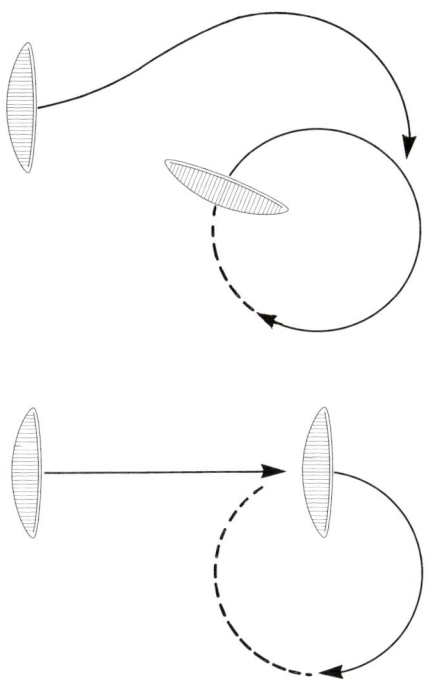

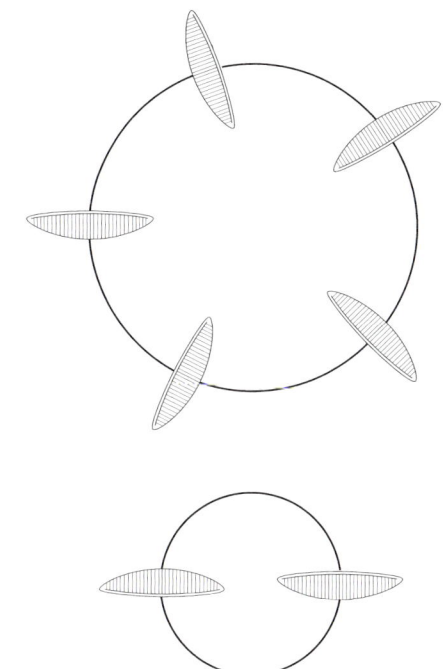

Fliegen mit anderen

Rücksichtnahme und Kooperation sind beim Thermik-fliegen oberste Gebote – über die luftrechtlichen Verhaltensregeln hinaus.

Der hinzukommende Pilot sollte sich in den Kreis nur so einordnen, dass andere Piloten in ihrer Kreisbahn nicht behindert werden, das bedeutet hinter dem anderen oder gegenüber.

Beim gemeinsamen Kreisen in der Thermik mit den ständigen Abstandsänderungen der Gleitschirme zueinander gilt in besonderem Maß »Sehen und Gesehen-werden«, also gegenüber kreisen bzw. bei mehreren Schirmen gleiche Abstände halten.

Fliegen Gleitschirme in unterschiedlichen Höhen, müssen die Abstände so gewählt sein, dass der Höhenverlust beim Einklappen oder Sackflug des oberen Schirms nicht zur Kollision mit dem unteren führt. Jeder Pilot hat sein Gleitsegel so zu kontrollieren, dass Kappenstörungen vermieden werden.

Thermik im Hangaufwind

Findet der Pilot im Hangaufwind eingelagerte Thermik, kann er durch Achtern im Thermikbereich seinen Höhengewinn maximieren. Erst nach Übersteigen der

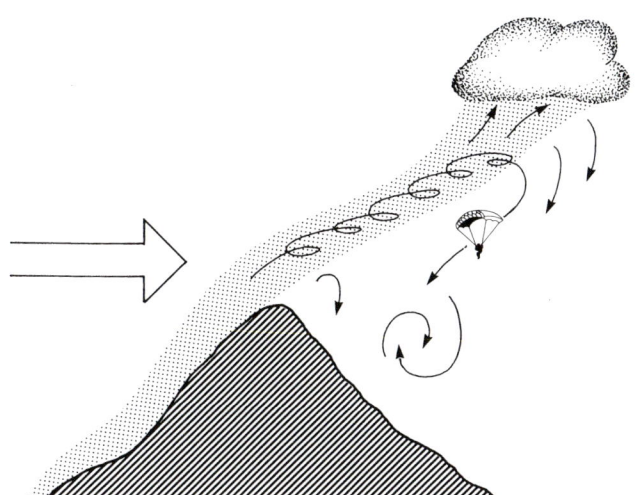

Hangkante und Gewinn der Sicherheitshöhe vor der Kante kreist er ein und zentriert den Bart.

Vorsicht! Die Sicherheitshöhe muss umso größer sein, je stärker der Wind über die Hangkante weht. Denn wer der Thermik zu niedrig über die Hangkante nach hinten folgt, riskiert dort den Bart zu verlieren und in den Abwind der Thermik geraten. Abwind und Gegenwind können den Gleitwinkel so stark reduzieren, dass die Luvseite nicht mehr erreicht wird – große Absturzgefahr.

Fluchtmöglichkeiten

Die Eigengeschwindigkeit des Gleitsegels ist gering. Schnelle Wetteränderungen können sich fatal auswirken. Stete Vorausschau auf die Wetterentwicklung und frühzeitige Reaktion sind der beste Schutz vor plötzlichen Notsituationen. Wenn es trotzdem geschieht – was tun?

Starkwind und Lee

Der Pilot bemerkt, nachdem er die Gipfelhöhe überstiegen hat, dass er in der Luft »steht« oder gar nach hinten getrieben wird; auch bei größter Beschleunigung seines Gleitsegels kommt er nicht vorwärts.

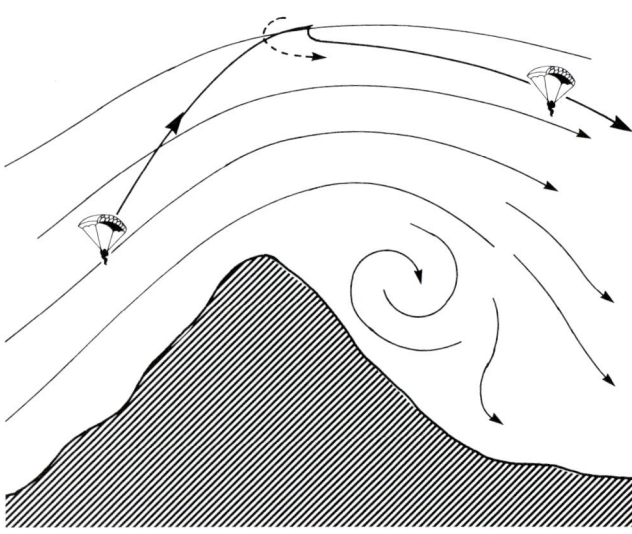

Maßnahmen: Solange der Gleitschirm »steht« oder senkrecht steigt, gegen den Wind fliegen und auf eventuelles Abflauen warten. Beginnt der Schirm über dem Gipfel nach hinten zu treiben, noch gegen den Wind weiterfliegen, bis bei der größtmöglichen Höhe das Steigen aufhört. Dann sofort um 180 Grad drehen und das Lee-Gebiet auf schnellstem Weg überfliegen: Notlandeplatz hinter oder seitlich des Lee-Gebiets suchen.

Sog in die Wolke

Der Pilot befindet sich im Steigflug und muss aufgrund seiner Steigwerte und der Entfernung zum Wolkenrand befürchten, in die Wolke gezogen zu werden.

Maßnahmen: Mit Höchstgeschwindigkeit den nächstgelegenen Wolkenrand ansteuern. Wenn der Rand voraussichtlich nicht unterhalb der Wolke erreicht werden kann, aufwindschwache Zonen auf dem Fluchtweg zum Abstieg durch Steilspiralen oder B-Stall nutzen und so viel Höhe abbauen, bis der Wolkenrand erreichbar ist.

Vorsicht, bei schnellen Steilspiralen treten hohe G-Belastungen auf, sie können zu Schwindel und Blackout führen. In diesem Fall sofort die Steilspirale abbrechen und geradeaus Richtung Wolkenrand weiterfliegen; erst nach Erholung wieder Steilspiralen an anderer Stelle versuchen.

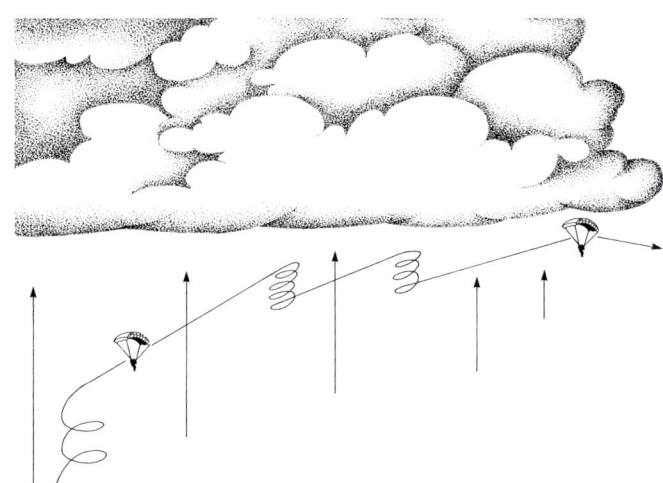

In der Wolke

Der Pilot verliert in wenigen Augenblicken die Orientierung.

Maßnahmen: Mithilfe von Kompass oder GPS möglichst geradeaus fliegen, bis der Wolkenrand erreicht ist. Steilspiralen in der Wolke würden Unruhe bringen bis hin zur Panik. Fullstalls sind lebensgefährlich, wegen der fehlenden Orientierung beim Ausleiten.

Aufziehende Kaltfront

Der Pilot befindet sich in der Starkwindzone vor der Kaltfront.

Maßnahmen: Sofort aus dem Wind drehen, schnellstmöglich Höhe abbauen und landen.

Trainingsprogramm

Das gesamte Trainingsprogramm ist so ausgelegt, dass es im Gleitwinkelbereich des Fluggeländes abgewickelt werden kann und beim Misslingen einzelner Übungen der ordnungsgemäße Landeplatz erreicht wird.

Die Aufgaben:
- Den Hangaufwind in seiner Ausdehnung abtasten.
- Im Hangaufwind den Bereich des besten Steigens finden und nutzen; die größte Höhe erfliegen.
- Die größte Höhe möglichst schnell erfliegen.
- Thermikquellen und Abrisskanten nach eigener Vermutung gezielt suchen und räumlich erfassen.
- Im Hangbereich zwischen dynamischem und thermischem Aufwind differenzieren; eingelagerte Thermik nutzen.
- Thermik systematisch zentrieren.
- In der Thermik bis Sicherheitsabstand zur Wolkenbasis aufkreisen.
- Möglichst schnell aufkreisen.
- Aufwindquellen wechseln; jedes Mal unten einsteigen und volle Höhe erfliegen.
- Beim Aufsteigen nächste Aufwindquelle anvisieren; die notwendige Abflughöhe kalkulieren; bei Erreichen der Abflughöhe zur anderen Quelle wechseln; vorausberechnete Ankunftshöhe mit tatsächlicher vergleichen.
- Kleine Strecken im Gleitwinkelbereich festlegen und so oft und schnell wie möglich durchfliegen.

Für alle Aufgaben gilt:
- Bei verschiedenen Windstärken, Windrichtungen und Thermikbedingungen wiederholen.
- Das Auf und Ab noch vor der Vario-Meldung bewusst erfühlen.
- Zwischendurch ohne Vario fliegen, um Gefühl und räumliches Vorstellungsvermögen zu schulen.
- Den Landeplatz im Auge behalten; die Erreichbarkeit des Landeplatzes aus jeder Position in alle Höhen- und Gleitwinkelkalkulationen einbeziehen.
- Bevor die sichere Höhe zum Erreichen des Landeplatzes unterschritten wird, die Aufgabe abbrechen.

Erst wenn alle Trainingsaufgaben wiederholt mit gutem Resultat erfüllt sind, ist ein Streckenflugvorhaben aussichtsreich. Fehlschläge würden Außenlandungen verursachen und dadurch das Fluggelände belasten. Ein Streckenflug hat erst dann Sinn, wenn der Pilot die nächsten Aufwindquellen sicher erreichen und nutzen kann.

Grundlagen der Aufgabenwahl

Streckenflugaufgaben

Freie Strecke. In gerader Linie oder mit Wendepunkt auf geknickter Bahn. Einzige Aufgabe ohne Festlegung der Wertungsstrecke vor dem Start.
Zielflug. In gerader Linie oder mit einem Wendepunkt auf geknickter Bahn.
Zielrückkehr. Flug zu einem festgelegten Wendepunkt und zurück zum Startpunkt.
Dreieck. Zielflug mit zwei Wendepunkten. Kürzester Schenkel mindestens 28% der Gesamtstrecke. Bei weniger als 28% spricht man vom flachen Dreieck.
Wertigkeit. Um die Flugaufgaben in ihrem Schwierigkeitsgrad vergleichbar zu machen, wurden ursprünglich diese Bewertungsfaktoren festgelegt:

- Freie Strecke   1,00
- Zielflug   1,50
- Zielrückkehr   1,75
- Flaches Dreieck   1,75
- Dreieck   2,00

Beispiel: Freie Strecke mit 100 km = 100 Punkte, entspricht 66,6 km Zielflug oder 57,1 km Zielrückkehr oder 50 km Dreieck.

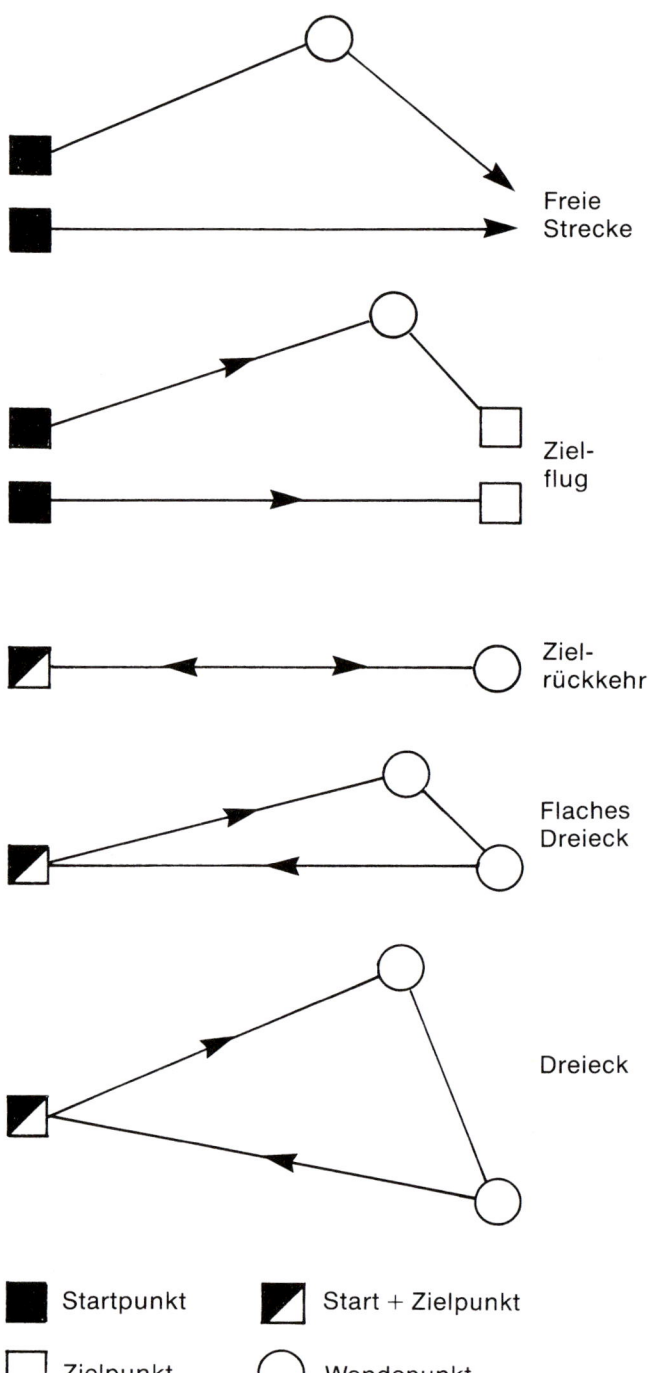

Freie Strecke

Ziel-flug

Ziel-rückkehr

Flaches Dreieck

Dreieck

■ Startpunkt   ◪ Start + Zielpunkt

☐ Zielpunkt   ○ Wendepunkt

Online-Contest

Die Deutschen Streckenflugmeisterschaften werden als Online-Contest ausgetragen. Beim DHV Online-Contest erfolgt die Flugdokumentation über die Fluginstrumente. Die Flugdaten werden nach dem Flug in einen PC überspielt, dort von einer speziellen Auswertesoftware aufbereitet und über Internet an den Online-Contest Server geschickt.

Bei diesem Streckenflugwettbewerb muss die Flugaufgabe nicht vor dem Start festgelegt werden. Dem Wetter entsprechend wird im Tagesverlauf die Flugroute so gewählt, dass diese eine möglichst große Strecke ergibt. Der Pilot, der sich auf die aktuellen Gegebenheiten am besten einstellt, wird den weitesten Flug absolvieren. Für die Strecke vom Start um die bis zu drei Wegpunkte zum Endpunkt werden 1,5 Punkte pro Kilometer berechnet. Siehe Abbildung unten.

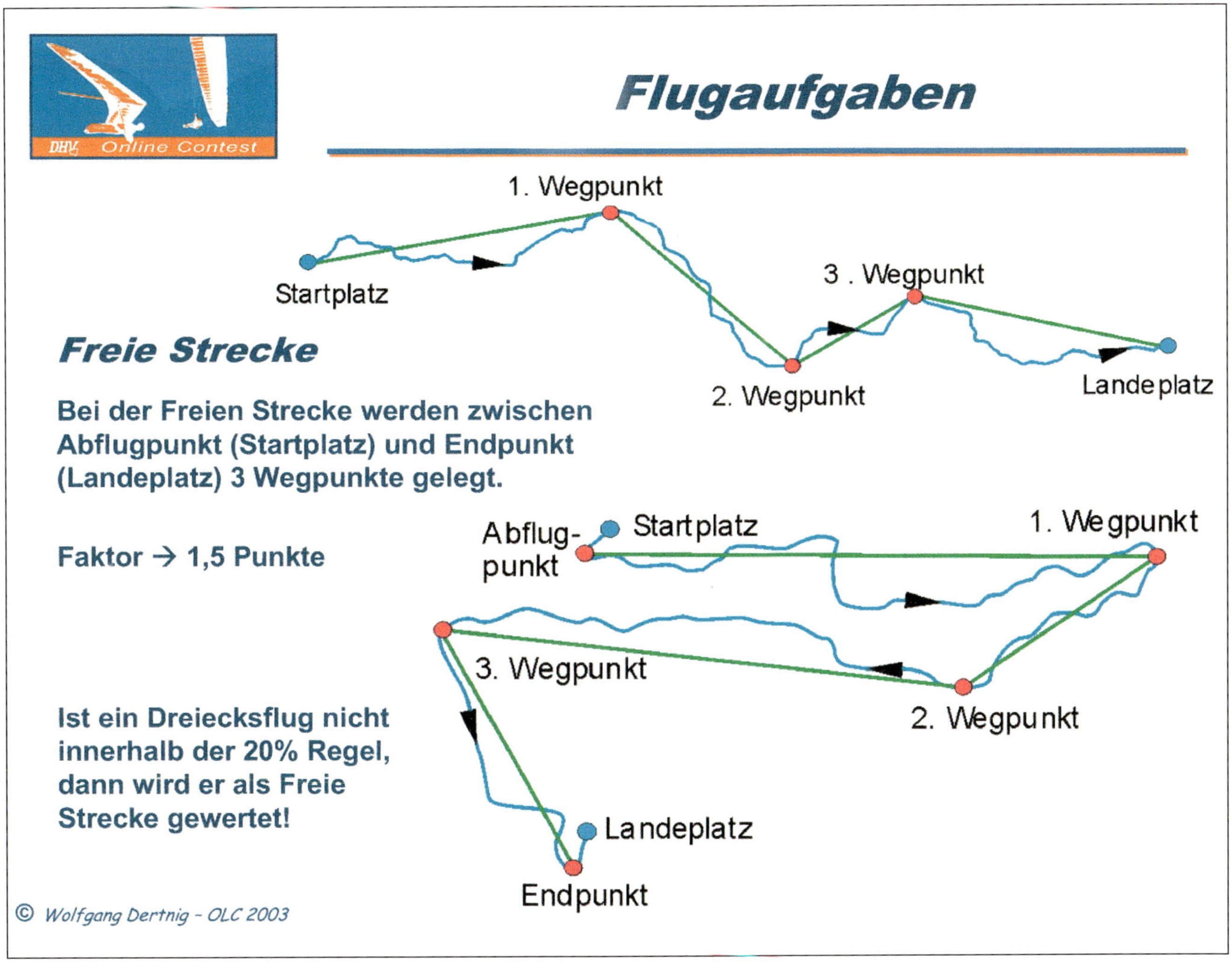

Flugaufgaben

1. Wegpunkt

3 . Wegpunkt

Startplatz

2. Wegpunkt

Landeplatz

Freie Strecke

Bei der Freien Strecke werden zwischen Abflugpunkt (Startplatz) und Endpunkt (Landeplatz) 3 Wegpunkte gelegt.

Faktor → 1,5 Punkte

Abflug-punkt   Startplatz   1. Wegpunkt

3. Wegpunkt

2. Wegpunkt

Ist ein Dreiecksflug nicht innerhalb der 20% Regel, dann wird er als Freie Strecke gewertet!

Landeplatz

Endpunkt

© Wolfgang Dertnig – OLC 2003

Für Dreiecke gibt es 1,75 Punkte pro Kilometer. Ein Flug kann als Dreiecksflug gewertet werden, wenn die Entfernung zwischen Abflugpunkt und Endpunkt weniger als 20% der durch die drei Wegpunkte definierten Dreiecksstrecke beträgt. Für das anspruchsvolle FAI-Dreieck (kürzester Schenkel mindestens 28% der Gesamtstrecke) werden sogar 2 Punkte pro Kilometer berechnet. Die Auswertesoftware stellt automatisch die maximale Punktezahl fest, die aus einer Flugstrecke errechnet werden kann. Siehe Abbildung unten.

Für die Aufzeichnung der Flugdaten ist ein GPS mit Loggerfunktion erforderlich. Der Logger notiert den Flugweg und bei teureren GPS auch den Höhenverlauf. Falls das GPS die Höhe nicht aufzeichnet, ist zusätzlich ein elektronisches Vario mit Barograffunktion erforderlich. Ein Barograf zeichnet die jeweilige Flughöhe nach Zeit auf. Das Barogramm dient als Nachweis, dass während des Streckenfluges nicht zwischengelandet wurde und geschützte Lufträume nicht verletzt wurden. Moderne Kombifluginstrumente beinhalten sämtliche

Flugaufgaben

Dreiecksflug

Ein Flug wird als Dreiecksflug gewertet, wenn die Entfernung zwischen Abflugpunkt (Startplatz) und Endpunkt weniger als 20 % der gesamten Dreiecksstrecke beträgt.

Als Wertungsstrecke gilt dann die Dreiecksstrecke um die drei Wegpunkte, reduziert um den Abstand zwischen Abflugpunkt und Endpunkt (roter Pfeil).

Faktoren für den Dreiecksflug:

➢ **FAI - Dreieck → 2,00 Punkte**
➢ **Flaches Dreieck → 1,75 Punkte**

Flächiges Fliegen bringt eine große Punktezahl!

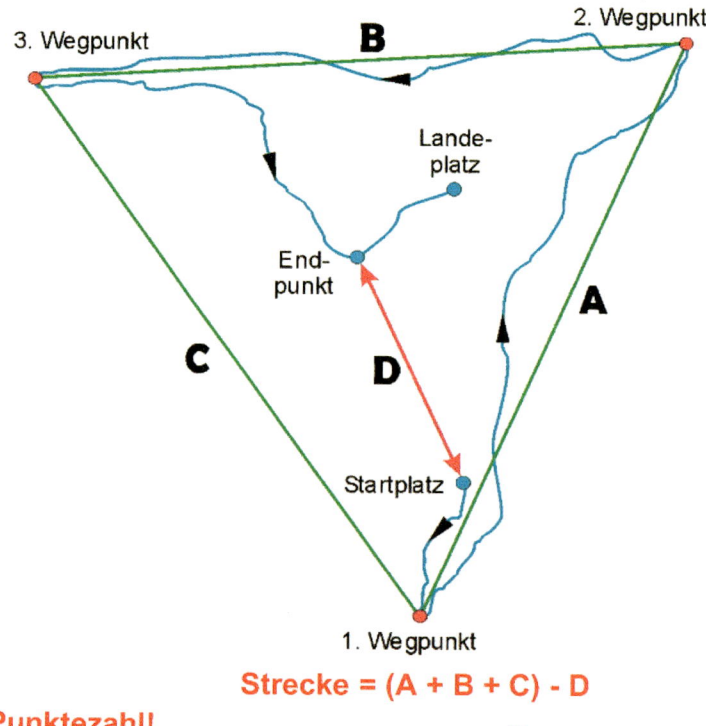

$$\text{Strecke} = (A + B + C) - D$$

$$\% \text{ von } D = \frac{D}{(A + B + C) : 100}$$

für den DHV Online-Contest erforderlichen Aufzeichnungsfunktionen. Die technischen Einzelheiten sowie die aktuelle Wettbewerbsausschreibung sind auf der Webseite des DHV bei Sport nachzulesen: www.dhv.de

Streckenkalkulation

An einem guten Flugtag kann von sechs brauchbaren Thermikstunden ausgegangen werden, bei Windstille etwa eine Stunde am Vormittag mit einer Reisegeschwindigkeit von 15 km/h, drei Stunden über Mittag mit 20 km/h und zwei Stunden am späteren Nachmittag mit 15 km/h. Es ergibt sich rechnerisch eine Strecke von 15 km + 60 km + 30 km = 105 km, d.h. eine durchschnittliche Reisegeschwindigkeit von 17,5 km/h. Hätte man während dieser sechs Stunden 10 km/h Rückenwind, würde sich eine durchschnittliche Reisegeschwindigkeit von 27,5 km/h oder eine Gesamtstrecke von 165 km errechnen.

Größtes Hindernis für weite Streckenflüge sind weite Talquerungen, und zwar wegen des geringen Gleitwinkels der Gleitsegel. Bereits bei völlig ruhiger Luft würde ein Gleitsegel mit Gleitzahl 6 für eine Talquerung von 6 km eine Höhe von 1000 m verbrauchen. Das würde für den Thermikeinstieg bei 1500 m nach der Querung eine Abflughöhe von 2500 m erfordern. Bei nur 15 km/h Gegenwind und einer Eigengeschwindigkeit von 30 km/h würde sich die Gleitzahl auf 3 reduzieren und man müsste in 3500 m Höhe abfliegen.

Bei thermisch guten Bedingungen ist mit starkem Sinken über dem Talgrund zu rechnen. Eine Varioanzeige von 3 m/s meldet bei einem Eigensinken von 1,5 m/s ein zusätzliches Luftmassensinken von nochmals 1,5 m/s. Die Gleitzahl von 3 bei 15 km/h Gegenwind halbiert sich auf 1,5 und würde im Beispiel eine Abflughöhe von 5500 m voraussetzen.

Umgekehrt verbessert Rückenwind die Gleitzahl. 15 km/h im Beispiel würden eine Gleitzahl von 9 ergeben und eine Abflughöhe von 2150 m. Bei Berücksichtigung des Luftmassensinkens von wiederum 1,5 m/s errechnet sich die Gleitzahl 4,5 und eine Abflughöhe von 2800 m.

Aber der Rückenwindvorteil kann anderweitig aufgezehrt werden: Gerät der Pilot bei der Talquerung aus dem überregionalen Wind in den Bereich des Talwindes, verschlechtert dies seinen Gleitwinkel. Wenn er bei 30 km/h Talwind und 30 km/h Eigengeschwindigkeit seinen Kurs halten will, ergibt sich Gleitzahl Null.

Aufgabenwahl

An erster Stelle zu berücksichtigen sind die Talquerungen. Es gibt in den Alpen keinen Gebirgszug, der einen längeren Streckenflug ohne Talquerung zulässt.
Grundsätze für die Aufgabenwahl:
- So wenig Talquerungen wie möglich.
- Freie Streckenflüge und Zielflüge mit Rückenwind und Sonne im Rücken. Thermisch aktive Hänge werden gleichzeitig vom überregionalen Wind angeströmt. Dies ermöglicht eine hohe Reisegeschwindigkeit und bei Talquerungen günstige Abflugposition und Ankunft auf der Luvseite.
- Zielrückkehrflüge nur bei Windstille oder schwachem Wind quer zur Flugroute, Start im Osten, Wendepunkt im Westen, Flugstrecke entlang der Südhänge, deren Ostflanken vormittags und deren Westflanken nachmittags angestrahlt werden.
- Dreiecksflüge nur an windstillen Tagen.
- Überregionaler Nordwind erschwert alle Streckenflugaufgaben, weil die zur Mittagszeit thermisch aktiven Südhänge im Lee liegen.

Anhand der angenommenen Reisegeschwindigkeiten ist ein Zeitplan zu erstellen. Anhand dieses Zeitplans lässt sich abschätzen, zu welchen Zeiten die Schlüsselstellen der Flugstrecke erreicht werden und ob sie bewältigt werden können, oder ob das Vorhaben abgeändert werden muss.

Die Bewertungsfaktoren für Streckenflugaufgaben sollten einbezogen werden. Beispielsweise bringt ein geglückter Dreiecksflug mit 40 km mehr Punkte als ein freier Streckenflug über 50 km.

Vorbereitung auf den Streckenflug

Ausrüstung

Die komplette Ausrüstung wird am Vortag auf Vollständigkeit und Funktion überprüft. Das gesamte Streckenflugvorhaben wäre infrage gestellt, wenn am Startplatz die Batterien von Vario oder GPS leer sind.
Empfohlene Ausrüstung:

- Gewohnter Gleitschirm und bequemes Gurtzeug.
- Vario, Höhenmesser, Kompass.
- Barograf, Data-Logger, GPS.
- Topografische Karte und ICAO-Karte.
- Ausweis, Fluglizenz und Versicherungsnachweis.
- Geld; erforderlichenfalls Fremdwährung.
- Warme, bequeme und windundurchlässige Kleidung, Schuhe und Handschuhe.
- Sonnenschutzcreme für Gesichtshaut und Lippen, bruchfeste Sonnenbrille mit UV-Schutz.
- Trinkflasche, Energieriegel, Rettungsschnur, Messer, zugelassenes Funkgerät, Handy, Notrufsender.

Pilot

Gesundheit ist Grundvoraussetzung. Erkältungskrankheiten können in größerer Höhe den Druckausgleich verhindern.
Das Essen am Vorabend sollte fettarm, eiweißarm und kohlehydratreich sein. Durch die Kohlehydrate werden die Energiespeicher aufgefüllt. Am Morgen des Flugtages empfiehlt sich ein leichtes Frühstück; nicht voll stopfen, das macht träge.
Der Pilot richtet sein Verhalten darauf aus, dass er am nächsten Tag fit ist.

Wetter und Karte

- Am Vorabend mithilfe von TV, Internet, Radio oder telefonischen Flugwettervorhersagen umfassend über die meteorologische Situation informieren.
- Regionale Eingrenzung auf ein Fluggebiet; Transportmöglichkeiten abklären (Straßenzustand, Bergbahnbetrieb).
- Aufgabenwahl und Streckenplanung anhand der Wetterprognose und des Kartenmaterials.
- Präparieren der topografischen Karte: Eintragung von Wendepunkten, flugkritischen Stellen, gefährlichen Hindernissen, verbotenen Lufträumen, offiziellen Fluggebieten und Landeplätzen auf der Strecke sowie sonstigen Informationen wie Telefonnummern. Karte so falten, dass möglichst die ganze Flugroute, zumindest die unbekannten und wichtigen Stellen, ohne Umblättern an gut sichtbarer Stelle Platz haben. Karte durch Plastikfolie wind- und wasserfest schützen.
- Karte einprägen. Je besser die Orientierung und Ortskenntnis, desto weniger Ablenkung durch Kartenlesen. Das GPS hilft zwar enorm, aber die beste Routenwahl zeigt es noch nicht.
- Am Morgen des Flugtags aktuelle Wetterinformationen einholen.

Segelflug-Wettervorhersage	
Deutschland	0190/11 69-40
Mecklenburg-Vorpommern, Brandenburg, Berlin	0190/11 69-44
Sachsen, Sachsen-Anhalt, Thüringen	0190/11 69-46
Hessen, Rheinland-Pfalz, Saarland	0190/11 69-47
Lüneburger Heide, östl. und südl. Niedersachsen	0190/11 69-43
Nordrhein-Westfalen	0190/11 69-45
Baden-Württemberg	0190/11 69-48
Bayern	0190/11 69-49
Schleswig-Holstein	0190/11 69-41
Weser-Ems-Gebiet, Bremen	0190/11 69-42

GAFOR-Ansagen	
GAFOR Nord	0190/19 15 19
GAFOR Süd	0190/19 16 19

Absprachen

Absprachen dienen der Rückholung und der Sicherheit.

- Steht ein Rückholer mit Funkgerät zur Verfügung, kann er über die Funkverbindung den gesamten Flugweg bis zur Landung verfolgen und binnen kürzester Zeit, auch bei einem Notfall, zur Stelle sein.
- Steht zwar ein Rückholer, aber keine Funkausrüstung zur Verfügung, ist dem Rückholer die beabsichtigte Strecke zu erklären. Wenn bis zu einem verabredeten Zeitpunkt am Abend kein Telefonanruf des Piloten eingegangen ist, veranlasst der Rückholer die Rettungsaktion.

- Ohne Rückholer ist vor jedem Flug eine zuverlässige Kontaktperson, die zur Einleitung von Rettungsmaßnahmen bereit ist, wie ein Rückholer einzuschalten und über das Streckenvorhaben zu informieren.
- Die Verabredung mit anderen Piloten erleichtert das Streckenflugvorhaben. Positionsangaben mit Thermik - oder Windinformationen über Funk erhöhen die Durchschnittsgeschwindigkeit.
Außenlandungen in unwegsamem Gelände können frühzeitig – bevor der Funkkontakt zusammenbricht – bekannt gegeben werden.

Streckenflugtaktik

Vorbereitung am Startplatz

Je früher der Start beabsichtigt ist, desto höher und ostseitiger sollte der Startplatz liegen. Die thermische Aktivität setzt zuerst an hochgelegenen Ostflanken über der Talinversion ein.

Rechtzeitiges Eintreffen am Startplatz ist wichtige Voraussetzung, um sich in Ruhe und ohne Hektik auf den Streckenflug einzustellen.

Der Zeitraum bis zum Thermikbeginn dient der Beobachtung von Wind- und Wetterentwicklung, der endgültigen Planung der Tagesaufgabe, dem Einprägen der Karte, der richtigen Einstellung des GPS, dem Fertigmachen der Ausrüstung anhand Checkliste und besonders der körperlichen Ausgeglichenheit und geistigen Konzentration und Besinnung.

Wetterbeobachtung

Inversion. In welcher Höhe ist die Talinversion? Wie ändert sie sich? Löst sie sich auf? Je höher der Startplatz über der Talinversion liegt, desto geringer ist die Gefahr des Absaufens.

Wolken. Gibt es Wolken? Welche Wolkenformen? Wo und wodurch entstehen sie? Wie hoch liegt die Basis? Pulsieren die Wolken und in welchem Rhythmus? Zugrichtung und Zuggeschwindigkeit der Wolken? Breiten sie sich flächig aus (Abschattung)? Dehnen sie sich vertikal aus (Gewitterneigung)? Die Wolkenentwicklung ist entscheidend für die Flugdauer und Flugstrecke. Bei Gewitterneigung und Herannahen einer Front – kein Streckenflug!

Wind. Welcher Wind herrscht am Startplatz? Stärke, Richtung und Kontinuität?

Erwärmung. Blick entlang des Starthanges nach unten – wann beginnt die aufliegende Luft zu flimmern? Das lässt baldige Thermik erwarten.

Ablösungen. Beginnt der Wind am Startplatz zu pulsieren? Ist der Wind in den Anschwellphasen spürbar wärmer? Verkürzen sich die Zeitintervalle? Schließen sich die Zeitintervalle, bis die warme Luftströmung durchgängig anhält? Wo und wie fliegen Vögel, Gleitschirme, Hängegleiter?

Der frühe Start bei der ersten Thermik gibt Zeitvorsprung für große Streckenvorhaben, birgt aber auch erhöhtes Absaufrisiko. Dem Streckenfluganfänger sei die Beobachtung anderer Flieger empfohlen – jedoch ohne die persönliche Wetterbeobachtung und Wetterbeurteilung zu vernachlässigen.

Suchplanung

Unerfahrene Piloten neigen dazu, ihr ganzes Vertrauen auf einen bestimmten Aufwindbereich kurz nach dem Start zu setzen. Wenn sie dort keinen Aufwind finden, irren sie ziellos umher und hoffen auf ein positives Variosignal irgendwo – meistens vergebens.

Erfahrene Piloten starten immer erst nach vorheriger Bestimmung der Stellen, wo nach dem Start mit Thermikanschluss zu rechnen ist.

Diese Suchplanung umfasst auch die Reihenfolge der alternativen Stellen, um den Höhenverlust bei der Suche zu minimieren.

Das Vario soll die vorausschauende Suchplanung bestätigen und nicht ersetzen.

Der Start

Der richtige Moment muss abgepasst werden. Es gibt Tage, an denen die Thermik sich zu konstantem Aufwind fortentwickelt, und andere, an denen es beim Pulsieren bleibt. Bei pulsierender Thermik ist kurz nach Einsetzen der Aufwindphase zu starten. Minuten zu früh oder zu spät entscheiden über Aufstieg oder Absaufen.

In jedem Fall muss die Aufwindsituation Höhengewinn erwarten lassen.

Taktik nach dem Start

Jedes Steigen wird angenommen, um das Absaufrisiko zu verkleinern. Dieser Zeitraum mag auch als persönliche Gewöhnungsphase nützlich sein.

Nach Gewinn der Sicherheitshöhe sucht der Pilot das beste Steigen in der näheren Umgebung und zentriert diesen Aufwind.

Während des Aufsteigens beobachtet er die Wettersituation aus seiner neuen Perspektive, besonders in der geplanten Abflugrichtung. Er registriert die Qualität des Aufwindes und anhand der Abdrift den überregionalen Wind. Dieser erste Aufstieg reicht bis zur größtmöglichen Höhe und gibt ein Bild über die zu erwartenden Verhältnisse auf der weiteren Strecke.

In der höchsten Position ist über Abwarten oder Abflug zu entscheiden. Abzuwarten ist beispielsweise, wenn das Erreichen der nächsten Quelle nicht gewährleistet ist. Die Entscheidung kann auch lauten: Flugvorhaben nicht durchführbar.

Flugroute

Während des ersten Aufsteigens sammelt der Pilot die Informationen, aus denen er seine Flugroute plant. Die Planung gleicht der Strategie beim Schachspiel: Der Weg zur nächsten Aufwindquelle entspricht dem nächsten Spielzug. Die dort denkbaren Bedingungen gleichen den Reaktionen des Spielgegners und verlangen schon im Voraus Antwortalternativen. Die Wahl unter den Alternativen kann erst später getroffen werden. Je mehr Spielzüge – beim Fliegen Streckenabschnitte – im Voraus überblickt und abgeschätzt werden können, umso größer ist die Gewinnchance.

Es gelten folgende Grundsätze:

- **Grat.** Der günstigste Flugweg führt entlang eines Grates. Hier erleichtern Hangaufwinde das Vorankommen. Thermikbärte stehen in kurzen Abständen. Vor größeren Einschnitten im Hangverlauf ist Höhenreserve zu schaffen.
- **Straße.** Bei einer Wolkenstraße über dem Grat ist nach der Windrichtung zu differenzieren: Bei Rückenwind lässt sich die Reisegeschwindigkeit durch Aufstieg zur Basis erhöhen. Bei Quer- oder Gegenwind könnte zunehmende Höhenströmung die Reisegeschwindigkeit unter der Wolke verschlechtern.
- **Talquerung.** Riskantester Streckenabschitt ist die Talquerung. Größtmögliche Abflughöhe ist notwendig. Die beste Chance bietet das Mitkreisen unter einer

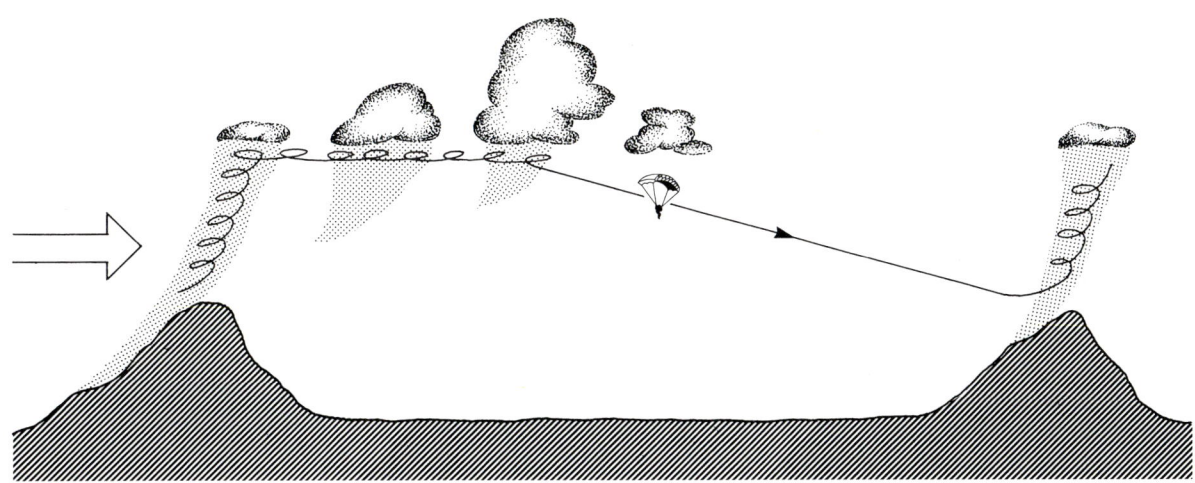

Talquerung mithilfe einer Wolke

querenden Wolke. Das aussichtsreichste Aufwindgebiet auf der anderen Talseite ist auf kürzestem Weg anzufliegen. In zufällig angetroffenen Aufwindblasen über dem Tal lässt sich Höhe tanken.

- **Ankunft.** Bei niedriger Ankunft an der nächsten Aufwindquelle gilt die gleiche Regel wie beim Start: Jeden Aufwind nutzen.
- **Abschattung.** In Flugposition unter der Wolke spielt begrenzte Abschattung am Boden nur eine untergeordnete Rolle. Dagegen besteht in niedriger Flugposition große Absaufgefahr; dynamischer Hangaufwind kann retten.
- **Änderungen.** Der Pilot muss während des gesamten Flugweges auf alle Wetteränderungen flexibel reagieren. Bei Verschlechterung des Aufwindes ist vor

sichtig zu taktieren. Werden die Verhältnisse wieder besser, empfiehlt sich die schnellstmögliche Reisegeschwindigkeit, um den vorigen Rückstand wieder reinzuholen und die Tagesaufgabe zu erfüllen. Gleiches gilt für unerwartete Horizontalwinde. Wer stur an seinem Plan festhält, steht schnell am Boden.

- **Abflughöhe.** Die einzelnen Aufwindquellen werden meist bis zur vollen Höhe erflogen. Eine geringere Abflughöhe kommt nur in Betracht, wenn die Aufwind- und Horizontalwindverhältnisse zuverlässig voraussehbar sind und die geringere Abflughöhe für die Reisegeschwindigkeit vorteilhaft ist.
- **Ablenkung.** Entdeckt der Pilot abseits der Flugroute eine verlockende Aufwindquelle, muss er – bevor er dorthin umsteigt – seine Flugroutenplanung völ

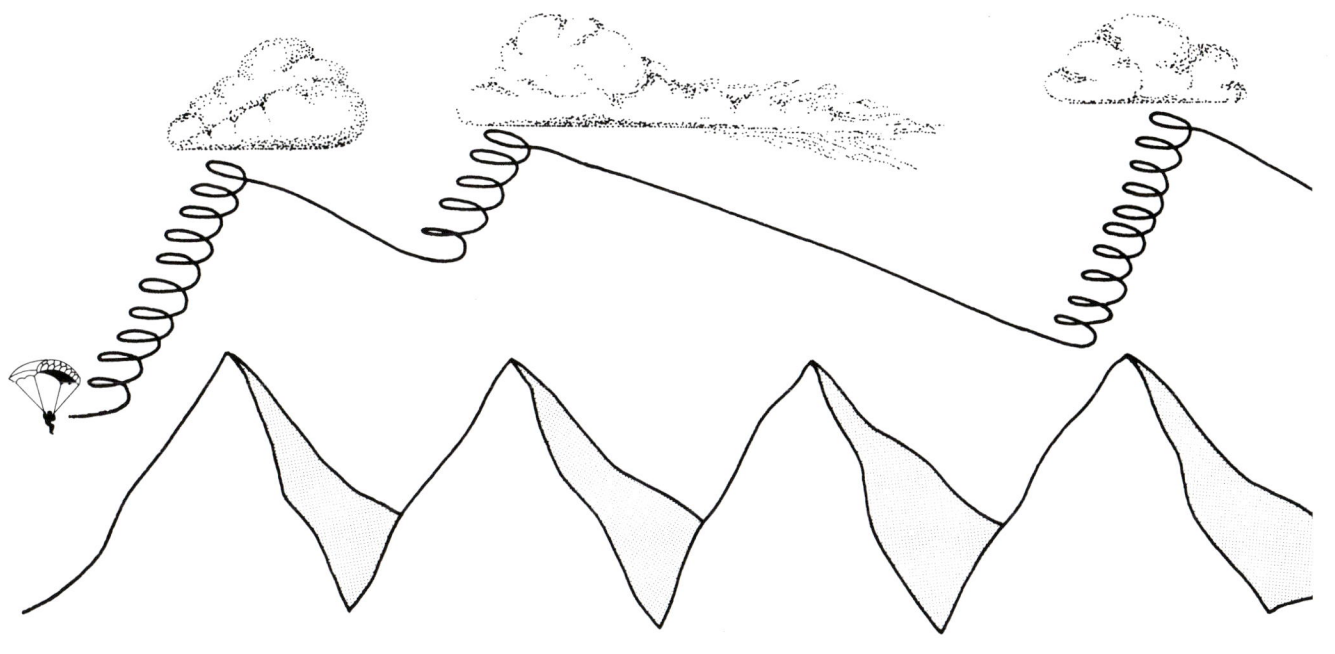

Thermikbärte entlang eines Höhenzuges

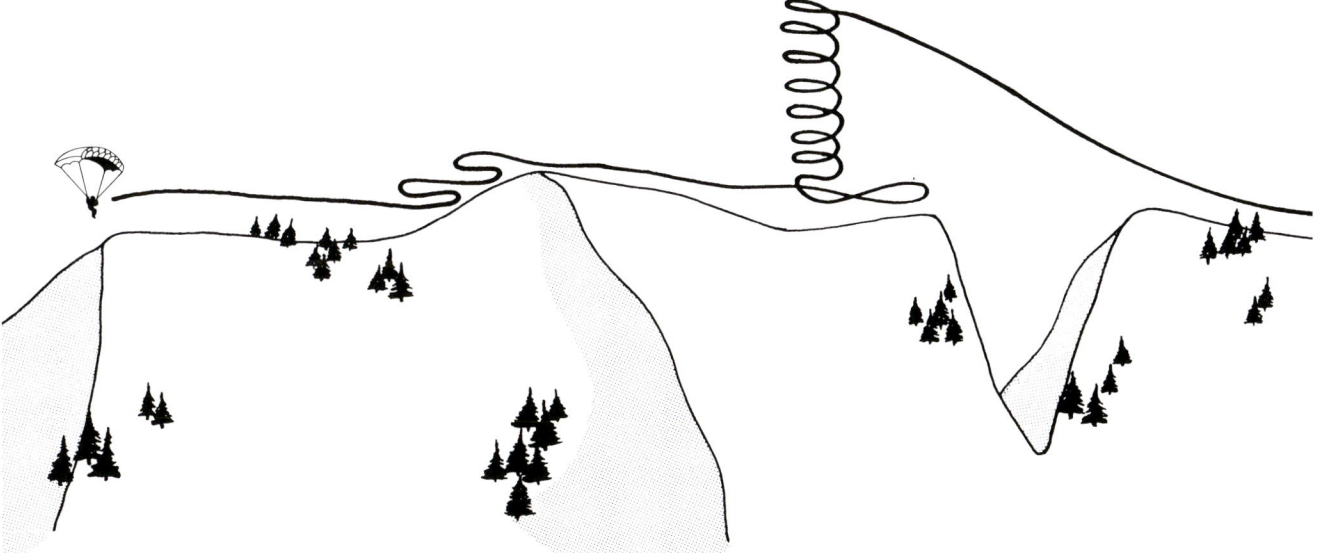

Höhenreserve für Geländeeinschnitte

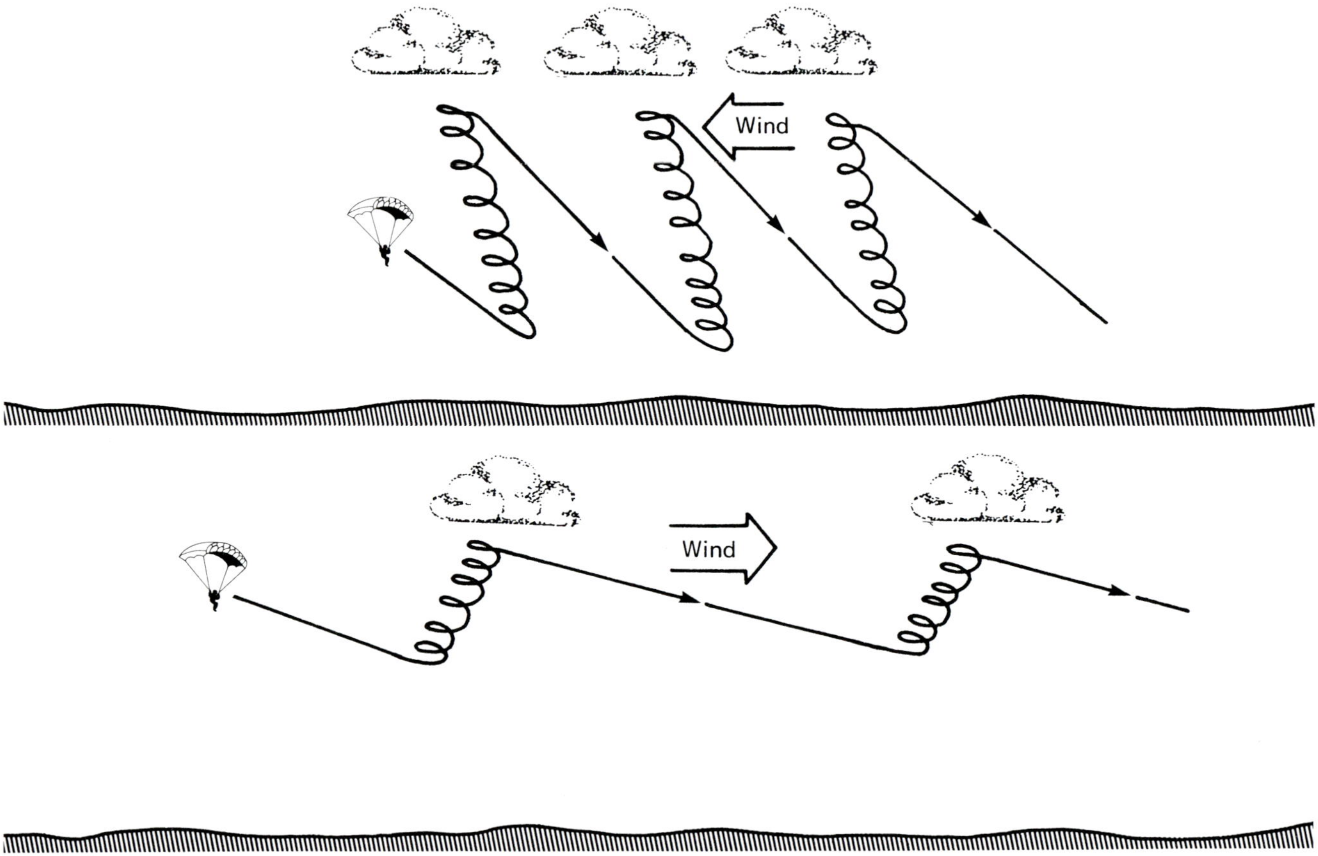

Unterschiedliche Reisegeschwindigkeiten und Ankunftshöhen bei Gegen- und Rückenwind

Wind

Wind

lig neu erstellen. Sonst droht der Weg in die Sackgasse.

- **Wetterentwicklung.** Die Beobachtung des Wetters begleitet die gesamte Flugstrecke.
- **Abwarten.** Bei unklaren Wettersituationen auf der Flugroute in einem aufwindsicheren Warteraum – evtl. im Hangaufwind – die Klärung abwarten. Evtl. umdrehen, gewonnene Strecke opfern und auf sicherem Umweg den kritischen Bereich umfliegen.
- **Leethermik.** Leethermik sollte wegen der Turbulenzen umso mehr gemieden werden, je stärker der Wind weht. Vorsicht besonders bei Ankunftshöhen unterhalb des Gipfelbereichs.

- **Quertäler.** Beim Einfliegen in ein abgeschlossenes Tal kann der Rückweg durch den Talwind verstellt sein.

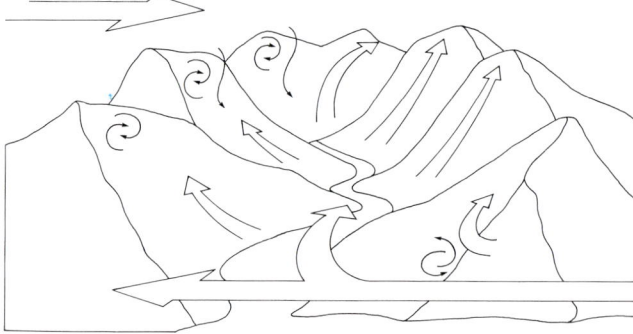

Besonders gefährlich sind enge Täler ohne Notlandemöglichkeit.

- **Windwechsel.** In den Talregionen wirken die Talwindsysteme, darüber der überregionale Wind. Wer von der einen Windzone in die andere gerät, muss sich frühzeitig auf die neue Situation einstellen und seine Routenplanung anpassen.
- **Hindernisse.** Auf Leitungen, Seilbahnen und Materialbahnen ist ständiges Augenmerk zu richten. Bei der Flutroutenplanung sind gefährliche Bereiche möglichst auszuklammern.

Außenlandung

Aus jeder Position der Flugroute muss ein Landeplatz erreichbar sein. Bevor man den Gleitwinkelbereich eines Landeplatzes verlässt, muss der nächste Landeplatz im Gleitwinkelbereich liegen.

Vorsicht Falle!

Der Verbleib im Gleitwinkelbereich bedarf ständiger Aufmerksamkeit. Schwierige Schlüsselstellen lenken den Piloten ab und locken ihn in die Falle.

Gefährliche Situationen:
- Der Pilot kreist in schwacher Thermik, die ihm nur geringen Höhengewinn bringt, ihn aber weit versetzt.
- Um eine Talquerung zu vermeiden, versucht der Pilot den Talkessel auszufliegen und scheitert beim Herausfliegen am Talwind.
- Beim Flug über den Hauptgrat verliert das Gleitsegel Höhe, und der Pilot versucht durch ein enges Seitental zu einem Landeplatz zu gelangen – vergeblich wegen des Talwindes.

Windsituation

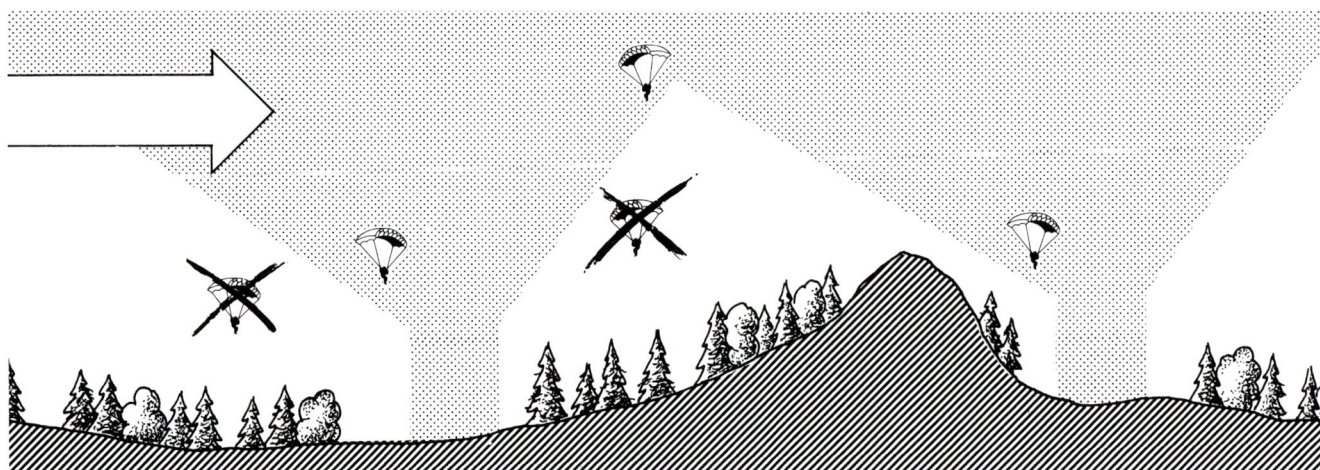

Anflug im Trichter- bereich

Landeplatztrichter

Der Gleitwinkelbereich um den Landeplatz hat Trichter-
form; nur wer sich innerhalb dieses Trichters bewegt,
wird den Landeplatz sicher erreichen.
Die Neigung der Trichterwände entspricht dem Gleit-
winkel des Fluggeräts, unter Berücksichtigung ergän-
zender Faktoren:
- Windrichtung,
- Windstärke,
- Aufwind, Abwind,
- Hindernisse.

Die ergänzenden Faktoren geben dem Trichter unregelmäßige Formen. Er kann elliptische Form annehmen
und er kann Ausbuchtungen und Eindellungen haben.
Der untere Endteil des Trichters stellt die notwendige
Resthöhe dar für das Abchecken des Landeplatzes und
die Landeeinteilung.

Landeplatzcheck

Der Pilot muss so hoch über dem Landeplatz ankom-
men, dass er ausreichend Gelegenheit hat, die zur Landung wichtigen Merkmale festzustellen:

- Windrichtung,
- Windstärke,
- Neigung des Geländes,
- Leitungen, Zäune, Bäume und andere Hindernisse,
- Verwirbelte Bereiche,
- Bodenbeschaffenheit.

Landeeinteilung

Die Landeeinteilung erfolgt nach folgenden Kriterien:
- Die Position wird so gelegt, dass bei der Landeeinteilung der abschließende Endanflug optimal ausge-
  führt werden kann.
- Der Gegenanflug kann bei stärkerem Wind ganz
  unterbleiben, um das Gleitsegel nicht abtreiben zu
  lassen.
- Der Queranflug muss bei der Ausführung situa-
  tionsbedingt verkürzt oder verlängert werden können.
- Der Endanflug erfolgt lang gestreckt, ohne Rücken-
  windkomponente und durch verwirbelungs- und hin-
  dernisfreies Gebiet.

Bei der Landung selbst muss der Pilot auf schnelle Situa-
tionsänderungen gefasst sein – aktiv fliegen!

Hanglandung

Es gelten folgende Grundsätze:

- Hanglandung nur, wenn der Wind von unten bis parallel zum Hang weht, nicht von oben.
- Keinesfalls frontal gegen den Hang landen – hohe Verletzungsgefahr!
- Niemals an einem Berggrat landen. Der Pilot könnte während oder nach der Landung ins Lee gezogen werden.

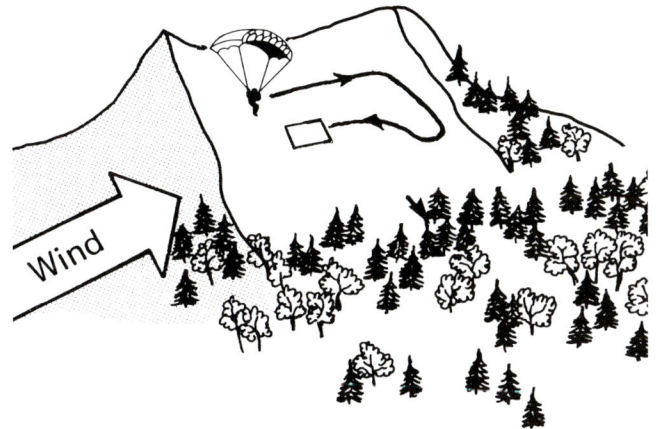

**Landeanflug
am Hang**

Das Anflugverfahren:

- Position in Hangnähe oberhalb des Landepunktes, um dort die Windverhältnisse zu erfassen.
- Gegenanflug parallel zum Hang mit Rücken- bis Querwind.
- Queranflug senkrecht vom Hang weg und in anschließender Drift wieder an den Hang zurück.
- Endanflug hangnah mit langsam abnehmendem Bodenabstand.

Vor dem Aufsetzen nicht abrupt stallen, sondern sanft abbremsen und auslaufen.

Streckenflug Flachland

Streckenfliegen im Mittelgebirge und Flachland

In den Hügeln und Bergen des deutschen Mittelgebirges und im Flachland ist der richtige Startzeitpunkt wegen der geringen Höhendifferenz ganz entscheidend. Und die Flachland-»Erhebungen« sind zu klein, um mit Fußstart Gleitschirm oder HG abheben zu können. Hier ist Windenstart erforderlich. In jedem Fall ist »Hochkommen und Obenbleiben« die Devise. Im Vergleich zu den Alpen sind die thermischen Bedingungen meist schwächer und »Parken«, wie an den Talwindprallhängen der Alpen, ist hier nicht möglich. Dennoch gelangen im deutschen Mittelgebirge und Flachland schon öfters Gleitschirmflüge über 150 km Strecke. Positive Faktoren sind weniger Turbulenz, gut erkennbare Windsituationen, viele sichere Außenlandemöglichkeiten und keine Gebirgsmassive, die den Blick auf eventuell sich aufbauende Gewitter verstellen. Die Statistik zeigt, dass im Flachland wesentlich seltener schwere Unfälle passieren.

Mit Flachland sind die Gegenden gemeint, deren Topografie so »flach« ist, dass man per Fußstart gar nicht abheben kann, die Höhendifferenzen sind unter 30 m, und mit Mittelgebirge die nördlich der Alpen gelegenen Landschaften, deren Höhendifferenzen der Berge zu den Tälern zwischen 30 und 300 m betragen. Dort können sich keine Talwindsysteme unabhängig vom Höhenwind ausbilden. Anders ist dies im Hochschwarzwald und in den Vogesen: Dort sind die Höhendifferenzen größer und es gibt dort auch Talwindsysteme. Daher können sie fliegerisch wie alpine Landschaften betrachtet werden.

Meteorologische Besonderheiten

Während das zentrale Hoch den Alpen oft gutes Streckenflugwetter beschert, ist diese Wetterlage für das Flachland in der Regel zu stabil. Am ehesten bietet der Beginn einer Hochdrucklage brauchbares Streckenwetter. Je länger aber das Hoch andauert, desto mehr nimmt die Wolkenmenge ab und desto später beginnt am Folgetag die Thermik. Dies zeigt sich besonders im Sommer. Dafür bereitet das Rückseitenwetter hinter einer Kaltfront dem Flachland oft gute Streckenflugbedingungen, während am Gebirgsrand meist noch Stauwolken verharren. Rückseitenlagen sind im Flachland schon am nächsten Tag nach Durchgang der Front nutzbar. Die für Südwestlagen typische schwülwarme Luft sorgt häufig in den Alpen und Mittelgebirgen schon für Gewitter, während im weniger thermisch aktiven Flachland noch Streckenflüge möglich sind. Bei Westwetterlagen sind im Flachland die zwischen den Tiefdruckgebieten eingelagerten Zwischenhochs besser nutzbar als im Gebirge, weil dort die lebhafte Westströmung stärker verwirbelt. Das Flachland ist vor allem bei Nordost-Wetterlagen für weite Streckenflüge gut. Hier kann es zur Wolkenstraßenbildung kommen, die Kaltluftzufuhr aus Nordost sorgt für hohe Basis. In den Alpen ist der Wind bei Nordostlagen meist zu turbulent. Besonders im Flachland kommt es häufig vor, dass die Quellbewölkung und auch die Blauthermik geordnet auftritt. Fast an jedem dritten Tag sind Reihungen anzutreffen, dies bestätigen die Satellitenbilder. Der im Vergleich zum Gebirge homogene Untergrund, in Verbindung mit einem Windmaximum im oberen Thermikraumdrittel, trägt dazu bei. Wird die Thermikentwicklung am Boden nicht durch starken Wind behindert und treibt gleichzeitig der kräftige Höhenwind die Thermik voran, löst sie auf ihrem Weg weitere Thermik aus.

Welche Region des Flachlandes begünstigt ist, entscheidet ausschließlich die Lage der Druckgebilde. Luftdruck zwischen 1017 und 1024 hPa ist ideal, weil dann Überentwicklung weniger zu befürchten ist. Bei höherem Luftdruck wären die Absinkvorgänge so stark, dass die den Thermikraum begrenzende Inversion schon zu niedrig liegt.

Die Thermik im Flachland ist in der Höhe meist größer im Durchmesser als in den Alpen. Sie kann vor allem bei Nordostlagen und bei Rückseitenwetter sehr kräftig sein. Allerdings gibt es im Flachland hochreichende Aufwinde nur über kurze Zeit an derselben Stelle. Es trifft eher das Thermikmodell »Blase« als »Schlauch« zu. Im Flachland pulsiert die Thermik also eher, während im Gebirge häufiger lang anhaltende Bärte an der gleichen Stelle anzutreffen sind. Auch im Flachland hört die Thermik bei Hochdrucklagen durchschnittlich etwa zwei Stunden vor Sonnenuntergang auf. Über Wäldern und Orten gibt es häufig noch Aufwind, auch wenn über dem offenen Land die Thermik bereits zu Ende ist.

Im Flachland kann oft noch bei stärkerem überregionalem Wind geflogen werden, da eine sanftere Landschaft auch weniger Turbulenzen erzeugt. Die Turbulenzen sind generell wesentlich geringer als in den Alpen. Leesituationen sind im Flachland gut erkennbar, weil hier einheitliche Windsituationen gegeben sind. Auch im Mittelgebirge sind Talwindsysteme nur selten spürbar. Und die thermischen Hangaufwinde überlagern den überregionalen Wind nicht markant.

Als die für Streckenflüge im Mittelgebirge geeignete Jahreszeit hat sich der Zeitraum von Ende März bis Ende September herausgestellt. Dabei ist die beste Zeit Mitte April bis Ende Mai, danach ist die Landschaft fast einheitlich grün, und die Feuchtigkeit im Boden ist groß.

Da Ende Juni alles grün ist, sind Ortschaften sichere Wärmequellen.

Besser wird es dann oft wieder Ende Juli bis Ende August. Getreide und Raps beispielsweise sind früh im Jahr grün und können im Mai jede Thermik verhindern, während sie im reifen Zustand ab Ende Juli ideale Thermikquellen sind. Mais dagegen wächst erst mal sehr langsam und die trockene Erde gibt im Mai und Juni gute Thermik, während im Hochsommer über dem Mais thermisch nichts mehr zu erwarten ist. Getreide und Raps beispielsweise sind früh im Jahr grün und können im Mai jede Thermik verhindern, während sie im reifen Zustand ab Ende Juli ideale Thermikquellen sind. Trockene Kiefernwälder sind stets ideal, vor allem auf einem Untergrund mit nur wenig Humusschicht über trockenem Sand.

Die Bodenwindstärke im Mittelgebirge sollte zwischen 5 und 12 kt betragen. Auch dem Segelflieger gelingen laut Statistik bei 5–18 kt Bodenwind die meisten Streckenflüge. Bei stärkerem Wind wird die Thermik vor Bildung von ausreichend großen Warmluftmengen vom Boden abgerissen und ist dann kaum zentrierbar. Im Flachland sind bei Bodenwindstärken, die einen mit dem Gleitschirm gerade noch starten lassen, durchaus noch gute Streckenflüge möglich, da sich bei dieser Windstärke noch ausreichende Warmluftmengen bilden können.

Flugausrüstung

Da nicht immer vorhersehbar ist, dass sich eine Chance zum Streckenflug eröffnet, sollte der Pilot, der einen weiten Flug anstrebt, folgende Gegenstände immer im Gurtzeug oder Overall verstaut haben, und zwar so, dass sie griffbereit sind: ICAO-Karte, GPS, Ersatzakkus und evtl. Kompass, Halskrause, Sturmhaube, Überhandschuhe, Schokolade und etwas zu trinken.

Da längere Strecken gegen den Wind wenig Aussicht auf Erfolg haben, wird man hauptsächlich mit dem Wind fliegen. Die Sollfahrttheorie begünstigt dann Gleitschirme, die ein besonders niedriges Minimumsinken haben. Die Höchstgeschwindigkeit ist nebensächlich, ebenso ist der Polarenverlauf beim beschleunigten Gleiten

zweitrangig. Die Trimmgeschwindigkeit sollte so hoch sein, dass Rückwärtsflug beim Start in Ablösungen verhindert wird. Diese Geschwindigkeit ist bei fast allen modernen Gleitschirmen mit 36 ± 2 km/h ähnlich hoch. Kurvensinken und Sinken mit deutlich angebremstem Schirm sind neben dem Pilotengeschick dafür entscheidend, ob überhaupt die erste Höhe gemacht werden kann. Der Gleitschirm sollte nicht nur grundsätzlich windentauglich sein, sondern sich im Windenstart ausgesprochen bewährt haben. Bei thermischen Bedingungen während des Windenschlepps sollte keinerlei Sackflugneigung bestehen.

Starten

Startplatz und Zeitpunkt sind entscheidend, um Höhe zu gewinnen. Wer im Mittelgebirge auf Strecke gehen will, sollte den Gleitschirm so beherrschen, dass er in kräftige Ablösungen hinein starten kann. Das kann auf jeder flachen Wiese trainiert werden! Und der Wille muss vorhanden sein, das »sichere Obenbleiben« am Soaringhang für den Streckenflugversuch zu opfern. Der Pilot sollte von Rückkehrsorgen gedanklich frei sein – zu einem Streckenflug gehört das Akzeptieren des Rückkehraufwands. Wer wegkommen will, sollte die im dynamischen Wind eingelagerten Thermikblasen erkennen können. Das Zentrieren von engen und gleichzeitig schwachen Aufwinden ist Voraussetzung, um die Abflughöhe zu erreichen.

Windverhältnisse

Grundsätzlich deutet eine 10-kt-Vorhersage für den Bodenwind und 15 kt für den Wind in 1000 m Höhe auf ideale Startbedingungen hin. Die 1000-m-Vorhersage ist wichtiger, da Böen mit dieser Windgeschwindigkeit bei thermischen Verhältnissen an frei angeströmten Startplätzen auftreten.

Bei südlichen Windrichtungen tritt an südlichen Startplätzen eine Verstärkung der Windgeschwindigkeit auf.

Dort ist der Wind oft stärker als in der freien Atmosphäre. Kündigt die Vorhersage 5 kt Bodenwind an, kann dies an Südhängen bereits zum Soaren reichen, gute thermische Verhältnisse vorausgesetzt, mit geringer Bewölkung schon am Vormittag.

Bei nördlichen Windrichtungen tritt oft eine Abschwächung der Windgeschwindigkeit am Nordhang auf. Bei vorhergesagtem 5-kt-Nordwind herrscht an vielen Nordhängen sogar Rückenwind vor! Da aber Nordlagen labil geschichtete Kaltluft heranführen, gibt es prinzipiell starke Thermik und damit starke Durchmischung, und so kann es recht turbulent werden. Einzelne Böen können schnell zu stark werden, um noch sicher starten zu können. Bei schwachen West- und Nordwestlagen ist der beste Startzeitpunkt für eine große Überhöhung meistens erst am mittleren Nachmittag gegeben. Bei Nordost- und Ostlagen hingegen kann oft schon mittags gestartet werden.

Ostlagen sind leider oft zu kräftig zum Gleitschirmfliegen. Manchmal gibt es die Möglichkeit, bereits relativ früh (11 bis 12 Uhr) zu starten, sofern eine Landemöglichkeit zur Verfügung steht, die auch bei starkem Wind noch sicher ist. Falls man dann genügend Höhe machen kann, ist der Wind in der Höhe meistens noch fliegbar, auch wenn er fürs Starten inzwischen problematisch geworden ist.

Startplatzwahl

Der Startplatz wird entsprechend den mittags zu erwartenden Windverhältnissen gewählt. Er soll bereits mittags oder am frühen Nachmittag einen möglichst großen Höhengewinn zulassen. Am einfachsten gelingt dies, wenn der dynamische Wind an einem Hang ausreicht, um durch Soaren oben zu bleiben. Also muss der Hang zur Windrichtung passen. Über die zu erwartende Windrichtung sollte man sich möglichst aktuell informieren. Die beste Entscheidungsgrundlage ist die Vorhersage für die Windrichtung und Windstärke in 1000 m Höhe, auch für Mittelgebirgsstartplätze, die unter 300 m MSL liegen.

Der Höhenunterschied des Startgeländes spielt für einen guten Höhengewinn kaum eine Rolle, schon weniger als 50 m Höhendifferenz können für weiteste Flüge ausreichen. Wichtig ist vielmehr, dass im Luv des Startplatzes thermisch begünstigter Untergrund liegt und die Thermik-Abrisskanten entweder direkt an der Hangkante oder in erreichbarer Nähe liegen. Voraussetzung ist auch eine ausreichend labile Schichtung der Luftmasse und der richtige Startzeitpunkt. Bei eher schwachen Winden sollten – wenn möglich – besonders hoch gelegene oder besonders frei angeströmte Startplätze ausgewählt werden. Bei stärkeren Winden (Vorhersagekarte für 900 hPa über 15 kt) wird es dort schnell ungemütlich bis unstartbar – während an tief gelegenen Startplätzen, wie zum Beispiel an der Mosel, gute Bedingungen herrschen können.

Start am Hang

Bei Soaringbedingungen kann man am einfachsten Höhe machen. In der Luft hat man eine bessere Übersicht, spürt die sich ändernden Strömungen und hört sie per Vario, während man sie vom Boden aus nur an Bäumen, Windsack etc. ablesen kann. Ist beim Soaren ein deutliches Steigen zu spüren, kann man durch Fliegen gegen den Wind die Größe der Blase austesten. Ist die Flugzeit mit gut nutzbarem Steigen lang genug, dass das Einkreisen gewagt werden kann? Deutlich über Hanghöhe ist das Risiko wesentlich geringer als vor dem Startplatz oder nur knapp über Kantenhöhe. Bei vielen Gleitschirmen nimmt das Sinken beim Kreisen deutlich zu! Dann ist oft deutlich gebremster Geradeausflug oder Achtern etwas erfolgversprechender. Bei stärkerem Wind und schwachem Steigen kann Zentrieren bedeuten: so lange geradeaus gegen den Wind, bis das Steigen deutlich nachlässt – dann so schnell wie möglich 360 Grad einkreisen und wieder geradeaus fliegen.

An vielen Fluggeländen sind vor der Soaring-Hangkante effektive Abrisskanten für Thermikblasen vorgelagert, z.B. Waldrand, Wege, Buschreihen. Die besten Warmluftblasen kommen dann nicht an der Soaringkante vorbei. Falls an der Soaring-Hangkante nicht genügend Höhengewinn für einen XC-Flug möglich ist, kann man versuchen, die Abrisskanten zu erreichen, nachdem man die durch Soaring maximale Höhe erflogen hat. Dies ist oftmals sehr schwierig, da nach Verlassen des »sicheren« Hangaufwinds gegen den Wind geflogen werden muss und das Höhenpolster gering ist. Daher ist es wichtig, die Zeitpunkte der Thermikablösung im Luv der Hangkante zu erkennen, die das Hinfliegen lohnen. Nachlassen des Windes – das heißt Sinken an der Soaringkante durch Nachfließen der Luft zur Abrisskante, oder aber auch plötzliche, überraschende Bockigkeit sind Signale. Die Böigkeit kann dadurch entstehen, dass sich im Luv der Soaringkante eine starke Thermik gelöst hat. Wenn sich diese Warmluft in einem windgeschützten Areal gebildet hat, steigt sie mit nur geringem Windversatz hoch. Somit bildet sie ein Hindernis für den deutlich schneller anströmenden dynamischen Wind. Die Soaringkante befindet sich im Lee dieses »Hindernisses«, es wird bockig. Bei manchen Hängen, an denen wegen der dort durchweg schlechten Thermik nur wenig Höhengewinn möglich ist, kann man versuchen, zu besser eingestrahlten Flächen, mit eindeutigen Abrisskanten zu fliegen – mit vollem Absaufrisiko! Natürlich nur, wenn sich das Gelände dort zum Landen eignet. Wer das Absaufen nicht riskiert, kann auch nicht hochkommen!

Reicht der Wind zum Soaring nicht aus, heißt es zunächst, startbereit geduldig zu warten. Gelände, Bäume, Windsack am LP beobachten. Eine Wahrscheinlichkeit auf deutliche Überhöhung ist bei wenig Wind erst bei einem Start ab ca. 14 Uhr gegeben. Kommt eine Ablösung am Startplatz an, innerhalb weniger Sekunden starten! Wer erst bei Erreichen des Windmaximums am Startplatz aufzieht, fliegt nicht mehr in die wärmste Luft, sondern vielleicht schon in die weniger warme nachströmende Luft. Aber hier hilft auch die Beobachtung, wie sich die vorherigen Ablösungen verhalten haben.

Sind weniger als 5 kt Wind vorhergesagt – im Wetterbericht ist von »schwachem Wind aus unterschiedlichen Richtungen« die Rede, kann man sich die Fahrt an ein Hanggelände sparen. Nun sind Windenstartgelände mit Schlepphöhen ab 300 m lohnend, die thermisch aktiven Untergrund haben. Windengelände in Mittelgebirgs-Tälern sind für große Überhöhungen ungeeignet.

Start an der Winde

Grundvoraussetzung ist ein thermisch aktives Windengelände im Flachland oder auf einem Plateau in hügeliger Umgebung. Eine Umgebung von Feldern, die im Allgemeinen trockener sind als Wiesen, ist günstig. Wenn das Windengelände oder seine Umgebung nach Regenfällen schneller trocken ist als der Rest der Region, sind die Chancen für den Thermikeinstieg gut. Ausklinkhöhen von mindestens 300 m erfordern bei Nullwind eine Schlepplänge von ca. 800 m. Optimal wäre es, sich den Startzeitpunkt frei aussuchen zu können. Das ist in der Praxis nur bei sehr kleinen Windengemeinschaften möglich.

Die Windauffrischung einer durchziehenden Ablösung kann zuerst vom Windenfahrer bemerkt werden. Auch wenn sich bei schwachem Wind am Startplatz gerade Rückenwind einstellt, ist dies ein Hinweis auf eine Ablösung auf der Schleppstrecke. Nach guter Einstrahlung

kann auch ein heranziehender Wolkenschatten Thermik auslösen. Sein Herannahen kann für die Entscheidung des richtigen Startzeitpunktes früh genug beobachtet werden.

Bei einer Rückseitenlage, Bodenwind von 10 bis 20 km/h, in der Höhe zunehmend, ist der Einstieg am leichtesten. Schwächt sich der Wind plötzlich ab, dreht zur Seite, oder setzt Rückenwind ein, ist eine Thermik-Phase zu erwarten, vor allem dann, wenn zudem noch ein Wolkenschatten in den Startplatzbereich wandert. Ist jedoch der Wolkenschatten schon am Startplatz selbst angekommen und frischt der Wind wieder auf, ist der gute Moment schon vorüber.

Bei schwachwindigen Wetterlagen mit geringem Höhenwind ist der Einstieg am schwersten. Die thermischen Ablösungen kündigen sich nicht rechtzeitig an und werden von langen Rückenwindphasen begleitet. Außerdem ist die erreichbare Windenschlepphöhe geringer.

Fliegt man während des Schleppfluges in eine Thermik, stellt sich die Frage, ob man sofort Klinken und Einkreisen oder bis zur Maximalhöhe am Seil bleiben sollte? Hier gibt es keine eindeutige Regel. Manchmal lohnt es sich, sofort zu klinken und einzudrehen. Meist empfiehlt es sich, am Seil zu bleiben und nach dem Erreichen der Maximalhöhe zurückzufliegen. Da man dann in die Luvseite der Thermik kommt, ist das Sinken vorher nicht zu groß. Bei sehr langen Schleppgeländen und mit mobilen Abrollwinden wurde erfolgreich auch folgende Taktik angewendet: Sobald der Pilot beim Schleppen in eine Thermik einfliegt, wurde der Windenfahrer über Funk angewiesen, den Zug herauszunehmen. Bleibt das Fluggerät dann so lange im Steigen, dass ein Einkreisen möglich ist, wird ausgeklinkt. War es nur eine zu kleine Blase, wird wieder angezogen und weiter geschleppt.

Nach dem Ausklinken und bereits während des Steigfluges sollten Abrisskanten wie Bäume, Buschreihen und evtl. Vögel beobachtet werden. War während des Steigfluges keine Thermik zu spüren, sollte man nach dem Klinken sofort seitlich der Schleppstrecke fliegen. Ziel

sind Waldränder, Baumreihen, Gebäude – eben alles, was sich aus dem homogenen Untergrund abhebt. Damit sucht man ein angrenzendes Gebiet ab und macht auch den Luftraum für den nächsten Starter frei. Auch im Flachland können Thermikquellen verlässlich sein. Unter gleichen Bedingungen sind immer wieder dieselben Bärte aktiv.

Da sich aber ein kräftiger Aufwind selten direkt über dem Startgelände befindet, muss man sich oft mit einem Nullschieber begnügen und mit diesem in niedrigster Höhe vom sicheren Startplatz sich wegtreiben lassen. Nicht in der Hoffnung auf besseres Steigen an anderer Stelle den Nullschieber verlassen, auch wenn das Steigen noch so zaghaft ist. Äußerste Konzentration auf diese Thermik! Um sich in einem Nullschieber zu halten, fliegt man im gegen den Wind gerichteten Kreisbogen langsam und etwas schneller im mit dem Wind gerichteten Kreisbogen.

Oft verbessert sich allmählich das Steigen und es entwickelt sich ein Bart. In dem sollten wir bleiben, bis wir an der Basis sind. Bei Blauthermik erkennt man an der deutlich werdenden Dunstschicht, dass man die Inversionshöhe erreicht hat. Das vorzeitige Wegfliegen, weil man vielleicht glaubt, dass die Thermik eine Pause einlegt oder weil man den Bart verloren hat, ist in aller Regel ein Fehler.

Erwischt man eine Thermik, die einem zwar konstant schwaches Steigen, aber auch viel Versatz mit dem Wind bringt, muss man früh genug abschätzen, ob sie ausreichend Höhe bringen wird, um einen sicheren Flug zur nächsten Anschlussmöglichkeit oder gar über unlandbare Gebiete zuzulassen. Das ist sicher nicht der Fall, wenn nicht der gesamte Kreisdurchmesser der eigenen Flugbahn im Steigen liegt. Im Hügelland ist beim Auskurbeln einer Blase mit viel Versatz und schwachem Steigen oft noch eine bessere im Luv zu finden. Die schwache Thermik wird stärker mit dem Wind versetzt, die stärkere steigt steiler auf und nimmt erst in größerer Höhe die Horizontalgeschwindigkeit der Umgebung an.

Auf Strecke

Hinter vielen Fluggebieten liegen große unlandbare Gebiete, wie z.B. Wälder. Die einheimischen Piloten können Auskunft geben, welche Mindesthöhe zum Überfliegen erforderlich ist. Handelt es sich um Nadelwald oder bereits begrünten Laubwald, wird man nach Verlassen der Einstiegsthermik nur dann Anschluss finden, wenn man nach Überfliegen des Waldes noch ein paar hundert Meter Höhe hat, um im anschließenden thermisch besseren Gelände eine Abrisskante zu erreichen. Der beim Start benachteiligte Nordhang begünstigt den Anschluss, da anschließend die besser eingestrahlte Südseite überflogen wird. Die Entscheidung, ob auf Strecke gegangen wird, sollte bereits beim Kurbeln fallen. Auch wenn die nötige Abflughöhe erreicht ist, versucht man natürlich, noch jeden möglichen Höhenmeter aus dieser Blase herauszuholen. Weiteres Kreisen im Nullschieber bringt besonders beim Start von Nordhängen noch die Chance auf ein weiteres Steigen, das aus den im Lee liegenden Südhängen kommen kann. Sobald man sinkt, nicht warten, sondern sofort abfliegen. Es kann nämlich vorkommen,

dass man am gleichen Tag an diesem Startplatz kein zweites Mal eine derartige Höhe erreicht! Während des Kurbelns wird bereits nach der nächstmöglichen Thermik Ausschau gehalten. Dann verliert man keine Höhe, wenn man an der Spitze des Aufwindes angekommen ist. Außerdem hat man im Falle von Wolkenthermik knapp unter der Basis eine schlechtere Sicht und weniger Überblick über z.B. umliegende Wolken.

Flugaufgabe

Flachland-Streckenflüge werden meist bei einer Windstärke von über 15 km/h in der fliegbaren Höhe durchge-

Fußstartgelände bei Eisenach (45 m Höhendifferenz), der Autor flog 153 km weit.

führt. Die Gleitzahl wird von Gegenwind drastisch reduziert – zum Beispiel bei 18 km/h Gegenwind bei einem Gleitschirm, der mit Trimmgeschwindigkeit fliegt, um ca. 50%. Und umgekehrt erhöht sie sich natürlich entsprechend. Daher bietet sich die freie Strecke bzw. der Zielflug mit dem Wind an. Bei windschwachen Lagen sind Dreiecke denkbar. Sie sind bisher aber nur äußerst selten mit dem Gleitschirm dokumentiert worden. Zahlenbeispiel: Die Trimmgeschwindigkeit eines aktuellen Intermediates beträgt 36 km/h, dabei hat er seine beste Gleitzahl von ca. 8 in ruhender Luft. Bei einer Windgeschwindigkeit von ca. 10 kt = 18 km/h beträgt die Gleitzahl beim Flug mit dem Wind 12.

Flugweg und Taktik

Sofern keine zwingenden Luftraumbeschränkungen den Kurs vorgeben, ist erste Priorität die jeweils nächste Thermik. Man sollte sich frühzeitig vom geplanten Kurs lösen, wenn der Höhenwind aus einer anderen Richtung bläst als vorhergesagt. Es hat sich bewährt, im Aufwind, wenn er einmal zentriert ist, sich neben dem Kurbeln auf die Karte und Luftraumbeschränkungen zu konzentrieren. Falls man in der glücklichen Lage ist, keine Luftraumbeschränkung in Windrichtung zu haben, sollte die ganze Kraft dem Zentrieren und der Suche nach dem nächsten Aufwind dienen. Im oberen Bereich des Aufwindes ist der Windversatz neu zu registrieren, um den geplanten Kurs einhalten zu können. Am einfachsten geht das mit Varios mit GPS-Schnittstelle oder Vario-GPS-Kombigeräten. Im Gleitflug gilt der Fokus der Veränderung der anvisierten Wolke oder neuen Informationen über mögliche Auslösequellen, die man erst entdeckt, wenn man näher kommt. Auch stellt man häufig fest, dass die anvisierte Wolke erheblich weiter entfernt ist als erhofft. Die am Boden verlockend aussehenden Wolkenstraßen haben im Flug manchmal zu große Lücken für einen Gleitschirm. Der Flugweg sollte, wenn möglich, übers Mittelgebirge oder Hügelland gehen – im Flachen wird es deutlich schwieriger, Thermik zu finden. Große,

tiefe Ebenen wie stellenweise das Rheintal oder Thüringer Becken sind schwierig zu überqueren und erfordern große Arbeitshöhe. Falls man in die glückliche Lage kommt, dass ein Kollege zur selben Zeit mit auf Strecke geht, sollte man mit ca. 200 bis 600 m Abstand quer zur Flugrichtung versetzt fliegen, um einen größeren Bereich bei der Aufwindsuche abzudecken. Leider empfiehlt es sich nicht, nach dem Start und gelungenem Einstieg in die Thermik in großer Höhe zu warten, bis ein anderer aufgeschlossen hat. Erstens ist man oft bereits über 2 km mit dem Wind versetzt worden und man wird aus geringer Höhe nicht mehr gesehen; und zweitens kann man beim »Parken« meist nicht die Höhe halten, da die Aufwinde pulsieren und die Pausen so groß sind, dass man oft viele hundert Meter verliert.

Gleiten

Da das Luftmassensinken zwischen den Aufwinden im Flachland und Mittelgebirge nicht so ausgeprägt ist wie in den Alpen und da bei Zielflügen deutliche Rückenwindunterstützung hilft, kann im Allgemeinen mit Trimmgeschwindigkeit oder geringstem Sinken geflogen werden. Weite Flüge bedeuten im Mittelgebirge und Flachland vor allem oben bleiben, daher genügt die einfache Berücksichtigung der Sollfahrt. In geringer Höhe ist ein Aufwind im Mittelgebirge in der Regel nicht nur schwach, sondern auch noch eng! Hat das Gerät das geringste Sinken bei einer relativ niedrigen Fluggeschwindigkeit, ist man in diesen Situationen begünstigt. Liegt das geringste Sinken dagegen bei einer eher hohen Fahrt, wird man beim Gleiten mit dem Wind etwas begünstigt. Die Schwierigkeiten des Streckenfliegens außerhalb der Alpen liegen darin, in schwachen Verhältnissen überhaupt zu steigen, also weniger in der zu geringen Gleitleistung moderner Gleitschirme. Selten ergeben sich sinnvolle Möglichkeiten, reiseoptimiert nach McCready zu fliegen, da die nächste Thermik nicht sicher genug erreicht werden kann und bei tiefem Einstieg die Steigwerte oft sehr gering sind.

Thermiksuche

Falls die Arbeitshöhe eher gering ist, unter ca. 900 m, sollte man jedes Steigen mitnehmen, unterhalb der halben Arbeitshöhe auch Nullschieber. Bei guter Arbeitshöhe und ausgeprägter Wolkenthermik kann schwaches Steigen auf dem Weg zu einer nahe liegenden ausgeprägten Cumuluswolke durchflogen werden.

Die Thermik im Flachland und Mittelgebirge schwächt sich oft vor dem Erreichen der Basis stark ab, es sei denn, die Luftmasse ist labil und feucht. Vor allem bei Hochdrucklagen kommt es häufig vor, dass das nutzbare Steigen bereits weit unter der Wolke aufhört. Konstante Thermikschläuche, wie sie an guten Tagen vielfach in den Alpen zu finden sind, sind im Mittelgebirge bestenfalls pulsierend.

Die Orientierung an Wolken ist sinnvoll, wenn sie ausgeprägte scharfe Quellungen haben und einige hundert Meter über Grund erreicht werden können. Falls die Cumuluswolken viel versprechend aussehen, ist das beste Steigen üblicherweise, wegen der Windzunahme in der Höhe, an der Luvseite der Wolke zu finden. Also genau auf der Seite, auf der man beim Flug mit dem Wind an der Wolke ankommt. Ansonsten trifft man auf das beste Steigen eher in der Mitte der Wolke.

Sind die Cumuluswolken weniger markant, achtet man auf den Boden und orientiert sich an Abrisskanten. Liegt die angepeilte Region schon länger im Schatten? Dann macht eine Kursänderung bis 90 Grad zur Windrichtung Sinn, wenn man auf diesem Weg gut eingestrahlte Flächen erreichen kann, über denen sich Cumuluswolken bilden. Von einer Wolke auf die zugehörige Abrissquelle am Boden zu schließen, ist während eines XC-Fluges im Flachland sehr schwer. Vermutungen sollte man natürlich anstellen. Wandert die Abrissquelle mit, ist sie konstant und ortsfest oder pulsierend und ortsfest? Während bei Bodenwind mit ca. 7 bis 15 kt im Mittelgebirge die Thermikquellen eher ortsfest und pulsierend sind, wandert im Flachland die Thermik öfter auch mal ein Stück mit dem Wind mit.

An Tagen mit schöner Wolkenthermik ($1/8$–$5/8$ Bedeckung), bewährt sich ein Flug ins 100% Blaue nicht. Die wolkenlose Region deutet dort auf kein oder nur schwaches Steigen hin.

Allerdings gibt ein Gebiet, das bereits länger als ca. 15 Minuten großflächig abgeschattet ist, keine nutzbare Thermik mehr her. Dann gibt es keine andere Wahl, als ins »Blaue« zu fliegen.

Bei Rückseitenlagen oder an sehr labilen Tagen, wie sie am ehesten im April vorkommen, können auch längere Streckenflüge gelingen, ohne dass man ein Stückchen blauen Himmel sieht. Die Cumuluswolken sind dann durch Ausbreitungen zusammengewachsen, und Konturen sind sehr schlecht erkennbar. Dann empfiehlt sich am ehesten die Orientierung am Boden, da offensichtlich die geringe Einstrahlung, die noch durch die Wolken durchkommt, für genügend Thermik ausreicht. An solchen Tagen wird man am ehesten durch die extreme Kälte in der Höhe begrenzt.

Bei Blauthermik und immer beim Fliegen in geringer Höhe ist Bodenorientierung wichtig! Beste Wärmequellen sind

- im Frühjahr: die Laubwälder, solange sie noch nicht grün sind, also im März, April bis maximal Mitte Mai; Orte und Industrieanlagen. Industriethermik durch Prozesswärme in geringer Höhe ist meist äußerst turbulent. Thermik über Industrieanlagen ohne sichtbaren Qualm, Schornsteine oder Kühltürme ist vergleichbar mit der über Ortschaften – also kaum turbulent. Wiesen und Felder sind im Frühjahr eher nass und kalt.

- im Sommer: trockene Felder, besonders wenn ein Mähdrescher unterwegs ist, der eine von weitem sichtbare Staubfahne produziert; Heu, das gewendet wird; Ortschaften und Industrie. Grüne Flächen wie unreife Felder, Wiesen und Wälder sind schwer einzuschätzen – feucht und kalt oder eher trocken und warm? Weinberge haben außer den Reben keinen Bewuchs und sehr trockene und aufgelockerte, also luftige Böden mit bester Thermikgüte.

Die trockenen Weinberge sind gute Thermikquellen.

Abrisskanten

Gute Abrisskanten sind Bodenerhebungen wie Hügel, die Leeseiten von Wärmequellen und Gewässer. Aber auch ein Knick oder Bogen im Talverlauf führt selbst noch bei sehr geringer Höhendifferenz zu einer entsprechenden Abrisskante.

In geringer Höhe empfiehlt es sich, mit dem Wind zu suchen. Nur bei Verlust eines starken Bartes macht die Suche gegen den Wind Sinn. Einen schwachen Bart verliert man nicht so leicht. Und da man ja vorher im Regelfall mit dem Wind ein bestimmtes Gebiet bereits überflogen hat, ist Umdrehen selten sinnvoll.

In geringer Höhe sind Vögel und Rauch eher zu erkennen. Im Gegensatz zu alpinen Tälern mit ihren thermik-zerstörenden Talwinden ist im Mittelgebirge und Flachland oft ein erneutes Steigen aus geringster Höhe möglich – zum Beispiel aus Baumwipfelhöhe am luvseitigen Waldrand. Es muss allerdings stets das sichere Landen gegen den Wind eingeplant werden.

Beim Flug vom Hügelland ins Flachland muss noch defensiver geflogen werden. Die möglichen Abrisskanten sind weniger eindeutig, bei homogenem Gelände sind die Abstände zum nächsten Bart größer. Thermikanzeichen sind zum Beispiel Getreidefelder, deren Halme sich bewegen und Wellen oder gar einen Kreisel bilden. Wandern solche Wellen aufeinander zu, ist starkes Steigen zu erwarten.

Wandert die Welle gegen ein Hindernis, ebenso. Eine Winddrehung vom Boden bis zur Basis um 40 bis 60

Grad ist normal. Beobachtet man die Zugrichtung des Wolkenschattens im Vergleich zum Bodenwind, kann man sich vorstellen, wie die Thermikbärte beim Aufstieg der Winddrehung folgen.

Die sichersten Abrisskanten sind Gewässer, solange sie deutlich kälter als der Boden sind. Das ist mittags und nachmittags zu erwarten. Über der kalten Oberfläche reißt die heranströmende Warmluft mit besonders großem Temperaturvorsprung ab. Ist der See etwas größer, ergibt die über der Wasserfläche geringere Bodenreibung eine höhere Windgeschwindigkeit. Damit entsteht, wegen der größeren Corioliskraft, auf der in Windrichtung gesehen rechten Seite eine kleine Konvergenz und daher größere Thermikwahrscheinlichkeit als auf der linken Seite.

Im Luv von nassen breiten Flusstälern, bereits dort, wo der nasse kalte Boden anfängt, beginnt eine kalte bodennahe Luftschicht, an der sich die heranwälzenden thermischen Warmluftpakete ablösen. Auf der Leeseite des Gewässers ist keine Thermik zu erwarten, da im Flusstal selbst die Warmluftbildung unterbleibt. Allerdings können gegen Abend Flusstäler ihre gespeicherte Wärme abgeben, wenn die vorangegangenen Tage sehr warm waren und deshalb auch die Temperatur des Flusstales zugenommen hat.

Ortschaften und Industrieanlagen sind auch im Flachland beste Wärmequellen – die Ablösung ist auf der Leeseite des Ortes am wahrscheinlichsten.

Auch im Flachland sind Bodenerhebungen, und seien sie noch so klein, Thermikauslöser. Wer das Gelände kennt, ist im Vorteil. Denn aus der Höhe sind geringe Geländeerhebungen nicht auszumachen.

Über den Boden ziehende Wolkenschatten sind wandernde Abrisskanten, vor allem bei West- bis Nordlagen lösen sie relativ sicher Thermik aus. Bei Ostlagen spielen sie eine untergeordnete Rolle.

Der aufsteigende Rauch selbst von kleinsten Feuern kann Auslösequelle für beste Thermik sein.

Je gleichmäßiger die Landschaft, desto unwahrscheinlicher sind feste Thermikquellen.

Besonderheiten an der Küste

Fliegt man in Küstennähe, kann einem die Konvergenz aus überregionalem Wind und Seewind helfen. Im Bereich des kalten Seewindes selbst ist jedoch kaum Thermik zu erwarten. Küsten mit relativ hohen Wassertemperaturen und Lavasand seien ausgenommen, wie z.B. die Kanaren im Winter. Als Faustregel für Wetterlagen, an denen die Luft über Land tagsüber deutlich wärmer ist als die Nord- und Ostsee, hat sich herausgestellt: Bei sehr schwachem Wind kann der Seewind bis 100 km weit ins Land kommen. Ist hingegen der überregionale Wind in

1000 m MSL um 20 km/h stark, ist die Küstenlinie gleichzeitig die Konvergenzlinie. Diese Situation wurde schon von Drachenfliegern zum Flug auf die ostfriesischen Inseln genutzt. Ist der Wind noch stärker, kommt kein Seewind auf. Die Küste ist dann die Abrisskante.

Landung

Man sollte erst aufgeben, wenn man auf dem Boden steht. Auch aus geringster Höhe ist im Mittelgebirge und Flachland ein Einsteigen in einen Aufwind noch möglich. Unter 50 m ist die Wahrscheinlichkeit allerdings gering. Irgendwann ist es aber immer so weit, und die Landung steht bevor. Normalerweise gibt es keine Besonderheiten – wer auf Strecke war, wird die Windrichtung festgestellt haben. Da keine Talwindsysteme die Bodenwindrichtungen stark überlagern, wird am

Landeort eine ähnliche Windrichtung wie am Startplatz vorherrschen. Nach einem längeren Flug in größerer Höhe mit relativ viel Wind, der dort meist nicht sehr turbulent ist, muss beachtet werden: Die Windgeschwindigkeit kann am Boden auch noch stark sein, mit entsprechender Turbulenz.

Navigation

Es gibt sehr viele Luftraumbeschränkungen im Flachland, vor allem im deutschen Mittelgebirge. Unbedingt die aktuelle ICAO-Karte vor dem Start studieren! Eckpunkte von Kontrollzonen sollten vor dem Flug in das GPS eingegeben werden. Ist vom geplanten Startplatz ein Korridor in Bodenwindrichtung plus 45 Grad Flugweg frei? Die Rechtsdrehung des Windes mit der Höhe ist zu bedenken. Nur bei Rückseitenwetterlagen und bei

Kaltluftzufuhr in der Höhe ist mit gleicher Windrichtung in der Höhe wie am Boden oder gar mit Linksdrehung des Höhenwindes zu rechnen. Dies tritt vor allem bei Nordwest- und Nordostlagen auf.

Wer im Flachland weiter als fünf Dörfer weg vom Startplatz fliegt, erkennt aus der Luft kaum einen Ort wieder! Findet man in den Alpen durch den Verlauf der Täler und Gebirgsmassive leicht Leitlinien, muss sich jeder Pilot insbesondere im Flachen mit der Karte beschäftigen. So sind zum Beispiel im Fluggebiet Fiesch der Grimsel- oder Simplonpass und die Bahnverladung Goppenstein (um beliebte Wendepunkte zu nennen) auch ohne Karte und GPS leicht zu finden – aber liegt das übernächste Dorf in der Eifel schon am Rand einer der drei CTRs? Ein GPS arbeitet normalerweise genau genug. In Krisenzeiten könnte es abgeschaltet oder in der Genauigkeit reduziert sein. Die häufigste Fehlerquelle aber ist besonders an kalten Tagen der Batterieausfall. Ersatzakkus griffbereit halten! Daher sollte unbedingt auch an die terrestrische Navigation gedacht werden.

Straßen und kleinere Orte sind zur Orientierung leider völlig ungeeignet – es gibt zu viele davon! Und die in der Generalkarte so schön dick rot markierten sind aus der Luft auch grau und oft kleiner als die »gelben«! Ausnahmen sind Autobahnen und vierspurige Straßen, die hervorragend zu identifizieren sind. Deren Nähe nutzen auch sehr viele Kleinflugzeuge, indem sie parallel zu ihnen fliegen. Fehlen diese, sollten Bahnlinien und Flüsse und Seen als Hilfe dienen – sie sind ebenfalls auf allen Karten und aus der Luft gut auszumachen. Die Generalkarte, auch mit Flugsicherheitsaufdruck erhältlich, ist für Flüge in Nord-Süd- und Süd-Nord-Richtung ungeeignet, da man sehr schnell aus ihrem Bereich herausgeflogen ist. Und die verschiedenen bunt markierten Straßen können leicht verwirren. Eine topografische Karte ist im Mittelgebirge unnötig. Die ICAO-Karte ist für diese Zwecke am besten geeignet, da sie auch bei unvorhergesehenem Kurs nicht so schnell »überflogen« wird. Ferner sind alle wichtigen Leitlinien aufgedruckt und der Landschaftscharakter, flach oder hügelig, geht auch daraus hervor. Die Lage der unbedingt zu meidenden oder zu erreichenden Punkte sollte schon vor dem Start studiert werden, ebenso die leicht zu identifizierenden Linien. Falls keine eindeutigen Linien zu finden sind, kann man versuchen, anhand der Form von Straßenkreuzungen oder Gabelungen die Orientierung herzustellen. Zusätzlich gibt man alle Eckpunkte von Luftraumbeschränkungen ins GPS ein und kann zum Beispiel mit dem Menüpunkt »nächste Wegpunkte« feststellen, ob man sich so einem Problemfall nähert.

Nordhelle, einer der streckenträchtigsten Startplätze in NRW

Grundlagen

Gestalt und Bewegung der Erde

Die Erde gehört zu den Planeten der Sonne. Ebenso wie alle anderen Planeten umkreist sie die Sonne auf einer elliptischen Bahn (Abb. 1). Für einen vollen Umlauf auf dieser Bahn benötigt die Erde ein Jahr (etwa 365 ¼ Tage).

Die Erdachse, also die Verbindungslinie der beiden geografischen Pole, ist gegenüber der Ebene der Umlaufbahn um 66,5 Grad geneigt. Diese Neigung der Erdachse bedingt die verschiedenen Jahreszeiten, weil einmal mehr der nördliche, dann wieder mehr der südliche Teil der Erde der Sonne zugekehrt ist.
Eine andere Bewegung der Erde ist die Drehung um sich selbst. Im Laufe eines Tages (24 Stunden) rotiert die Erde

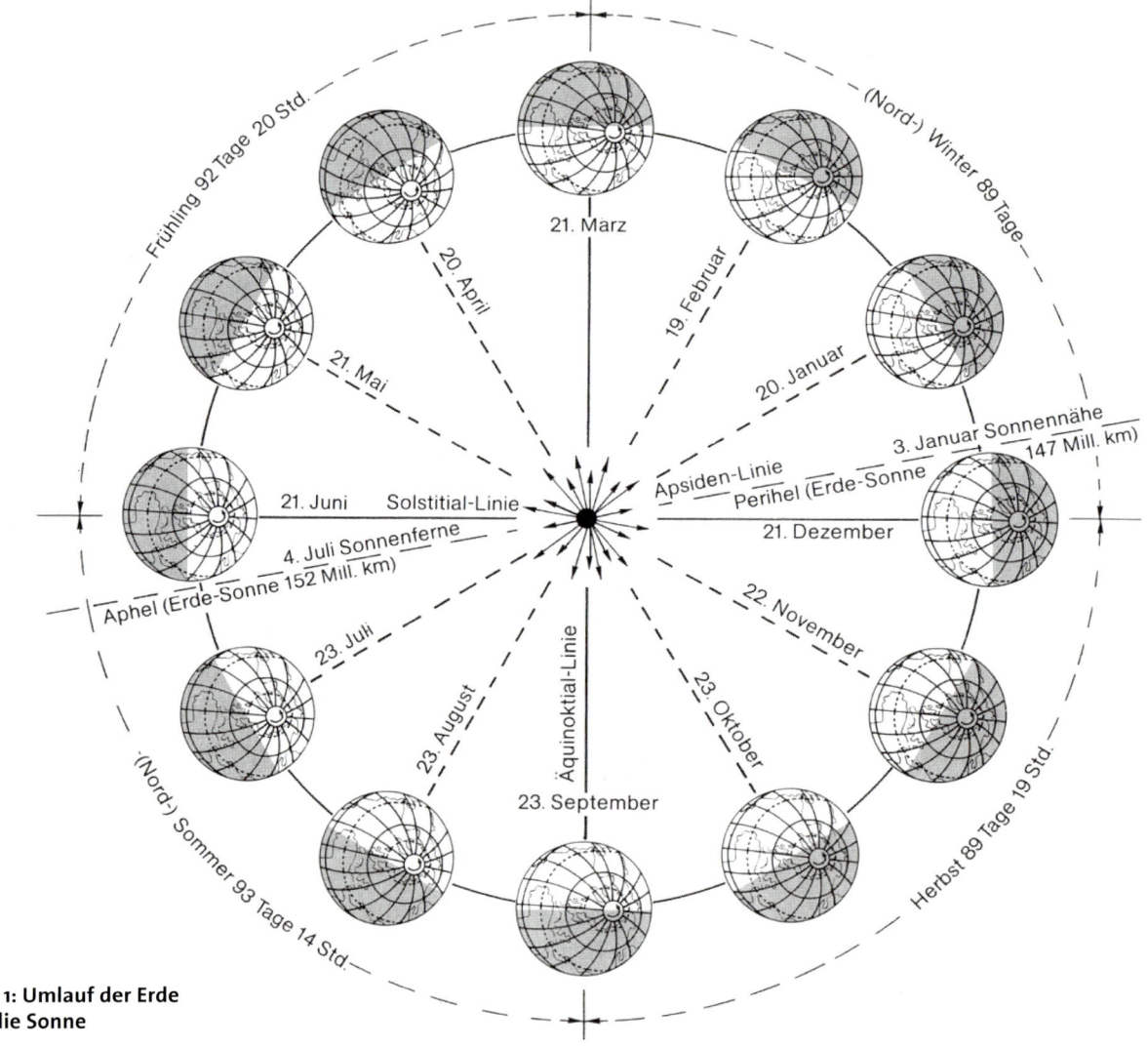

Abb. 1: Umlauf der Erde um die Sonne

Durchmesser dieser Kugel beträgt 12 500 km, der Umfang ca. 40 000 km. Die Erdachse, die den geografischen Nordpol mit dem geografischen Südpol verbindet, geht auch durch den Schwerpunkt (Mittelpunkt) der Erde. Dieser Punkt heißt Geozentrum.

Standortfestlegung

Eine gedachte, durch das Geozentrum gehende und auf der Erdachse senkrecht stehende Ebene schneidet die Erdoberfläche in einem Großkreis (= Kreis mit gleichem Radius und Mittelpunkt wie die Kugel). Dieser Großkreis heißt Äquator; er teilt die Erde in eine nördliche und eine südliche Halbkugel (Abb. 2).

Alle Ebenen, die nicht durch das Geozentrum gehen, jedoch parallel zur Äquatorebene liegen, schneiden die Erdoberfläche als Kleinkreis (= Radius des Kreises ist kleiner als der Radius der Kugel). Diese Kleinkreise heißen in der Navigation Breitenkreise oder auch Breitenparallelen (Abb. 3).

Man kann auf einer Kugel theoretisch unendlich viele Großkreise anlegen. Sie werden in der Navigation Orthodrome genannt und stellen die kürzeste Verbindung

um die Erdachse von West nach Ost. Als Folge ihrer Rotation hat die Erde die Form einer abgeplatteten Kugel. Die Abplattung ist jedoch so gering, dass für die navigatorische Praxis eine Kugelform angenommen wird. Der

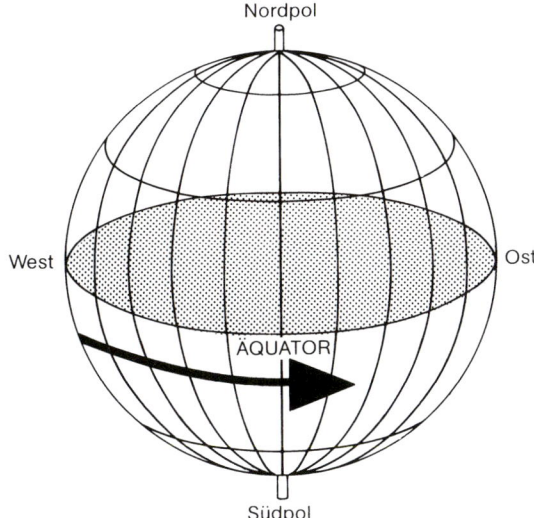

Abb. 2: Äquator

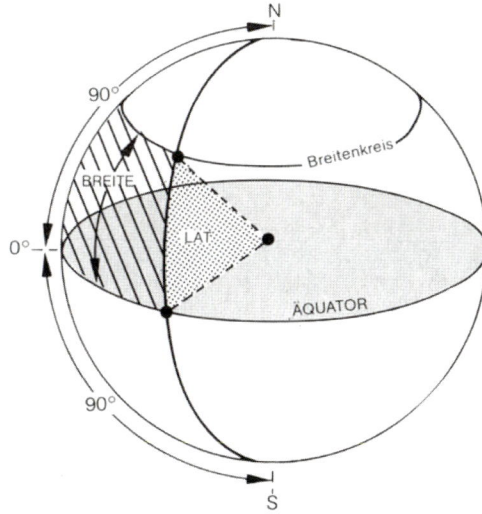

Abb. 3: Breitenkreis

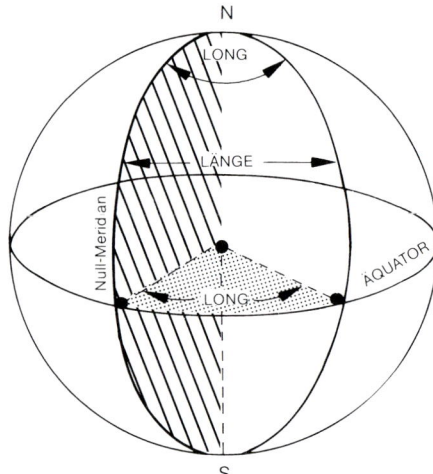

Abb. 4: Meridian

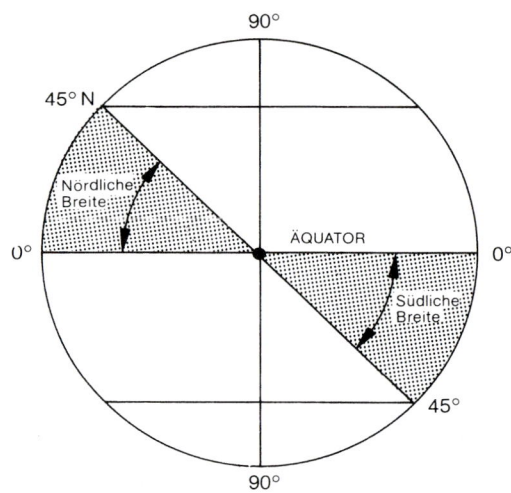

Abb. 5: Die geografische Breite wird als Winkel zwischen Äquator, Erdmittelpunkt und Breitenkreis angegeben.

zweier Punkte auf der Erde dar. Alle Orthodrome, die durch beide Pole gehen, stehen auch senkrecht auf dem Äquator und heißen Meridiane (Abb. 4).

Um jeden Punkt der Erde eindeutig bezeichnen zu können, wurde ein **Koordinatensystem** auf der Erdkugel angelegt. Dazu muss man Ausgangslinien, die so genannten Koordinatenachsen, bestimmen. Eine Achse, die sich aus der Erddrehung ergibt, ist der Äquator. Er ist die horizontale Achse des Koordinatensystems.

Als vertikale Koordinatenachse bietet sich einer der unendlich vielen Meridiane an. Der durch die englische Sternwarte Greenwich gehende Meridian wurde als so genannter **Nullmeridian** definiert.

Da die Erdoberfläche jedoch keine Ebene, sondern eine Kugel ist, können die Abstände von den Koordinatenachsen nicht in einer direkten Längeneinheit, z. B. Meter oder Kilometer, angegeben werden. Sie werden in Bogengraden bestimmt. Ein Bogengrad ist der 360. Teil der Länge eines Kreisumfanges; das Bogenmaß ist somit indirekt doch eine Längenangabe. Der Abstand eines Punktes vom Äquator bzw. vom Greenwichmeridian wird in Bogengraden angegeben. Alle Punkte mit dem gleichen Abstand vom Äquator liegen auf einem Brei-

tenkreis. Man bezeichnet deshalb den Abstand als **geografische Breite** dieser Punkte. Auf der Erde gibt es immer zwei Breitenkreise mit gleichem Abstand vom Äquator, nämlich einen südlich und einen nördlich davon. Der Zusatz südliche Breite bzw. nördliche Breite wird daher notwendig (Abb. 5). Die größtmöglichen Breiten sind 90 Grad S (Südpol) und 90 Grad N (Nordpol). Der Äquator hat die Breite null. Der Abstand eines Punktes vom Nullmeridian wird ebenfalls in Bogengraden gemessen. Man bezeichnet diesen Gradabstand als **geografische Länge** des Punktes. Alle Punkte mit gleicher Länge liegen auf einem Meridian (Längengrad). Wie bei der geografischen Breite wird auch bei der geografischen Länge ein Richtungszusatz notwendig, um den Meridian eindeutig bestimmen zu können. Man spricht von westlicher Länge bzw. östlicher Länge eines Punktes (Abb. 6). Die größtmöglichen geografischen Längen sind 180 Grad West (W) und 180 Grad Ost (O).

Gibt man die Erdkoordinaten eines Ortes an, steht zuerst die Breite, dann folgt die Länge dieses Punktes. Die Stadt Memmingen hat die Koordinaten 48 Grad N 10 Grad O. Sie ist damit auf der Karte sofort zu finden. Um jedoch kleinere Orte, Landeplätze oder Berggipfel zu

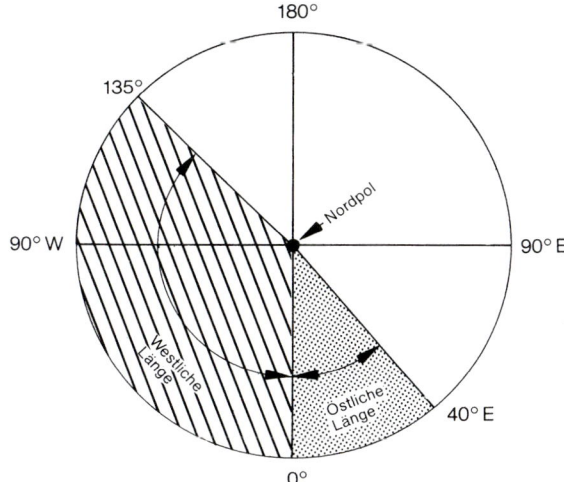

Abb. 6: Die geografische Länge wird als Winkel zwischen Nullmeridian, Erdmittelpunkt und Meridian angegeben.

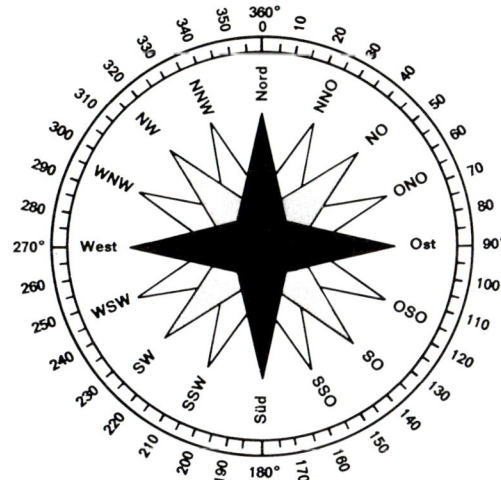

Abb. 7: Die Kompassrose

identifizieren, reicht die Gradskala allein nicht aus. Sie wird deshalb in Zehntelgrad und Hundertstelgrad unterteilt. Der ehemalige Flughafen München-Riem hatte die Koordinaten 48,13 Grad N 11,70 Grad O. Die maximale Auflösung beträgt in diesem System etwa 1000 m auf der Erdoberfläche. Eine noch genauere Unterteilung und Auflösung in der Karte bietet das Grad-Minuten-Sekunden-System: 1 Grad = 60 Minuten, 1 Minute = 60 Sekunden. Beispiel: 48 Grad 08' 18" N 11 Grad 41' 48" O. Die maximale Auflösung beträgt hier etwa 30 m.

Horizontale Navigation

Himmelsrichtungen

Mit dem Erdkoordinatensystem sind Punkte auf der Erde genau zu bestimmen. Um von einem Ort zu einem anderen fliegen zu können, muss die Richtung bekannt sein. Man gibt als Richtung den Winkel an, den die Verbindungslinie zweier Punkte mit der Nordrichtung einschließt. Zu diesem Zweck wird der Horizont, im Norden beginnend, im Uhrzeigersinn in 360 Grad eingeteilt (Abb. 7).

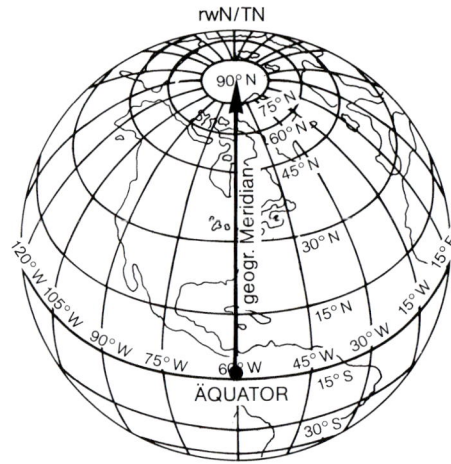

Abb. 8: Die Bezugsrichtung rechtweisend Nord (rwN)

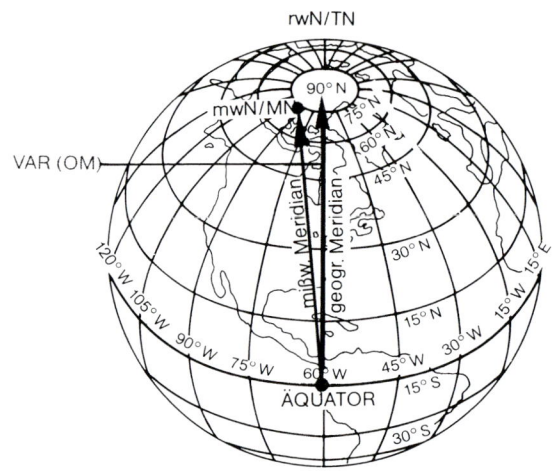

Abb. 9: Die Bezugsrichtung missweisend Nord (mwN)

Kursbezugssysteme

Rechtweisender Kurs

Alle Richtungen können mittels Gradangabe genau bestimmt werden. Sie heißen in der Navigation Kurse und sind zunächst auf geografisch Nord bezogen (Abb. 8). Geografisch Nord heißt auch rechtweisend Nord (rwN). Deshalb spricht man von rechtweisenden Kursen (rwK). Will man auf der Kurslinie wieder zum Ausgangsort zurück, kann man den so genannten Gegenkurs ermitteln, indem man zum ursprünglichen Kurs 180 Grad addiert (oder subtrahiert). Auf der Kompassrose liegt der Gegenkurs dem ursprünglichen Kurs immer exakt gegenüber.

Missweisender Kurs (Magnetischer Kurs)

Da in der Natur rechtweisend Nord nicht ohne erheblichen Aufwand bestimmt werden kann, wird die Richtungsbestimmung über magnetisch Nord vorgenommen.

Unsere Erde hat zwei magnetische Pole: den magnetischen Nordpol und den magnetischen Südpol. Sie fallen jedoch nicht mit den geografischen Polen zusammen. Eine Kompassnadel zeigt somit nicht zum richtigen, sondern zum magnetischen Nordpol. Den Winkel zwischen rechtweisend Nord (rwN) und magnetisch Nord (missweisend Nord = mwN) nennt man Ortsmissweisung, Deklination und auch Variation. Je nach Standort des Kompasses kann die Ortsmissweisung (OM) zwischen 0 und 180 Grad betragen. Sie unterliegt außerdem leichten zeitlichen Schwankungen, da die magnetischen Pole ihre Position auf der Erde langsam ändern. Glücklicherweise beträgt die Ortsmissweisung in Mitteleuropa nur wenige Grad. In München z.B. 3 Grad West. Für die navigatorische Praxis beim Gleitschirmflug in Mitteleuropa kann man die Ortsmissweisung vernachlässigen (Abb. 9).

Kompasskurs und Kompassfehler

Magnetkompasse haben aufgrund ihrer Bauweise, Funktion und Anbringungsart am Fluggerät große Anzeigefehler, z.B., wenn sie neben einem E-Vario montiert sind. Den Gradunterschied zwischen wahrer magnetischer Nordrichtung und der vom Kompass angezeigten Nordrichtung (= Kompassnord) nennt man Deviation. Kompassnord (KN) ist neben rechtweisend und missweisend Nord die dritte in der Navigation vorkommende Bezugsrichtung.

Leider ist die Deviation eines Kompasses nicht konstant. Sie ist unter anderem von der Richtung der Längsachse, also dem geflogenen Kurs abhängig. Um jeweils den richtigen Korrekturwert anzubringen, müsste man die Missweisung für jeden Kurs bestimmen und auf einer so genannten Deviationstabelle mitführen.

Bei jeder Neigung der Kompassachse aus der Vertikalen heraus ändert die Anzeige ihren Wert erheblich (Neigungsfehler bis ca. 30 Grad).

Der Grund hierfür ist die Ausrichtung der Kompassnadel nach den erdmagnetischen Feldlinien, die nicht parallel zur Erdoberfläche verlaufen, sondern schräg in die Erdoberfläche eintreten. Die Kompassnadel kippt dann in diese Schräge hinein und verfälscht dadurch die Anzeige. Neigungen der Kompassachse treten bei Kurvenflügen, Beschleunigungen und Verzögerungen des Gleitschirms auf, außerdem bei jeder Pendelbewegung des Piloten.

Da der Schwerpunkt des Kompasses außerhalb der Drehachse liegt, übt die Fliehkraft beim Kurvenflug ein Drehmoment auf die Kompassnadel aus, das sie aus der magnetischen Nordrichtung herausdreht (Fliehkraftfehler).

Um beim Magnetkompass nach raschen Richtungsänderungen bald wieder einen neuen konstanten Wert ablesen zu können, muss die Anzeige gedämpft werden. Dies geschieht, indem man die Kompassrose in einer Flüssigkeit lagert und mit Dämpfungsflügeln versieht. Allerdings bringen diese Dämpfungsflügel die Flüssigkeit bei längerem Kreisen ins Rotieren (Dämpfungsfehler). Beim Übergang in den Geradeausflug dreht dann die Flüssigkeit weiter und nimmt die Kompassrose mit. Man muss längere Zeit warten, bis sich die Anzeige wieder stabilisiert hat.

Es gibt folgende Regel für den Gebrauch des Magnetkompasses beim Gleitsegeln:

> Die Kompassanzeige stimmt nur im horizontalen, beschleunigungsfreien Flug.

Als Ergänzung oder Ersatz des Kompasses ist zu berücksichtigen, dass im Sommer die Sonne mittags im Süden steht und nachmittags nach Südwesten wandert. Als Daumenregel um die Mittagszeit in Mitteleuropa gilt: Sonne rechts = Ostkurs, Sonne links = Westkurs, auf die Sonne zu = Südkurs, Sonne im Rücken = Nordkurs.

Windeinfluss und Winddreieck

Ein Gleitschirm bewegt sich bei Windstille in Richtung seiner Längsachse von Y nach Z auf der beabsichtigten Kurslinie (K).

Wenn sich die Luftmasse, in der sich das Gleitsegel befindet, bewegt, wird das Gleitsegel von der Kurslinie (K) abgetrieben und bewegt sich über Grund auf der so genannten Grundkurslinie (GK). Den Winkel zwischen GK und K nennt man Abdrift (a). Um diese Abdrift (Abb. 10) zu verhindern, muss man gegen den Wind »vorhalten«.

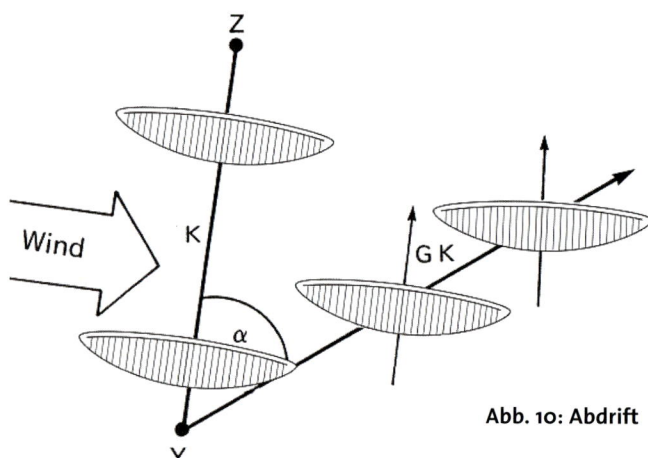

Abb. 10: Abdrift

Um bei gegebener Eigengeschwindigkeit V_e, Windrichtung, Windstärke und gewünschtem Kurs den Vorhaltewinkel und die Geschwindigkeit über Grund (V_G) zu ermitteln, bedienen wir uns des so genannten Winddreiecks.

Beispiel: V_e: 40 km/h; Wind: 300 Grad/20 km/h; Kurs: 70 Grad; gesucht: Vorhaltewinkel und Abdrift sowie V_G. Als Geschwindigkeitsmaßstab wählen wir 1 cm pro 10 km/h.

Wir gehen folgendermaßen vor:
1. Nordpfeil und Kurslinie mit 70 Grad eintragen (Abb. 11).

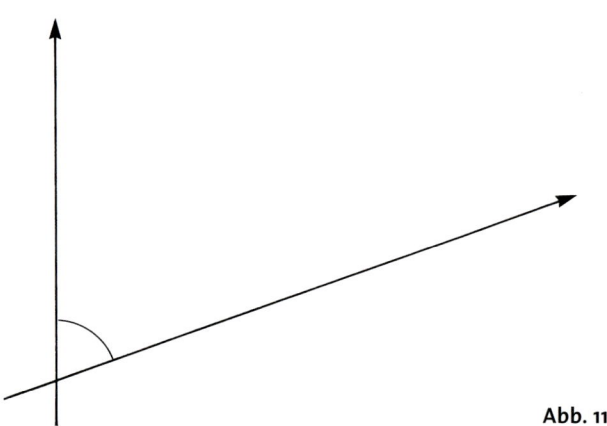

Abb. 11

2. Windpfeil mit Richtung von 300 Grad und einer Länge von 2 cm (entspricht 20 km/h) so einzeichnen, dass die Spitze des Windpfeiles irgendwo auf die Kurslinie trifft (Punkt B; Abb. 12).

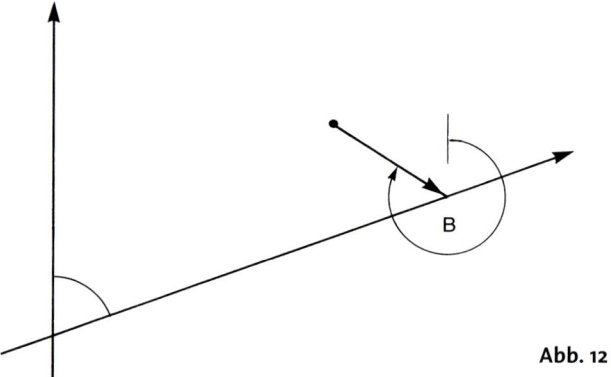

Abb. 12

3. Vom Anfang des Windpfeiles (Punkt A) die Eigengeschwindigkeit (Länge 4 cm = 40 km/h) so einzeichnen, dass sie die Kurslinie berührt. Am einfachsten ist es, mit einem Zirkel einen Kreisbogen um A mit Radius 4 cm zu schlagen. Der Schnittpunkt des Kreisbo-

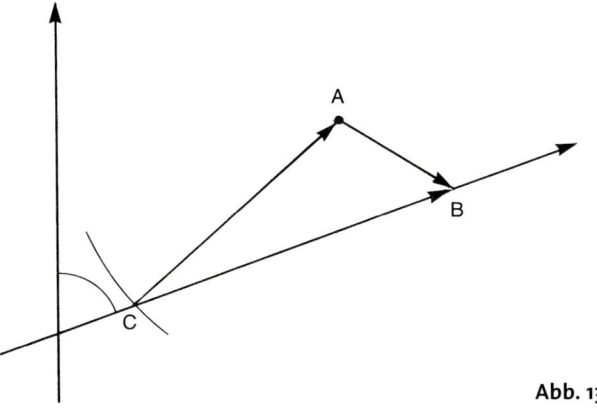

gens mit der Kurslinie (Punkt C) wird mit Punkt A verbunden. So erhalten wir den Pfeil für den Steuerkurs (Strecke CA; Abb. 13).

Abb. 13

4. Die Strecke CB messen. Ergebnis: 5 cm. Dies entspricht der Geschwindigkeit über Grund von 50 km/h auf dem gewünschten Kurs von 70 Grad.
5. Den Winkel zwischen Kurslinie und Steuerkurslinie messen.
   Ergebnis: 22 Grad links. Das heißt, es ist 22 Grad nach links vorzuhalten, um auf der Kurslinie zu bleiben. Steuerkurs ist 70 Grad (GK) minus 22 Grad (Vorhaltewinkel), also 48 Grad.

Anwendungsbeispiel:
Eine Talquerung wird mit 35 km/h Eigengeschwindigkeit bei einem rechtwinkligen Seitenwind von 25 km/h durchgeführt. Die Konstruktion des Winddreiecks ergibt: Vorhaltewinkel 44 Grad, Geschwindigkeit über Grund 26 km/h.

Maßeinheiten in der Luftfahrt

Im Jahr 1795 wurde das metrische System eingeführt und so definiert: Der vierzigmillionste Teil eines Erdmeridians ist ein Meter. 1000 Meter nannte man einen **Kilometer**. Die angelsächsischen Länder leiten ihre Längenmaße von der Bogenlänge her: Die Länge einer Bogenminute eines Meridians (Breitenminute) heißt Seemeile oder **Nautische Meile** (NM). Der Abstand von Breitengrad zu Breitengrad beträgt somit 60 NM (1 Grad = 60 Breitenminuten). Der Erdumfang 360 x 60 NM = 21 600 NM. 40 000 km entsprechen also 21 600 NM und es ergeben sich die Umrechnungszahlen:

> 1 km = 0,540 NM   1 NM = 1,852 km

Die Untereinheit einer Nautischen Meile heißt Fuß (= Feet). 1 NM = 6076 feet (ft).
Geschwindigkeiten werden in Nautischen Meilen pro Stunde gemessen. Man nennt diese Einheit **Knoten** (kt, Mehrzahl kts). 1 kt = 1 NM/1 h.
Für kleine Geschwindigkeiten, wie z.B. Vario-Anzeigebereiche, wird die Einheit Fuß pro Minute (ft/min) verwendet.
In der Luftfahrt finden wir beide Maßsysteme und müssen in der Lage sein, mithilfe von Faustformeln schnell und ausreichend genau von einer Einheit zur anderen umzurechnen.

Entfernungsangaben erfolgen in NM und in Kilometer:

> (km : 2)   + 10% → NM
> (NM x 2)   – 10% → km

Höhenangaben erfolgen in Fuß und in Meter:

> (m x 3) + 10% → ft
> ft x 0,3 → m oder (ft : 3) – 10% → m

Geschwindigkeitsangaben erfolgen in Fuß pro Minute, Knoten, Kilometer pro Stunde und Meter pro Sekunde:

> m/s x 2 → kts
> (m/s x 4) – 10% → km/h
> m/s x 200 → ft/min
> (km/h : 2) + 10% → kts
> kts : 2 → m/s
> (km/h : 4) + 10% → m/s
> ft/min : 200 → m/s
> (kts x 2) – 10% → km/h

Eselsbrücke für die Umrechnungsfälle mit 10%: Bei Umrechnung vom Gebräuchlichen (km, m, km/h) zum Ungebräuchlichen (m/s, NM, ft, kts) werden die 10% addiert, vom Ungebräuchlichen zum Gebräuchlichen subtrahiert.

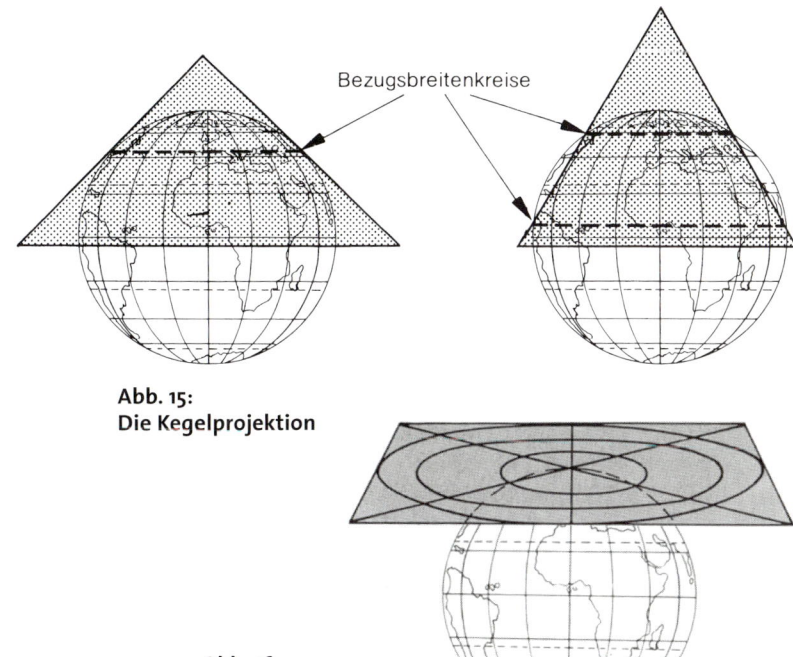

Bezugsbreitenkreise

Abb. 15:
Die Kegelprojektion

**Abb. 14: Die Zylin-
derprojektion**

Abb. 16:
Die Ebenenprojektion

polständig

Karten für die Luftfahrt

Projektionsarten

Bei der Erstellung von Landkarten ergibt sich das Problem der Umsetzung von der gekrümmten Kugeloberfläche der Erde auf eine Ebene des Kartenblattes. Dies geschieht auf dem Umweg über eine Projektion auf verschiedene geometrische Körper.
Man kann sich die Erde als Glaskugel vorstellen, in deren Mittelpunkt eine Lichtquelle das Schattenbild der Erdoberfläche auf einen übergestülpten Zylinder, Kegel oder eine Ebene wirft. Wir unterscheiden daher:

- Zylinderprojektion (Mercator, Abb. 14)
- Kegelprojektion (Lambert, Abb. 15)
- Ebenenprojektion (Azimutal, Abb. 16)

Alle Projektionen haben den Nachteil, dass sie die Erdoberfläche nur (mehr oder weniger) verzerrt darstellen können.

Die ICAO-Karte

An eine Navigationskarte sind folgende Anforderungen zu stellen:
- Für die Standortfestlegung muss ein **Gradnetz**, bestehend aus Meridianlinien und Breitenparallelenlinien vorhanden sein.
- Für die Richtungsbestimmung muss die Karte **winkeltreu** sein, das bedeutet die korrekte Wiedergabe der Winkel auf der Erde in der Karte.
- Für die Entfernungsmessung muss die Karte **längentreu** sein, das heißt, alle Längen auf der Erde werden in der Karte um einen bestimmten Maßstab verkleinert wiedergegeben.

Die Forderung nach einer längen- und zugleich winkeltreuen Abbildung in einer Karte lässt sich nicht verwirklichen. Normalerweise wird die Winkeltreue erfüllt, und man versucht dann die Längenverzerrung so klein wie möglich zu halten.

Der Physiker Lambert hat eine **Schnittkegelprojektion** (der Kegel schneidet die Erdoberfläche zweimal, und es gibt damit zwei Berührkreise, auf denen die Verzerrung null ist) entwickelt, die winkeltreu und deren Längenverzerrung vernachlässigbar klein ist.

Die Luftfahrtkarte ICAO 1 : 500 000 ist eine solche Lambert-Schnittkegelprojektion. Sie ist in verschiedene Kartenblätter unterteilt, die etwa ein Gebiet von jeweils 110 x 150 km umfassen. Die ICAO-Karte enthält den Flugsicherungsaufdruck und die Einzeichnung von Orten, Straßen, Eisenbahnlinien, Gewässern, Bodenvegetation, Landeplätzen (auch einigen Drachenfluglandeplätzen), Hindernissen, Landes- und Staatsgrenzen. Die Höhenangaben erfolgen in Fuß.

Es ist erforderlich, dass sich jeder Hängegleiterpilot mit der Bedeutung der Kartensymbole in der Legende der ICAO-Karte vertraut macht.

Die topografische Karte

Zusätzlich zur ICAO-Karte verwenden wir eine Karte, die Höhenunterschiede, Verläufe von Höhenzügen, Straßen, Flüssen und andere markante Geländepunkte noch genauer wiedergibt. Günstig ist dafür eine so genannte topografische Karte mit einem Maßstab von 1:50 000. In solche Karten sind Höhenlinien eingezeichnet.

Höhenlinien verbinden alle Punkte gleicher Höhe über Meeresspiegel. Sie sind in der Karte braun und geben einen senkrechten Abstand von 20 m an, das heißt von einer Höhenlinie zur nächsten besteht ein Höhenunterschied von 20 m. Aus dem Verlauf der Höhenlinien lässt sich sowohl die Richtung eines Höhenzuges (Nord- oder Südhang) als auch dessen Steilheit (Höhenlinien stark gedrängt) ablesen.

Ein weiterer Vorteil der topografischen Karte für den Gleitschirmflieger besteht in der Einzeichnung der für ihn gefährlichen Seilbahnen sowie Hochspannungsleitungen. Die topografische Karte allein darf zur Navigation nicht verwendet werden, da sich auf ihr kein Flugsicherungsaufdruck befindet.

Die Arbeit mit der Karte

Um aus einer Karte die zurückzulegende Entfernung entnehmen zu können, muss der **Maßstab** dieser Karte bekannt sein. Unter Maßstab versteht man das Verhältnis von Länge in der Karte zur entsprechenden Länge auf der Erdoberfläche. Es gilt die Beziehung:

$$\text{Maßstab} = \frac{\text{Distanz in der Karte}}{\text{Distanz auf der Erde}} = \frac{1}{\text{Maßstabszahl}}$$

So bedeutet z.B. der Maßstab 1 : 500 000, dass 1 cm in der Karte 500 000 cm = 5000 m = 5 km in der Natur entspricht. Oft werden auch die Begriffe »großer« und »kleiner Maßstab« gebraucht. Eine topografische Karte 1 : 50 000 hat einen großen Maßstab (kleine Maßstabszahl) und eine Weltkarte 1 : 10 Mio. hat einen kleinen Maßstab (große Maßstabszahl).

In der Praxis entnimmt man **Entfernungen** aus der Karte mit dem Zirkel oder einem Kursdreieck (Lineal). Dazu misst man die zu ermittelnde Strecke und vergleicht sie mit der Maßstabsskala in der Legende, oder man rech-

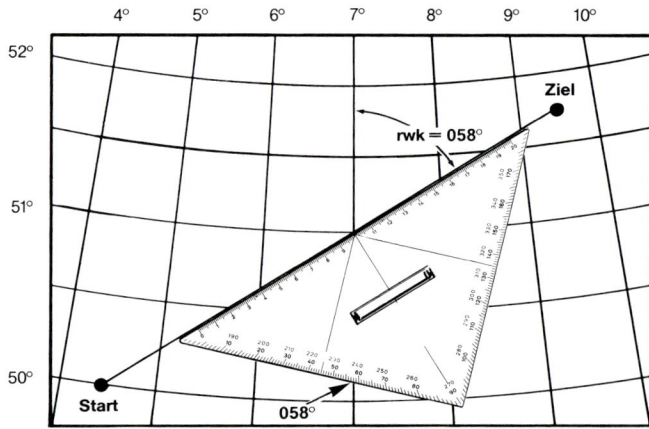

Abb. 17: Anwendung des Kursdreiecks

net die ermittelten Zentimeter mithilfe der Maßstabszahl um.

Aus einer Karte kann man direkt nur **rechtweisende
Kurse** (rwK) entnehmen und diese dann in mwK bzw. KK
umrechnen. Man verbindet den Ausgangsort mit dem
Zielort und erhält damit die Kurslinie. Der rwK kann jetzt
mithilfe eines Kursdreiecks ermittelt werden (Abb. 17).
Man legt das Kursdreieck mit der Hypotenuse (längste
Seite; sie liegt dem rechten Winkel gegenüber) auf die
Kurslinie und verschiebt es so, dass der Mittelpunkt der
Hypotenuse auf einem Meridian zu liegen kommt. Wo
der Meridian die Gradeinteilung schneidet, liest man
den Wert ab; geht der Kurs in östliche Richtung, ist dabei
die äußere Skala zu benutzen, bei westlichen Kursen die
innere Skala.

Vorsicht: Kurs und Gegenkurs stehen jeweils über der
gleichen Gradeinteilung.

Vertikale Navigation

Für taktische Entscheidungen beim Streckenflug sowie
zur Einhaltung von etwaigen Luftraumbeschränkungen
ist es erforderlich, die jeweilige Höhe über Grund bzw.
über dem Meeresspiegel (MSL) zu kennen. Zu diesem
Zweck wird ein Höhenmesser mit Luftdruckskala sowie
Meter- bzw. Fußanzeige mitgeführt. Barometrische
Höhenmesser messen den Luftdruck und geben ihn in
Höheneinheiten an. Der Luftdruck nimmt mit zunehmender Höhe ab; so entspricht jeder Luftdruckwert
einer bestimmten Höhe und umgekehrt. In der Luftfahrt
gibt es drei verschiedene Bezugssysteme bei der Einstellung der Hektopascal-Skala am Höhenmesser.

Standarddruck 1013 hPa

Nach einer internationalen Definition wurde der Stan-
darddruck willkürlich auf 1013 hPa festgelegt. Stellt man
diesen Wert auf der Hilfsskala ein, erhält man den Abstand von der Druckfläche 1013 hPa. Diesen Abstand bezeichnet man als Flugfläche. Fliegen mehr Luftraumbenützer mit dieser Einstellung im gleichen Luftraum,
ist gewährleistet, dass auch ihre Höhenmesser gleiche
Werte anzeigen.

QFE

Den aktuell gemessenen Luftdruck eines Ortes bezeichnet man als QFE dieses Ortes. Das bedeutet, dass der
Höhenmesser an diesem Ort null anzeigt, wenn man das
QFE in der Hilfsskala eindreht. Geht man mit dieser Einstellung in die Luft, hat man immer die Höhe über diesem Messort als Höhenmesseranzeige.

QNH

Wird der aktuell gemessene Luftdruck unter Berücksichtigung der Höhenlage des Messortes korrigiert und auf
MSL bezogen, erhält man das so genannte QNH. Stellt

man das QNH in der Hilfsskala ein, zeigt der Höhenmesser die Höhe des Messortes an. Man hat also immer die Höhe über dem Meeresspiegel als Anzeige. Aufgrund von flugrechtlichen Vorschriften und aus praktischen Gründen wählt man bei Streckenflügen immer das QNH als Bezugsdruck. Ist das QNH des Startplatzes nicht bekannt, stellt man die Startplatzhöhe (aus der Karte) auf der Meterskala ein und erhält somit das QNH in der Hilfsskala. Ohne Umrechnung kann man jetzt angegebene Berggipfelhöhen der Karte mit der Höhenmesseranzeige vergleichen und als Navigationshilfe verwenden. Um Höhe über Grund festzustellen, ermittelt man die Erhebung aus der Karte und subtrahiert sie von der Höhenmesseranzeige.

Problematik der Höhenanzeige

Fehlerursache in der Höhenanzeige sind Druckschwankungen, hervorgerufen von Hoch- und Tiefdruckgebieten. Ändert sich der Luftdruck um 1 hPa, so ändert sich die Höhenanzeige, grob vereinfacht, um ca. 10 m.

Navigatorische Praxis

Karte – Natur

Das Prinzip der Navigation bei einem Gleitschirmflug ist die Umsetzung des geplanten Flugweges von der Karte in die Natur. Hierzu geht man systematisch vor und gliedert das Gelände in drei Navigationselemente:

- **Landschaftscharakter**
  Land oder Wasser
  Flachland oder bergiges Gelände
  Wald oder freie Flächen
- **Auffanglinien**
  Gebirgszüge, Täler, Flüsse, Autobahnen, Eisenbahnlinien, Straßen, Liftanlagen, Hochspannungsleitungen
- **Fixpunkte**
  Städte, Orte, Seen, Berggipfel, Sendetürme, Flugplätze und Burgen, Schlösser

Die Natur wird mit den Aussagen der Karte verglichen. Der Landschaftscharakter verhilft zu einem groben Überblick. Liegt der Flugweg parallel einer Auffanglinie, so benützt man diese als Leitlinie zum Ziel bzw. Wendepunkt. Ist eine bestimmte Auffanglinie klar identifiziert, so dient sie zur Richtungs- bzw. Kursbestimmung. An Auffanglinien orientiert sich unser Flugweg.
In Wende- bzw. Zielpunktnähe ist nicht nur der Flugweg, sondern auch der Standort genau zu ermitteln. Deshalb zieht man zur Positionsbestimmung mehrere navigatorische Hilfsmittel heran. Man sucht Fixpunkte und vergleicht deren Lage zur Auffanglinie und zueinander.

Checkpunkte

Will man eine längere Strecke fliegen, bei der der Zielpunkt bzw. Wendepunkt vom Ausgangsort nicht zu sehen ist, legt man sich auf dem Flugweg so genannte Checkpunkte an. Sie müssen gut zu erkennen und eindeutig zu identifizieren sein. Als Checkpunkte sind geeignet:

- alle Fixpunkte
- Kreuzungen von Auffanglinien, besonders wenn eine Leitlinie eine Auffanglinie kreuzt.

Während des Fluges versucht man den nächsten Checkpunkt zu identifizieren, bevor man vom bekannten Standort abfliegt. In der Flugvorbereitung wird der Abstand der Checkpunkte nach Flugsicht und Übersichtlichkeit des Geländes so gewählt, dass zwischen ihnen Sichtkontakt besteht.

Navigatorische Grundregeln

Nach dem Auswerten des Flugsicherungsaufdruckes in der ICAO-Karte folgt die Auswahl einer geeigneten topografischen Karte. Diese wird so gefaltet, dass ein Umblättern im Flug entfällt und die Anbringung am Oberschenkel möglich ist.

- Es empfiehlt sich, die Karte »einzunorden«. Dann stimmen die Himmelsrichtungen mit den Richtungen in der Karte überein. Nachteil: Die Kartenbeschriftung (Ortsnamen) ist schlecht lesbar. Bei Richtungsänderung nach einem Wendepunkt muss die Karte nachgedreht werden.
- Vor dem Start ist der Flugweg auf der Karte genau zu studieren. So wird ersichtlich, was einen während des Fluges erwartet, welche Landschaftsmerkmale besonders wichtig sind, und der Kurs kann ohne Flugstress nach Leit- bzw. Auffanglinien abgesucht werden. Je besser die Vorbereitung, desto weniger beansprucht das Navigieren im Flug die Aufmerksamkeit.
- Unterwegs ist der Flugweg, der Kurs, das wichtigste. Man bestimmt ihn mithilfe von Leitlinien und dem Sonnenstand als Kompassersatz. Nur die Checkpunkte werden eindeutig bestimmt.
- In Wende- bzw. Zielpunktnähe wird die genaue Standortbestimmung wichtig. Man arbeitet jetzt mit Auffanglinien und Fixpunkten und ihrer relativen Lage zueinander.

Bei der Standortbestimmung:

- vom Bekannten (= eindeutig identifizierter Fixpunkt) über eine bekannte Richtung (Auffanglinie) zum Unbekannten.
- vom Großen zum Kleinen. Vom Landschaftscharakter über Auffanglinien zu Fixpunkten und ihrer Lage zueinander.
- von der Landschaft in die Karte. Beispielsweise werden Eisenbahnlinien und Ortschaften in der Natur betrachtet und dann erst in der Karte identifiziert, nicht umgekehrt.

Fliegen mit GPS

Das **G**lobal **P**ositioning **S**ystem (GPS) oder Satellitennavigationssystem erleichtert alle Bereiche der Navigation erheblich. Es ist ein Navigationssystem, gestützt von 24 Satelliten, die in ca. 20 000 km Höhe die Erde zweimal pro Tag umkreisen und Signale im GHz-Bereich aussenden, die von GPS-Empfangsgeräten einmal pro Sekunde in eine Positionsangabe umgerechnet werden.

Aus den Laufzeiten von mindestens drei gleichzeitig empfangenen Satelliten kann ein Empfänger die geografische Breite und Länge ermitteln. Um zusätzlich die Höhe über NN zu bestimmen, ist der gleichzeitige Empfang von mindestens vier Satelliten notwendig. Die Genauigkeit aller Werte steigt mit der Anzahl der empfangenen Satelliten bis auf Werte von 3 bis 8 m. Außerdem wird die Uhrzeit übermittelt, und aus Folgeberechnungen der zurückgelegte Kurs und die Geschwindigkeit über Grund, sowie mithilfe von gespeicherten Daten exakte Zeiten für Sonnenaufgänge und Sonnenuntergänge an beliebigen Orten berechnet. Ein Standard-GPS-Empfänger bietet keine Kompassfunktion, da dieser nur in der Lage ist, bei Positionsänderung eine Information über den zurückgelegten Flugweg, also den **r**echt**w**eisenden **K**urs (**T**rue **T**rack), zu geben. Insbesondere bei Richtungsbestimmungen im Stillstand, also z.B. am Startplatz, kann die bei einigen Geräten erhältliche Zusatzfunktion eines elektronisch magnetischen Kom-

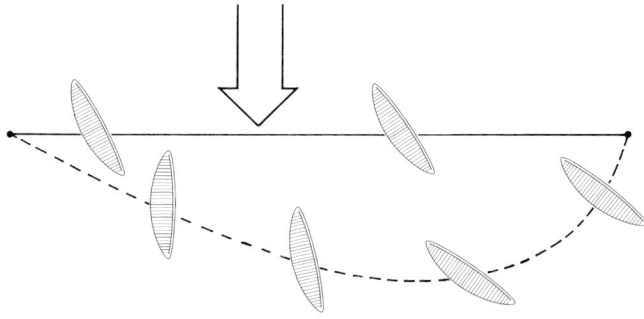

passes nützlich sein. Allerdings ist diese Anzeige dann auf magnetisch Nord bezogen und muss mit der Variation angepasst werden.

Standard-GPS-Empfänger bieten die Möglichkeit, Wegpunkte mit Koordinaten einzugeben, diese Wegpunkte für festgelegte Aufgaben in Routen zu verbinden und dann mithilfe von Kursrose und Peilnadel abzufliegen. Die Peilnadel zeigt immer zum nächsten Wegpunkt. Das GPS hat zudem eine automatische Kursaufzeichnung und Speicherung von geflogenen Strecken. Diese Strecken können dann mit Zubehör auf Computerbildschirmen nachverfolgt werden bzw. die Tracks bei Wettbewerben oder für den Online-Contest per Internet zur Wertung eingereicht werden.

Vorhaltewinkel bei Seitenwind

Während dem Steigen in der Thermik ist die Entscheidung über den anschließenden Flugkurs zu treffen. Der nächste Punkt muss geradlinig und auf dem kürzesten Weg angeflogen werden, um Höhen- und Zeitverlust so gering wie möglich zu halten.

Bei Seitenwind muss der entsprechende Vorhaltewinkel (Abb. 18) erflogen werden: Der nächste Zielpunkt wird angepeilt. Diese Peilung wird auf einen markanten Punkt hinter dem Ziel verlängert. Wandert der Hintergrundpunkt aus der Peilachse, muss der Vorhaltewinkel

Abb. 18: Vorhaltewinkel

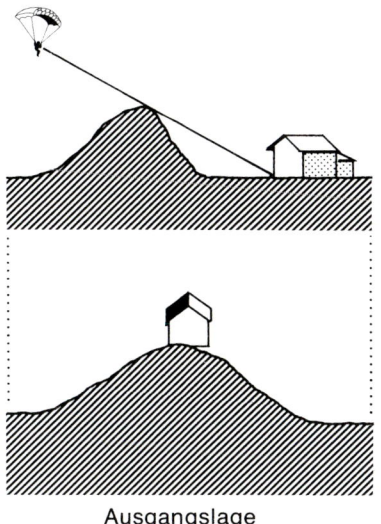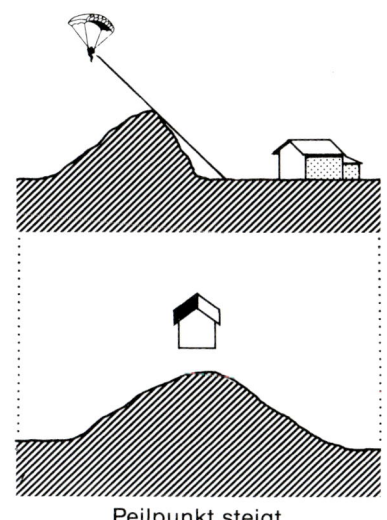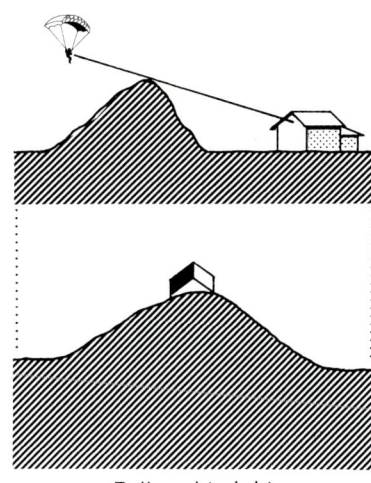

Ausgangslage	Peilpunkt steigt	Peilpunkt sinkt

Abb. 19: Peilen mit Peilpunktwanderung

so lange verändert werden, bis sich Zielpunkt und Hintergrundpunkt decken, stehende Peilung.

Leeseitige Abweichungen müssen dabei sofort und vollständig korrigiert werden. Es ist besser, sich von einem zu großen Vorhaltewinkel zum richtigen zu tasten, als umgekehrt.

Wird der Vorhaltewinkel zu klein gewählt und erfordert der Anflug auf das Ziel ständige Nachkorrekturen, entsteht eine »Hundskurve«.

Durch diese Kurve ergibt sich beispielsweise bei einer Windgeschwindigkeit von 20 km/h und einem Windwinkel von 90 Grad eine Verlängerung der Wegstrecke um ca. 20%. Die Flugzeit und der Höhenverlust steigen um ca. 30%.

Erfliegen des Gleitwinkels

Für den Endteil des Streckenflugs oder für Hindernisse gilt es frühzeitig zu erkennen, ob das gewünschte Ziel in der richtigen Höhe erreicht wird bzw. ob das Hindernis überflogen werden kann. Man sucht einen weiteren Peilpunkt in der Sichtlinie.

Wird die Peilung bei Annäherung steiler, d.h. wandert der weiter entfernte Punkt nach vorne oben weg, dann kommt man über dem Ziel bzw. Hindernis an. Diese Methode ist aus beliebiger Entfernung anwendbar (Abb. 19).

Um abzuschätzen, in welcher Höhe eine Thermik versprechende Abrisskante erreicht wird, beobachtet man, welche Flächen beim Annähern nach oben und welche nach unten wegwandern. Die Fläche, die sich beim Annähern nicht bewegt, liegt in der Höhe der Ankunftsstelle (Abb. 20).

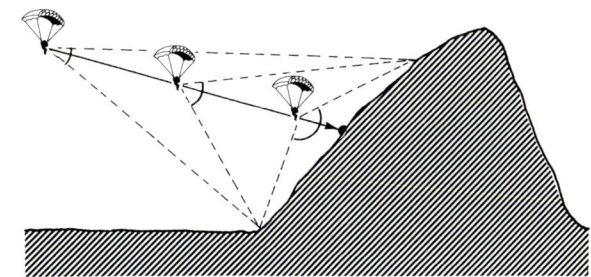

Abb. 20: Schätzen der Ankunftshöhe

Beispiel für navigatorische Flugvorbereitung

Planung eines Zielflugs vom Schleppgelände Altötting nach Königsdorf; Ausschnitt ICAO-Karte Abb. 21 S. 147.

Meteorologische Bedingungen:

Thermikbeginn 12 Uhr, Ende 17 Uhr
Thermikstraßen
$3/8$ in 6000 ft
Sicht   25 km
Wind   1000 m 60 Grad mit 10 km/h
        2000 m 60 Grad mit 20 km/h

Lösungsweg:

- Ermittlung des relevanten Windes. Die Wolkenbasis ist in 6000 ft. Im kontrollierten Luftraum erlaubte maximale Flughöhe 5000 ft, da 1000 ft Vertikalab-stand von Wolken einzuhalten ist. 5000 ft entsprechen ungefähr 1500 m. Den Wind in 1500 m erhält man durch Mittelung der Werte für 1000 und 2000 m. Wind für 1500 m: 60 Grad mit 15 km/h.
- Aus der zu erwartenden Thermikzeit wird die fliegbare Gesamtstrecke errechnet.
  5 h x 10 km/h Schnittgeschwindigkeit = 50 km.
  5 h x 15 km/h Windversatz = 75 km.
  Weitestmögliche Strecke ergibt Windversatz und Eigengeschwindigkeit 75 + 50 = 125 km.
- Als Zielpunkt bietet sich der Segelflugplatz Königsdorf an, weil er auf Rückenwindkurs in realistischer Entfernung liegt.
- Kurslinie einzeichnen und rechtweisenden Kurs aus der Karte entnehmen: rwK 244 Grad.
- Distanz aus der Karte entnehmen: 19,4 cm = 97 km.
- Bei direktem Flugkurs bis Wasserburg wird der Luftraum C unterflogen, Untergrenze 6500 ft. Vorsicht bei Kursabweichung! Nordwestlich des Inns liegt die Untergrenze tiefer.
- Auswahl geeigneter Checkpunkte entlang der Kurslinie. Maximaler Abstand zwischen den Checkpunkten ergibt sich aus der Flugsicht von 25 km.

Checkpunkte:

1. Brücke einer eingleisigen Eisenbahn über den Inn mit einem Schloss südlich des Inns.
2. Ort Wasserburg in einer Innschleife mit einem Stichbahnhof (Eisenbahnlinie endet hier).
3. Ort Aßling mit Unterführung einer mehrgleisigen Eisenbahnlinie.
4. Autobahnkreuz Holzkirchen mit Unterführung einer eingleisigen Eisenbahnlinie.
5. Etwa 10 km vor dem Ziel Königsdorf ein Kloster (Reutberg). Etwa 2 km südlich davon eine bewaldete Erhebung mit 2651 ft Höhe.
6. Etwa 4 km vor dem Ziel Königsdorf-Flugplatz Überquerung der Isar.
7. Ziel Flugplatz Königsdorf 2 km nordwestlich von der Ortschaft Königsdorf.

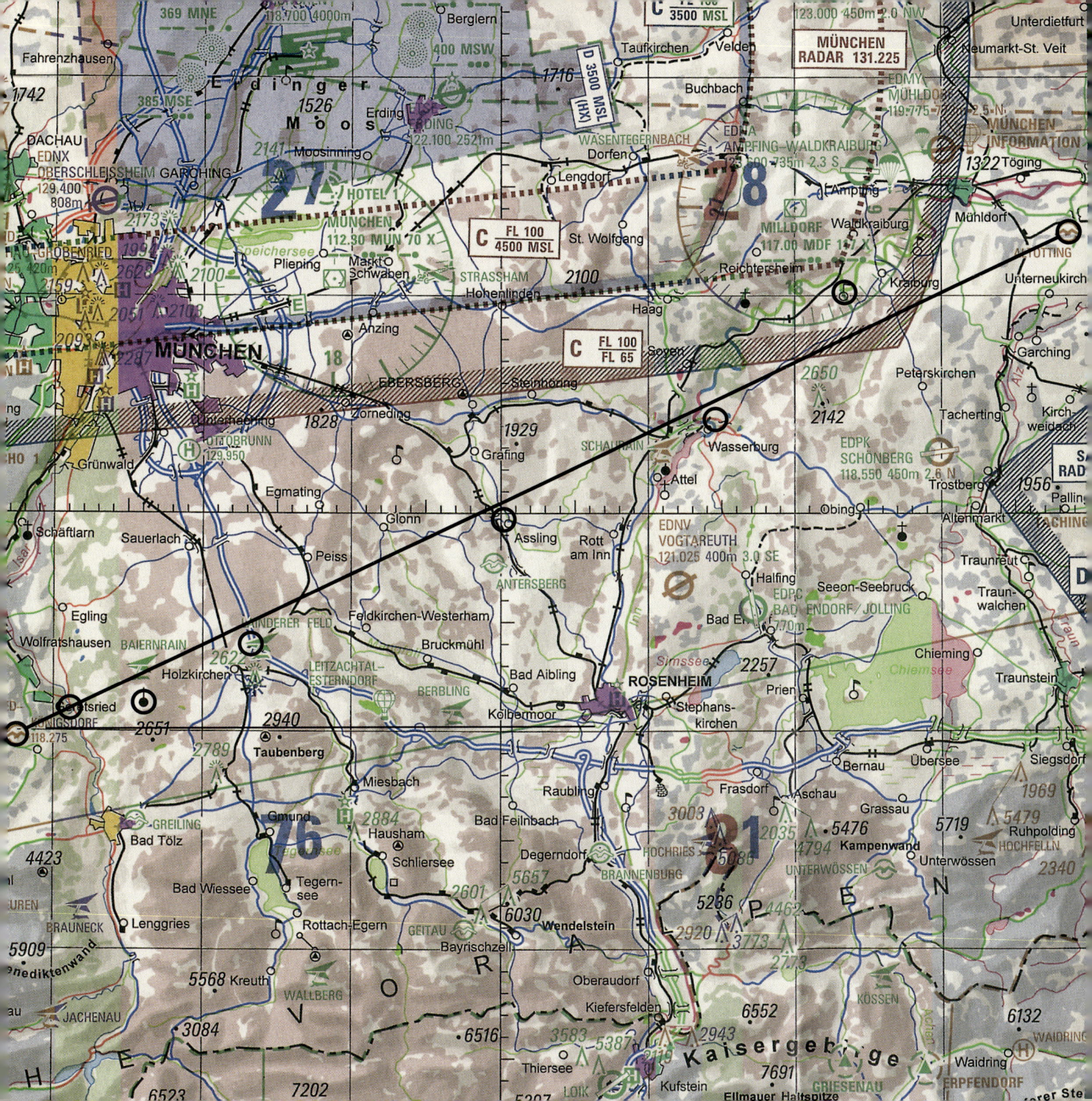

Je weiter der Pilot sich vom Startgebiet entfernt und je höher er fliegt, desto mehr kommt er mit der Ordnung des Luftraumes und den dort für den Sichtflug geltenden Regeln in Berührung. Daher bedarf er zu seiner eigenen Sicherheit und der Sicherheit der anderen Luftraumbenützer genauer Kenntnisse über die Arten, Bezeichnungen und Abmessungen der einzelnen Lufträume, über die Flugregeln und die zu seiner Beratung zur Verfügung stehenden Dienste.

Die Darstellungen zum »Luftrecht« konzentrieren sich auf die speziellen Rechtsprobleme beim Überlandfliegen. Das luftrechtliche Grundwissen für Hängegleiter- und Gleitsegelpiloten wird als bekannt vorausgesetzt. Dazu gehören z.B. auch die Ausweichregeln (§ 13 LuftVO). Hängegleiter und Gleitsegel sind bei der Benutzung des Luftraums gleichgestellt. Für beide Luftfahrzeugarten gelten die gleichen Vorschriften. Wichtig: Im Ausland gelten die dortigen Vorschriften.

Die **ICAO-Luftfahrtkarte** (Maßstab 1 : 500 000) – herausgegeben von der Deutschen Flugsicherung GmbH (DFS) – stellt einen Teilbereich des unteren Luftraums dar, nämlich von GND bis FL 100 (= ca. 10 000 ft GND). Da die Luftraumgliederung häufigen Änderungen unterliegt, ist es für die Flugvorbereitung und die Flugdurchführung Pflicht, sich immer nur der jeweils neuesten Ausgabe zu bedienen. Die ICAO-Karte erscheint normalerweise einmal jährlich, meist im Frühjahr.

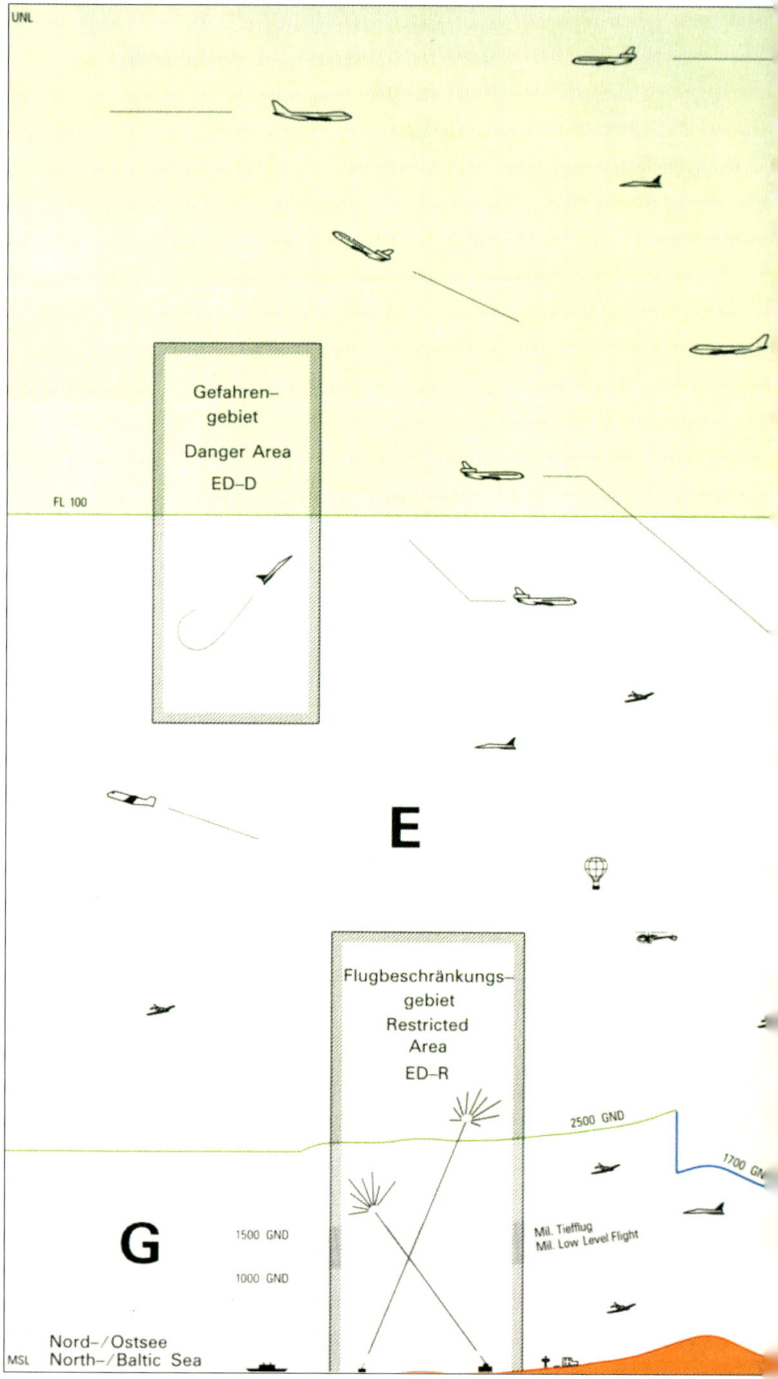

Abb. 1: Unterer Luftraum
(Mit freundlicher Genehmigung der DFS Deutsche Flugsicherungs GmbH)

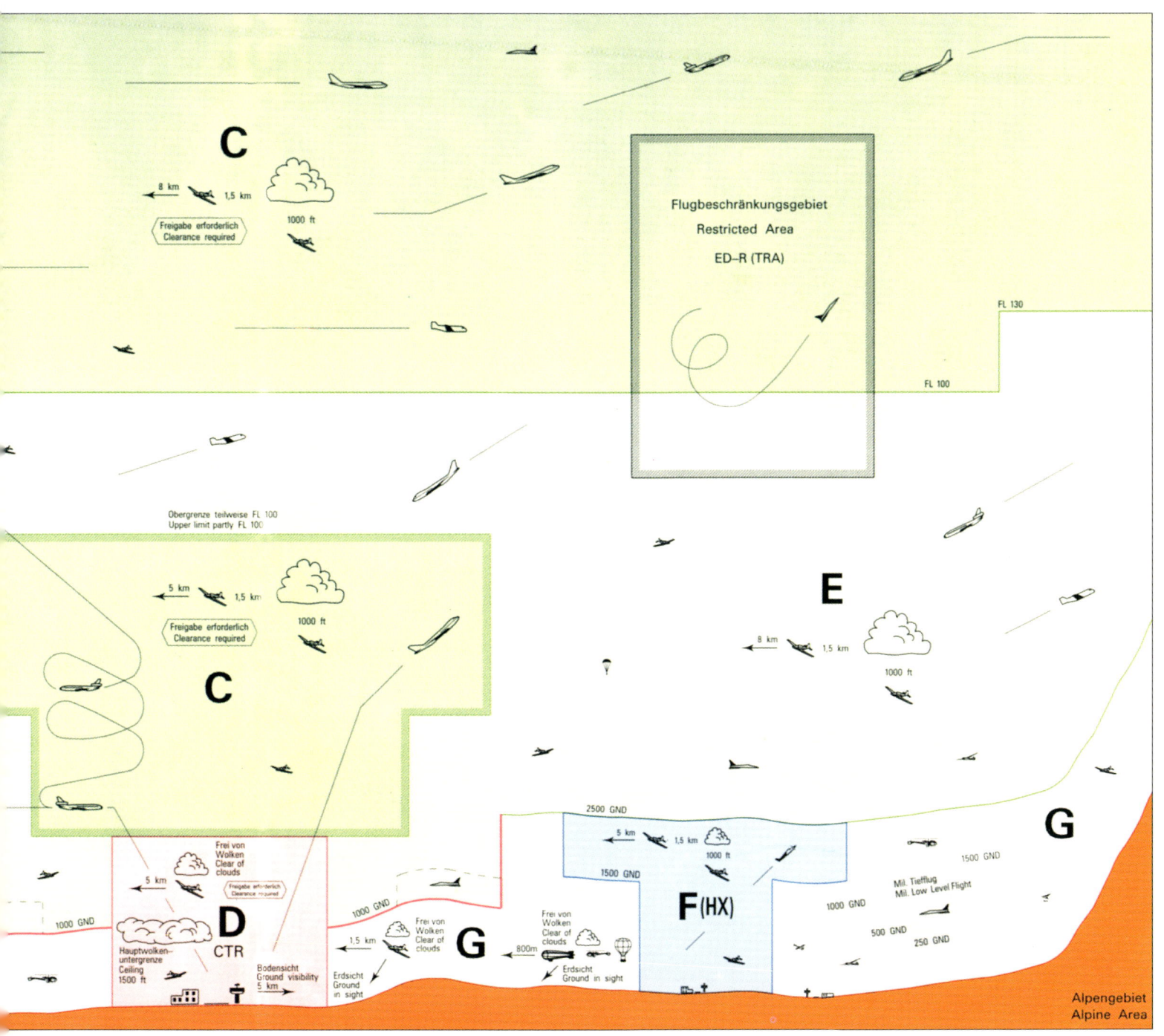

C

8 km → 1,5 km
1000 ft
Freigabe erforderlich
Clearance required

Flugbeschränkungsgebiet
Restricted Area
ED–R (TRA)

FL 130

FL 100

Obergrenze teilweise FL 100
Upper limit partly FL 100

5 km → 1,5 km
1000 ft
Freigabe erforderlich
Clearance required

C

E

8 km → 1,5 km
1000 ft

G

2500 GND
5 km → 1,5 km
1000 ft
1500 GND

1500 GND

Mil. Tiefflug
Mil. Low Level Flight

1000 GND

500 GND

250 GND

Frei von
Wolken
Clear of
clouds
Freigabe erforderlich
Clearance required

5 km →

1000 GND

D
CTR

Hauptwolken-
untergrenze
Ceiling
1500 ft

Bodensicht
Ground visibility
5 km

1000 GND

Frei von
Wolken
Clear of
clouds

1,5 km →

Erdsicht
Ground
in sight

G

800m →

Frei von
Wolken
Clear of
clouds

Erdsicht
Ground in sight

F (HX)

Alpengebiet
Alpine Area

Luftraumgliederung

Unterer und oberer Luftraum

Der gesamte Luftraum unterteilt sich in den unteren Luftraum und den oberen Luftraum. Der untere Luftraum erstreckt sich von der Erdoberfläche (GND = Ground) bis zur Flugfläche 245. Flugfläche 245 (FL = Flight Level) heißt 24 500 ft Höhe NN bei 1013,2 hPa. Oberhalb FL 245 beginnt der nach oben unbegrenzte obere Luftraum.

Wegen seiner Höhe ist der obere Luftraum für den Gleitsegel- und Hängegleiterpiloten ohne Bedeutung. Daher beschränkt sich die Darstellung der Luftraumgliederung auf den unteren Luftraum (Abb. 1).

Kontrollierter und unkontrollierter Luftraum

Wesentlich ist die Unterteilung in den kontrollierten und den unkontrollierten Luftraum. Unkontrollierten Luftraum gibt es nur unterhalb 2500 ft GND oder tiefer.

Das heißt, oberhalb 2500 ft ist ausschließlich kontrollierter Luftraum.

In kontrollierten und unkontrollierten Lufträumen darf nach Sicht nur geflogen werden, wenn die Sichtflugregeln (VFR = Visual Flight Rules) eingehalten werden können. Gegenüber den unkontrollierten Lufträumen sind die Sichtmindestwerte in kontrollierten Lufträumen höher, da sich in ihnen der Verkehr nach VFR und IFR (IFR = Instrument Flight Rules) mischen.

Die ICAO-Luftraumklassifizierung

Die ICAO schreibt vor, dass alle Mitgliedsstaaten ihre Lufträume nach einheitlichen Regeln organisieren. Es gibt insgesamt sieben mögliche Luftraumklassen mit Kennbuchstaben von A bis G, mit dem ICAO-Code von Alpha bis Golf bezeichnet. Davon sind die Lufträume A bis E kontrolliert, F und G sind unkontrolliert. Die für Hängegleiter- und Gleitsegelpiloten relevanten Merkmale der einzelnen Klassen sind hier verkürzt zusammengefasst (Abb. 2).

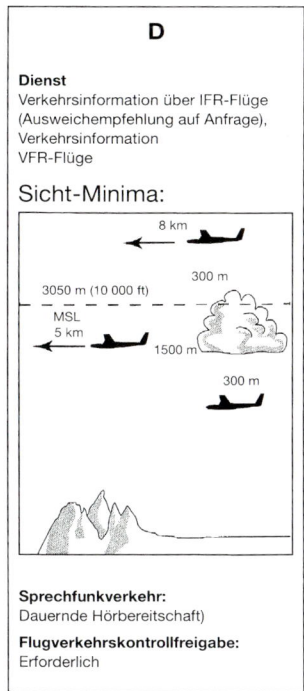

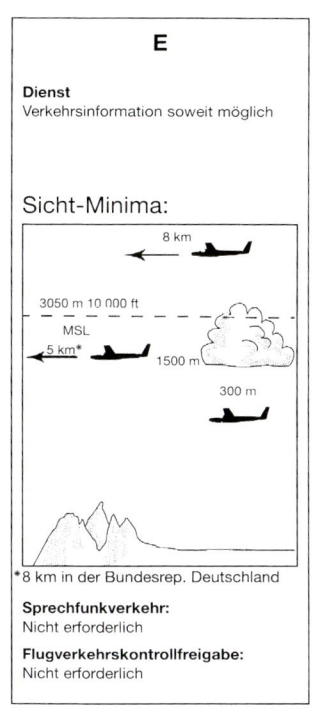

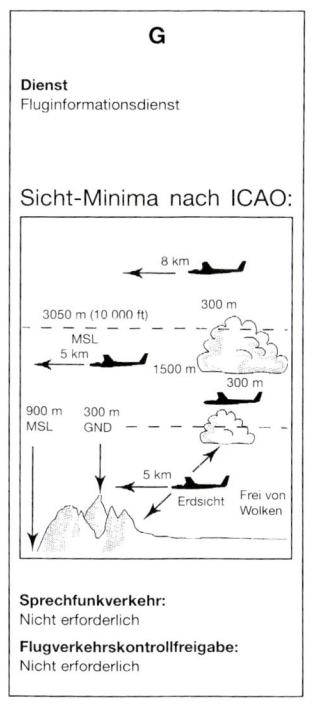

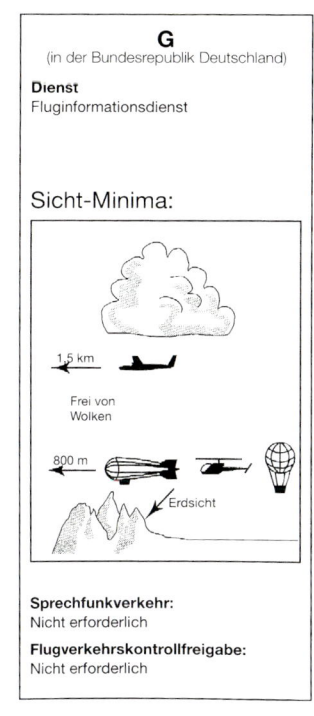

Abb. 2:
ICAO-Klassi-
fizierung
des Luf-
traums bis
FL 100 für
VFR-Flüge
(Auszug)

Luftraum A und B sind in Deutschland vorerst nicht vorgesehen.

Luftraum C ist primär für IFR-Flüge vorgesehen. VFR-Flüge sind in Ausnahmefällen mit einer besonderen Freigabe durch die Flugsicherung möglich. Für Hängegleiter und Gleitsegel kommt eine solche Freigabe mangels Funknavigationsausrüstung und fehlendem Transponder nicht infrage. Der Luftraum C erstreckt sich über das gesamte Gebiet der Bundesrepublik. Er beginnt in Flugfläche 100 (entspricht etwa 3000 m NN) und reicht unbegrenzt (UNL = Unlimited) nach oben. Ausnahme: Im Alpenbereich liegt die Untergrenze auf Flugfläche 130 (entspricht etwa 3800 m NN).

Luftraum D umfasst alle Kontrollzonen und die Umgebung von Verkehrsflughäfen. Im Luftraum D sind IFR- und VFR-Flüge zugelassen. Beide Arten von Flügen benötigen eine Flugverkehrskontrollfreigabe, die für Hängegleiter und Gleitsegel in der Regel nicht erteilt wird.

Luftraum E sind die Kontrollbezirke (CTA) einschließlich der Nahverkehrsbereiche (TMA). Der E-Luftraum beginnt unterhalb des C-Luftraumes, also unterhalb FL 100, und reicht hinunter bis 2500 ft GND und bis 1000 ft bzw. 1700 ft in den TMA-Sektoren. Für Gleitsegel- und Hängegleiterpiloten besteht Einflugmöglichkeit.

Luftraum F ist unkontrollierter Luftraum mit Sonderregelungen.

Luftraum G ist unkontrollierter Luftraum und VFB-Flügen vorbehalten. Dies ist der Haupt-Luftraum für Hängegleiter und Gleitsegel. Der Luftraum G beginnt bei GND und reicht bis zum Luftraum E in 2500 ft GND bzw. 1700 oder 1000 ft GND unterhalb der TMA.

Die kontrollierten Lufträume

Kontrollierte Lufträume nach § 10 LuftVo bestehen zur Sicherung des nach Instrumentenflugregeln fliegenden, also nicht an Sicht gebundenen Verkehrs. Ausgeübt wird die Kontrolle durch die Flugsicherungsstellen der Deutschen Flugsicherung GmbH (DFS).

Kontrollbezirk (CTA)

Der kontrollierte Luftraum über der Bundesrepublik Deutschland ist in fünf Kontrollbezirke unterteilt: Berlin, Bremen, Düsseldorf, Frankfurt/Main und München (Abb. 3). Die Untergrenze der Kontrollbezirke ist identisch mit der jeweiligen Untergrenze des kontrollierten Luftraums. Die Obergrenze liegt einheitlich bei FL 245. Zweck des Kontrollbezirkes (CTA = Control Area) ist die flüssige Bewegungslenkung des IFR-Streckenflugverkehrs.

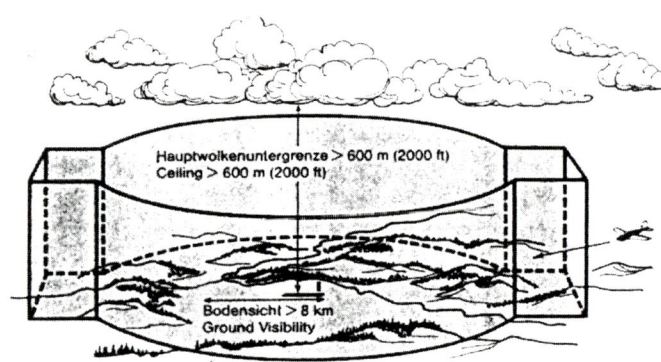

Abb. 4: Kontrollzone

Kontrollzone (CTR)

Zum Schutz des Start- und Landeverkehrs ist bei belebten Flugplätzen eine Kontrollzone (CTR = Control Range) eingerichtet.

Die Kontrollzone beginnt immer an der Erdoberfläche (GND) und reicht bis zu der in der ICAO-Karte bezeichneten Höhe. Ihre Flächenprojektion entspricht meist einem Rechteck (Länge 14–20 NM in Richtung der Landebahn, Breite 6 NM), das in der Mitte durch einen Kreis (Radius 5 NM) ausgeweitet ist (Abb. 4), in der ICAO-Karte rot geschummert mit blau gestricheltem Rand dargestellt.

Bei eng benachbarten Flugplätzen können die Kontrollzonen ineinander übergehen.

Die Kontrollzonen gelten grundsätzlich ohne zeitliche Einschränkung. Davon abweichend ist bei vielen militärischen Flugplätzen ihre Wirksamkeit an Wochenenden und Feiertagen aufgehoben.

Solche Kontrollzonen sind in der ICAO-Karte mit »HX« gekennzeichnet. Da sie jederzeit aktiviert werden können, darf in sie erst eingeflogen werden, wenn vom Fluginformationsdienst kurz vorher (5–15 Min.) die Nichtwirksamkeit bestätigt worden ist. Diese Information erfolgt über Funk.

Nicht mit Funk ausgerüstete Luftfahrzeuge haben daher immer von der Wirksamkeit einer »HX«-Kontrollzone auszugehen.

Abb. 3:
Seitliche
Grenzen der
Kontroll-
bezirke

Nahverkehrsbereich (TMA)

Der Nahverkehrsbereich (TMA = Terminal Control Area) dient der sicheren Überleitung des IFR-Verkehrs vom Streckenflug auf den Landeanflug und vom Abflug auf den Streckenflug.

Seine Abmessungen richten sich nach den örtlichen Gegebenheiten eines Flughafens (Art und Umfang des Verkehrs, Lage der Navigationsanlagen, benachbarte Flugplätze, An- und Abflugwege u.a.). Nahverkehrsbereiche haben daher unterschiedlichste horizontale Ausdehnungen. Einem einheitlichen Schema unterliegen jedoch die vertikalen Grenzen. Die Obergrenze des Nahbereiches endet bei 2500 ft GND. Die Untergrenzen sind nach Sektoren gestaffelt (Abb. 2). Sektor A beginnt ab 1000 ft GND (in der ICAO-Karte umrandet mit roter Schummerung und blauem Außenstrich) und Sektor B ab 1700 ft GND (in der ICAO-Karte umrandet mit hellblauer Schummerung und blauem Außenstrich). Zu beachten ist bei den Untergrenzen, dass sie dem topografischen Verlauf der Erdoberfläche folgen.

Beschränkungs- und Sperrgebiete

Während kontrollierte Lufträume der Kontrolle des Flugverkehrs dienen, haben Gebiete mit Flugbeschränkungen und Luftsperrgebiete nach § 11 LuftVO die Aufgabe der Gefahrenabwehr.

Flugbeschränkungsgebiet (ED-R)

Diese häufigste Art der Flugbeschränkungsgebiete (ED-R = Europa Deutschland – Restricted Areas) existieren in erster Linie dort, wo der Luftverkehr vor militärischen Aktivitäten (Schießplätze, Truppenübungsplätze, Fallschirmabsprunggelände) zu schützen ist. In der ICAO-Karte ist sie mit »ED-R ... (Nr.)« gekennzeichnet und blau umrandet (Schraffur und Außenstrich).

In den horizontalen und vertikalen Abmessungen richten sich die Flugbeschränkungsgebiete nach den jeweiligen Gegebenheiten. Ihre zeitliche Wirksamkeit ist ebenfalls unterschiedlich. Einige sind immer aktiv (im Luftfahrthandbuch »H 24« = 24 Stunden), andere nur an Werktagen. Die zeitliche Wirksamkeit kann aus den ICAO-Karten nicht entnommen werden. Sie ist im Luftfahrthandbuch Deutschland veröffentlicht. Sie kann auch beim Flugberatungsdienst erfragt werden.

Für alle Flugbeschränkungsgebiete gilt für die Dauer ihrer Wirksamkeit ein generelles Durchflugverbot. Für Einzelfälle kann die zuständige Flugsicherungsstelle eine Durchfluggenehmigung erteilen.

Gefahrengebiet (ED-D)

Gefahrengebiete (ED-D = Europa Deutschland – Danger Areas) haben wie Flugbeschränkungsgebiete unterschiedlichste Abmessungen. Sie finden sich in Küstengebieten über Küstenschießplätzen und tragen die Bezeichnung »ED-D ... (Nr.)« (D = Danger). Die derzeit eingerichteten Gefahrengebiete beginnen alle auf Meereshöhe (MSL) und reichen sehr hoch, teils bis 48 000 ft MSL. Ihre Wirksamkeit ist meist an Wochenenden und Feiertagen aufgehoben.

Im Gegensatz zu den ED-R-Gebieten können Gefahrengebiete auf eigenes Risiko jederzeit durchflogen werden. Die Gefahrengebiete sind in der ICAO-Karte wie ED-R-Gebiete blau umrandet (Schraffur und Außenstrich).

Gebiete mit Transponderpflicht (TMZ)

Derzeit müssen in den Gebieten Friedrichshafen und Paderborn alle Luftfahrzeuge mit einem Transponder mit automatischer Höhenübermittlung ausgerüstet sein (Transponder Mandatory Zone = TMZ). Ausnahmen können von der zuständigen Flugsicherungsstelle zugelassen werden, wenn die Sicherheit nicht beeinträchtigt wird.

Segelflugbeschränkungsgebiete

In Segelflugbeschränkungsgebieten (Glider Restriction Aeas) ist der Betrieb von Segelflugzeugen untersagt und damit wegen der ähnlichen Betriebsart auch der von Hängegleitern und Gleitseglern, soweit nicht durch die zuständige Flugsicherungsstelle Ausnahmen zugelassen sind. Diese Ausnahmen sehen in der Regel vor, dass Freigaben bei der Flugverkehrskontrollstelle einzuholen sind. Führer von Segelflugzeugen, Hängegleitern und Gleitsegel müssen auf vereinbarten Flugfunkfrequenzen während des Fluges im Segelflugbeschränkungsgebiet in Hörbereitschaft bleiben.

Luftsperrgebiet (ED-P)

Durch Luftsperrgebiete ED-P (= Europa Deutschland – Prohibited Areas) werden besonders geheimhaltungsbedürftige oder vor Flugunfällen dringend zu sichernde Bodenanlagen geschützt. In ein Luftsperrgebiet darf weder eingeflogen noch darf es durchflogen werden. In der Bundesrepublik Deutschland gibt es derzeit keine Luftsperrgebiete.

Militärisches Tiefflugsystem

Zu unterscheiden sind das 1000-ft-Tiefluggebiet, das sich im Höhenband zwischen 1000 ft und 1500 ft GND über fast das gesamte Bundesgebiet erstreckt, und die 250-ft-Tiefluggebiete, die bis 250 ft herunterreichen (Abb. 5). Die 1000-ft-Gebiete sind in der ICAO-Karte nicht speziell eingezeichnet, die 250-ft-Gebiete dagegen mit roten Punkten umrandet. Flüge mit militärischen Strahl-

flugzeugen erfolgen überwiegend nach Sicht und an Werktagen. Sie sind nicht an feste Strecken und Höhen gebunden. Dabei wird fast der gesamte Luftraum der Bundesrepublik Deutschland unter 1500 ft GND genützt. Es ist häufig zu beobachten, dass militärischer Tiefflug auch außerhalb der Tiefluggebiete und der Tiefflugzeiten stattfindet.

Wenn mit Tiefflügen zu rechnen ist, sollten aus Sicherheitsgründen Überlandflüge, soweit möglich und zulässig, oberhalb 1500 ft durchgeführt werden. Beim Starten und Landen sollte das Höhenband zwischen 1000 ft und 1500 ft so schnell wie möglich durchflogen werden.

Tag-Tiefflugzeiten: Nach AIP I RAC-3-3-1 von Montag bis Freitag außer den gesetzlichen Feiertagen von 30 Min. vor Sonnenaufgang (aber nicht vor 6.00 Uhr) bis Sonnenuntergang.

Zum Schutz gegen Tieflüge sind an einzelnen Flugplätzen Schutzzonen errichtet, die von Militär-Jets nicht unterhalb 1500 ft überflogen werden. Bei besonderen Anlässen (z.B. Luftfahrtveranstaltungen) werden auch andernorts zeitlich befristete Schutzzonen eingerichtet.

Auskunft zum militärischen Tiefflug erteilt die Flugbetriebs- und Informationszentrale beim Luftwaffenamt, Postfach 902 500/501/11, 51140 Köln, oder Telefon (gebührenfrei) 0130/86 20 73.

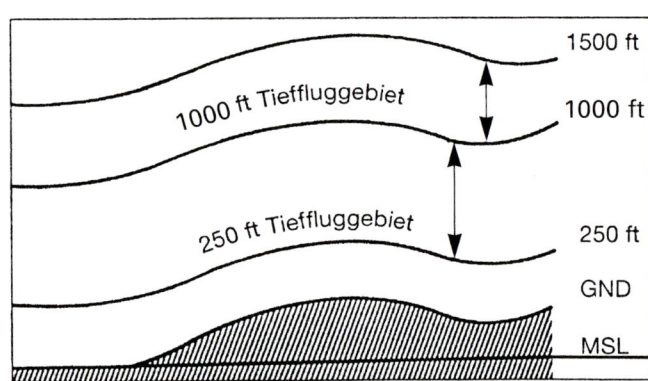

Abb. 5: Militärisches Tiefflugsystem

Beratungsstellen

Deutsche Flugsicherung GmbH (DFS)

Die Deutsche Flugsicherung GmbH ist die frühere Bundesanstalt für Flugsicherung in privater Rechtsform. Sie ist für die Kontrolle des Luftverkehrs zuständig und hat ihre Zentrale in Frankfurt und Dienststellen an den deutschen Flughäfen. Die dortigen Mitarbeiter sind die Fluglotsen. Die Dienststellen werden auch »Flugsicherungsstellen«, »Flugsicherung« oder »FS« genannt.

Fluginformationsdienst (FIS)

Der Fluginformationsdienst (FIS = Flight Information Service) der DFS steht für alle Flüge zur Verfügung, sofern Sprechfunkverbindung besteht. Er umfasst vor allem allgemeine Flugverkehrshinweise, Informationen über Wetter und Flugplätze sowie Navigationswarnungen.

Die regionale Aufteilung der Fluginformationsdienste stimmt mit der der Kontrollbezirke überein. Dienststellen bestehen daher auf den Flughäfen Berlin, Bremen, Düsseldorf, Frankfurt/Main und München. Zusätzlich wird durch die örtlichen Flugsicherungsstellen an den Flughäfen Hamburg, Hannover, Nürnberg und Stuttgart innerhalb der zugehörigen Nahverkehrsbereiche (TMA) Fluginformationsdienst durchgeführt.

Flugberatungsdienst (AIS)

Der Flugberatungsdienst (AIS = Aeronautical Information Service) ist ein Service der DFS. Er besteht an allen Verkehrsflughäfen. Beim Flugberatungsdienst werden die jeweils aktuellsten Unterlagen vorgehalten, insbesondere die NOTAMs Klasse I und Klasse II, die Nachrichten für Luftfahrer (NfL) und das Luftfahrthandbuch Deutschland (AIP).

Die Beratung steht auch den Drachen- und Gleitschirmfliegern zur Verfügung. Sie kann fernmündlich oder schriftlich erfolgen, sodass die Dienststelle nicht aufgesucht werden muss.

Deutscher Wetterdienst (DWD)

Auf allen Verkehrsflughäfen unterhält der Deutsche Wetterdienst (DWD) Flugwetterwarten, deren Dienstleistungen auch dem Gleitsegelpiloten offen stehen. Normalerweise wird die Flugwetterberatung in den Büros der Flugwetterwarten durchgeführt. Daneben besteht die Möglichkeit einer fernmündlichen Beratung.

Die Telefonanschlüsse des Flugberatungsdienstes AIS sind:

Ort	Telefon	Telefax
Berlin-Schönefeld	030/60 91 82 46, 82 50	030/60 91 82 49
Berlin-Tegel	030/41 01 38 11	030/41 01 38 38
Berlin-Tempelhof	030/69 51 34 28	030/69 51 28 76
Dresden	069/78 07 25 00	069/78 07 25 05
Erfurt	069/78 07 25 00	069/78 07 25 05
Leipzig/Halle	069/78 07 25 00	069/78 07 25 05
Bremen	0421/53 72 131, 132	0421/53 60 812
Hamburg	040/50 75 23 87 oder 88	040/50 75 36 87
Hannover	0511/72 42 60	0511/72 42 721
Düsseldorf	0211/42 28 480	0211/42 28 444
Köln/Bonn	02203/57 07 134	02203/59 10 90
Münster/Osnabrück	02571/93 95 33	02571/92 10 15
Frankfurt/Main	069/78 07 25 00	069/78 07 25 05
Saarbrücken	069/78 07 25 00	069/78 07 25 05
Stuttgart	0711/79 77 670	0711/79 77 656
München	089/97 80 350 bis 352	089/97 01 424
Nürnberg	0911/36 05 91 35	0911/36 05 94 07
NOTAM-Zentrale	069/78 07 26 57	069/78 96 806

Neben der individuellen Flugwetterberatung stellt der Deutsche Wetterdienst für Sichtflieger zusätzlich die automatische Flugwetteransage (AFWA/GAFOR = General Aviation Forecast) zur Verfügung. Die **GAFOR**-Berichte werden getrennt für den Norden Deutschlands (Gebiete 1–87) und den Süden (Gebiete 24–84) mit einem Überlappungsbereich in der Mitte (24–47) täglich mehrmals herausgegeben (Abb. 6).

Die Ansagen enthalten für jedes Gebiet folgende Angaben: Gültigkeitsdauer, Charakterisierung der Wetterlage in Kurzform mit Hinweis auf die Thermik für den Segelflug (April bis Oktober), Höhenwinde für die Höhen 1500, 3000, 5000 und 10 000 ft MSL, Höhe der Null-Grad-Grenze, Sichtflugmöglichkeiten in den einzelnen Vorhersagegebieten sowie die Zeit der nächsten planmäßigen Aufsprache.

Die Sichtflugmöglichkeiten werden für jeweils drei aufeinander folgende 2-Stunden-Perioden in fünf verschiedenen Sichtflugstufen unterschieden:

CHARLIE = C (clear, frei)
OSCAR = O (open, offen)
DELTA = D (difficult, schwierig)
MIKE = M (marginal, kritisch)
X-RAY = X (closed, kein Sichtflug)

Die Stufen D und M sind durch zusätzliche Ziffern noch differenziert. Weitere Einzelheiten zu den Aufsagezeiten, den Sichtflugstufen etc. sind in der Schrift »Regionale Flugklimatologie« des Deutschen Wetterdienstes in Frankfurt/Main ausführlich beschrieben. Telefon- und Faxnummern für GAFOR und die Segelflug-Wettervorhersage auf Seite 100.

Abb. 6: GAFOR-Gebiete

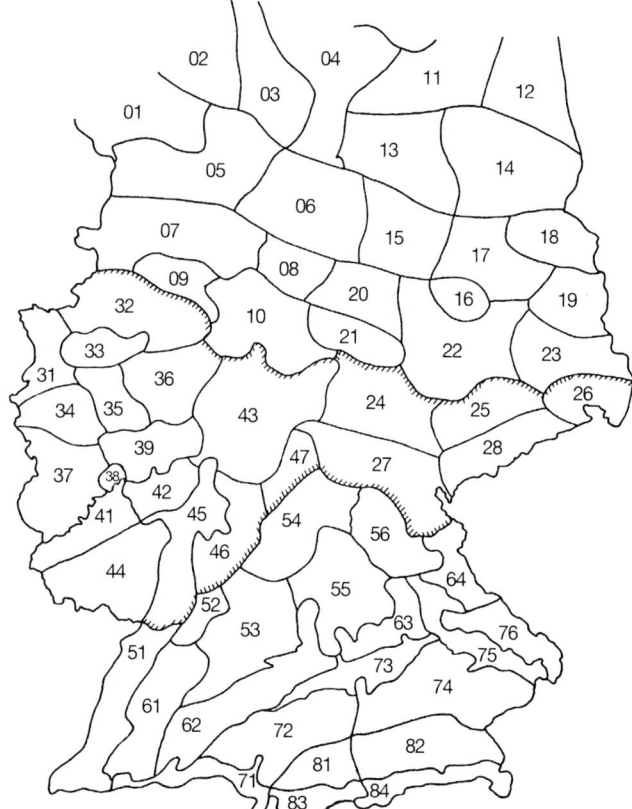

Besonderheiten für Überlandflüge

Der Überlandflug ist nach § 3a LuftVO ein Flug, der über die Umgebung des Flugplatzes hinausführt. »Ein Flug führt über die Umgebung eines Flugplatzes hinaus, wenn der Luftfahrzeugführer den Verkehr in der Platzrunde nicht mehr beobachten kann.«

Voraussetzungen für den Piloten

Der Pilot benötigt für die Durchführung von Überlandflügen den unbeschränkten Luftfahrerschein (B-Lizenz) für Luftsportgeräteführer. Voraussetzungen nach § 42 und § 44 LuftPersV sind eine weitere Ausbildung und Prüfung in den Fachgebieten Luftrecht, Luftverkehrs- und Flugsicherungsvorschriften, Navigation und Meteorologie sowie als »Wahlfach« im Flugfunk. Als flugpraktische Voraussetzungen hat er eine Flugerfahrung von mindestens 20 von einer Flugschule bestätigten

Höhenflügen als Alleinflüge mit beliebiger Startart, davon mindestens zehn mit mehr als 30 Minuten Flugdauer auf mindestens zwei verschiedenen Geländen sowie Flugübungen gemäß Lehrplan unter Anleitung und Aufsicht eines Fluglehrers nachzuweisen. Schließlich ist ein Überlandflug mit Flugauftrag nach Vorgabe des Beauftragten über eine Strecke von mindestens 10 km zu absolvieren.

Wetterinformation

LuftVO § 3a [Flugvorbereitung] (...) (2) Für einen Flug, der über die Umgebung des Startflugplatzes hinausführt (Überlandflug), (...) hat sich der Luftfahrzeugführer über die verfügbaren Flugwettermeldungen und -vorhersagen ausreichend zu unterrichten. (...)

Höhenmessereinstellung

LuftVO § 31 [Einstellung auf QNH] (1) Bei Flügen nach Sichtflugregeln (...) hat der Luftfahrzeugführer den Höhenmesser auf den QNH-Wert des zur Flugstrecke nächstgelegenen Flughafens mit Flugverkehrskontrollstelle einzustellen, wenn der Flug über die Umgebung des Startflugplatzes hinausführt. (...)

Anmerkung:
Aus dieser Vorschrift ergibt sich, dass auf jedem Überlandflug ein Höhenmesser mitzuführen ist. Anstelle der Einstellung des QNH-Wertes des nächstgelegenen Flughafens genügt bei kleinräumigen Streckenflügen mit Hängegleitern und Gleitsegeln die Einstellung der jeweiligen Startplatzhöhe.

Ausflug und Einflug

Flüge von deutschem Staatsgebiet ins Ausland und Flüge vom Ausland nach Deutschland unterliegen den passrechtlichen, steuerrechtlichen und luftrechtlichen Vorschriften. Hängegleiter und Gleitsegel sind von der luftrechtlichen Erlaubnispflicht für Ausflug und Einflug nach §§ 92 und 96 LuftVZO befreit.

Sichtflugregeln

LuftVO § 28 **[Flüge nach Sichtflugregeln in den Lufträumen mit der Klassifizierung B bis G]** (1) Flüge nach Sichtflugregeln in den Lufträumen der Klassen B bis G sind so durchzuführen, dass die in Anlage 5 enthaltenen jeweiligen Mindestwerte für Flugsicht und Abstand von Wolken nicht unterschritten werden. Flugsicht ist die Sicht in Flugrichtung aus dem Führerraum eines im Flug befindlichen Luftfahrzeuges.
(...)
Anlage 5 zur LuftVO (Auszug)
Luftraum E: Flugsicht 8 km, Abstand von Wolken in waagrechter Richtung 1,5 km, in senkrechter Richtung 300 m (1000 Fuß).
Luftraum F: In und oberhalb FL 100 Flugsicht 8 km; unterhalb FL 100 Flugsicht 5 km; jeweiliger Abstand von Wolken in waagrechter Richtung 1,5 km, in senkrechter Richtung 300 m (1000 Fuß).
Luftraum G: Dauernde Erdsicht, Flugsicht 1,5 km, Wolken dürfen nicht berührt werden.

Außenlandungen

Nur für Überlandflüge gilt nach § 16 LuftVO die Außenlandeerlaubnis als erteilt, ohne dass der Grundstückseigentümer oder der sonst Berechtigte zugestimmt haben muss.
Bei einer Außenlandung ist der Pilot verpflichtet, dem Grundstückseigentümer über Name und Anschrift von sich, vom Gerätehalter und von der Versicherung Aus-

kunft zu geben. Nach Erteilung der Auskunft ist der Grundstückseigentümer nicht berechtigt, den Abtransport des Gerätes zu verhindern. Ein entstandener Schaden ist zu ersetzen.

Flugplatzverkehr

LuftVO § 21 a **[Regelung des Flugplatzverkehrs]**
(1) Für die Durchführung des Flugplatzverkehrs können besondere Regelungen getroffen werden. (...) Die Regelungen werden in den Nachrichten für Luftfahrer bekannt gemacht.
(2) Flugplatzverkehr ist der Verkehr von Luftfahrzeugen, die sich in der Platzrunde befinden, in diese einfliegen oder sie verlassen sowie der gesamte Verkehr auf dem Rollfeld. Rollfeld sind die Start- und Landebahnen sowie die weiteren für Start und Landung bestimmten Teile eines Flugplatzes einschließlich der sie umgebenden Schutzstreifen und die Rollbahnen sowie die weiteren zum Rollen bestimmten Teile eines Flugplatzes außerhalb des Vorfeldes; das Vorfeld ist nicht Bestandteil des Rollfeldes.
(3) Gleichzeitiger Flugplatzverkehr von Luftsportgeräten und anderen Luftfahrzeugen bedarf der Zustimmung der zuständigen Luftaufsichtsstelle oder der Flugleiltung.
(4) Auf Flugplätzen oder Geländen, die ausschließlich dem Betrieb von Luftsportgeräten dienen, gelten die Regelungen der Flugbetriebsordnung für Luftsportgeräte des Beauftragten. Absatz 3 ist sinngemäß anzuwenden.

LuftVO § 22 **[Flugbetrieb auf einem Flugplatz und in dessen Umgebung]** (1) Wer ein Luftfahrzeug auf einem Flugplatz oder in dessen Umgebung führt, ist verpflichtet,
1. die in den Nachrichten für Luftfahrer bekannt gemachten Anordnungen der Luftfahrtbehörden für den Verkehr von Luftfahrzeugen auf dem Flugplatz oder in dessen Umgebung, insbesondere die nach § 21a getroffenen besonderen Regelungen für die Durchführung des Flugplatzverkehrs zu beachten,

2. die Verfügungen der Luftaufsicht und die Anweisungen des Flugplatzunternehmers zu beachten,

3. den Flugplatzverkehr zu beobachten, um Zusammenstöße zu vermeiden,

4. sich in den Verkehrsfluss einzufügen oder sich erkennbar aus ihm herauszuhalten,

5. Richtungsänderungen in der Platzrunde, beim Landeanflug und nach dem Start in Linkskurven auszuführen, sofern nicht eine andere Regelung getroffen ist,

6. gegen den Wind zu landen und zu starten, sofern nicht Sicherheitsgründe, die Rücksicht auf den Flugbetrieb, die Ausrichtung der Start- und Landebahnen oder andere örtliche Gründe es ausschließen,

7. auf Mitteilungen durch Funk, auf Licht- und Bodensignale sowie auf Zeichen zu achten,

8. sich bei der Luftaufsichtsstelle, auf Flugplätzen ohne Luftaufsichtsstelle bei der Flugleitung zu melden und folgende Angaben zu machen:
vor dem Start:
a) das Luftfahrzeugmuster,
b) das Kennzeichen (§ 19 der Luftverkehrs-Zulassungs-Ordnung)
c) die Anzahl der Besatzungsmitglieder,
d) die Anzahl der Fluggäste,
e) die Art des Flugs,
f) bei einem Überlandflug den Zielflugplatz;
nach der Landung:
a) das Kennzeichen,
b) bei einem Überlandflug den Startflugplatz,
c) das Luftfahrzeugmuster;

9. beim Rollen Start- und Landebahnen möglichst rechtwinklig und nur dann zu kreuzen, wenn sich dort kein anderes Luftfahrzeug im Landeanflug oder im Start befindet;

10. nach der Landung die Landebahn so schnell wie möglich frei zu machen;

11. rechts neben dem Landezeichen aufzusetzen, sofern nicht eine andere Regelung getroffen ist;

12. nach dem Start unter Beachtung der flugtechnischen Sicherheit so schnell wie möglich Höhe zu gewinnen;

13. nach dem Durchstarten entsprechend Nummer 12 zu verfahren;

14. eine Flugplatzverkehrszone zu meiden, wenn nicht beabsichtigt ist, innerhalb der Flugplatzverkehrszone zu landen.

(2) Flugplatzverkehrszone ist ein um einen Flugplatz oder um mehrere Flugplätze gemeinsam zum Schutz des Flugplatzverkehrs festgelegter Luftraum von bestimmten Abmessungen. Das Bundesministerium für Verkehr, Bau- und Wohnungswesen legt die Flugplatzverkehrszonen fest und gibt sie im Verkehrsblatt –

Amtsblatt des Bundesministeriums für Verkehr, Bau- und Wohnungswesen der Bundesrepublik Deutschland – oder in den Nachrichten für Luftfahrer bekannt.

(3) Abweichungen von Absatz 1 kann die Luftaufsichts-stelle, an Flugplätzen ohne Luftaufsichtsstelle die Flug-leitung, im Einzelfall zulassen, wenn zwingende Gründe dies notwendig machen und dadurch eine Ge-fährdung der öffentlichen Sicherheit oder Ordnung, ins-besondere der Sicherheit des sonstigen Luftverkehrs, nicht zu erwarten ist.

(4) Auf Flugplätzen sind aus eigener Kraft rollende Luft-fahrzeuge gegenüber anderen Fahrzeugen und Fußgän-gern bevorrechtigt.

(5) Motoren von Luftfahrzeugen dürfen nur in Betrieb gesetzt werden, wenn sich im Führersitz sachkundige Bedienung befindet und Personen nicht gefährdet wer-den können. Der Motor darf auf Stand nur laufen, wenn außerdem das Fahrwerk genügend gesichert ist. Das Ab-bremsen der Motoren und das Abrollen von den Hallen ist so vorzunehmen, dass Gebäude, andere Luftfahrzeu-ge oder andere Fahrzeuge kein stärkerer Luftstrom trifft und Personen nicht verletzt werden können. Bei laufen-dem Motor darf sich niemand vor dem Luftfahrzeug oder in einem für die Sicherheit nicht ausreichenden Ab-stand von diesem aufhalten.

LuftVG § 25 **[Ausnahmen für Start und Landung]**
(1) (...) Sie (Luftfahrzeuge) dürfen außerdem auf Flug-plätzen
1. außerhalb der in der Flugplatzgenehmigung festge-legten Start- oder Landebahnen oder
2. außerhalb der Betriebsstunden des Flugplatzes oder
3. innerhalb von Betriebsbeschränkungszeiten für den Flugplatz
nur starten und landen, wenn der Flugplatzunterneh-mer zugestimmt und die Genehmigungsbehörde eine Erlaubnis erteilt hat. Die Erlaubnis (...) kann allgemein oder im Einzelfall erteilt, mit Auflagen verbunden und befristet werden.
(...)

Signale für den Flugplatzverkehr

LuftVO § 21 **[Signale]** (1) Beobachtet oder empfängt ein Luftfahrzeugführer Signale und Zeichen nach Anlage 2, so hat er die dort vorgesehenen Maßnahmen zu treffen. (...)

Anlage zu § 21 LuftVO, § 5 **Lichtsignale**

(1) Auf ein Luftfahrzeug im Flug gerichtete Lichtsignale bedeuten:
1. Grünes Dauersignal: Landung freigegeben;
2. Rotes Dauersignal: Platzrunde fortsetzen, anderes Luftfahrzeug hat Vorflug;
3. Grünes Blinksignal: zwecks Landung zurückkehren oder Anflug fortsetzen (Freigabe zum Landen und Rollen abwarten);
4. Rotes Blinksignal: nicht landen, Flugplatz unbenutzbar;
5. Weißes Blinksignal: auf diesem Flugplatz landen und zum Vorfeld rollen (Freigabe zum Landen und Rollen abwarten);
6. Rote Feuerwerkskörper: ungeachtet aller früheren Anweisungen und Freigaben zurzeit nicht landen.

(2) Auf ein Luftfahrzeug am Boden gerichtete Lichtsignale bedeuten:
1. Grünes Dauersignal: Start freigegeben;
2. Rotes Dauersignal: Halt;
3. Grünes Blinksignal: Rollerlaubnis erteilt;
4. Rotes Blinksignal: benutzte Landefläche frei machen;
5. Weißes Blinksignal: zum Ausgangspunkt auf dem Flugplatz zurückkehren.

(3) Empfängt ein Luftfahrzeugführer Signale nach Absatz 1, hat er diese wie folgt zu bestätigen:
1. zwischen Sonnenaufgang und Sonnenuntergang durch wechselweise Betätigung der Querruder, es sei denn, das Luftfahrzeug befindet sich im Quer- oder Endanflug zur Landung; (...)

(4) Empfängt ein Luftfahrzeugführer Signale nach Absatz 2, so hat er diese wie folgt zu bestätigen:
1. zwischen Sonnenaufgang und Sonnenuntergang durch Bewegen der Querruder oder Seitenruder. (...)

Anmerkung: Hängegleiter und Gleitsegler bestätigen durch S-Kurve.

Anlage zu § 6 **Bodensignale**

1. **Landeverbot**
   Signal: Ein in der Signalfläche ausgelegtes waagerechtes quadratisches rotes Feld mit zwei gelben Diagonalstreifen

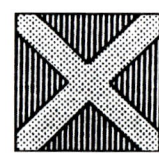

Bedeutung: Landeverbot für längere Zeit.

2. **Besondere Vorsicht beim Landeanflug und bei der Landung**
   Signal: Ein in der Signalfläche ausgelegtes waagerechtes quadratisches rotes Feld mit einem gelben Diagonalstreifen

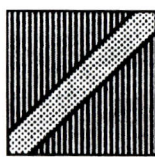

Bedeutung: Beim Landeanflug und bei der Landung ist wegen des schlechten Zustandes des Rollfeldes oder aus anderen Gründen besondere Vorsicht geboten.

3. **Benutzung der Start- und Landebahnen und der Rollbahnen**
   Signal: Eine in der Signalfläche ausgelegte waagerechte weiße Fläche in Form einer Hantel

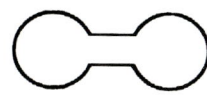

Bedeutung: Zum Starten, Landen und Rollen dürfen nur Start- und Landebahnen und Rollbahnen benutzt werden.

Signal: Eine in der Signalfläche ausgelegte waagerechte weiße Fläche in Form einer Hantel mit je einem schwarzen Streifen in den kreisförmigen Flächenteilen, wobei die Streifen im rechten Winkel zur Längsachse der Fläche liegen

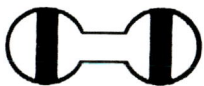

Bedeutung: Zum Starten und Landen dürfen nur die Start- und Landebahnen benutzt werden; Rollbewegungen sind nicht auf Start- und Landebahnen oder Rollbahnen beschränkt.

4. Unbenutzbarkeit des Rollfeldes
Signal: Auf dem Rollfeld ausgelegte Kreuze in weißer oder anderer auffallender Farbe

Bedeutung: Der durch die Kreuze bezeichnete oder begrenzte Teil des Rollfeldes ist nicht benutzbar.

5. Anweisungen für Start und Landung
Signal: Ein weißes oder orangefarbenes »T« (Lande-T), das bei Nacht entweder beleuchtet oder durch weiße Lichter dargestellt ist

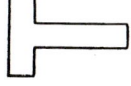

Bedeutung: Starts und Landungen sind parallel zum Längsbalken des Lande-T in Richtung auf den Querbalken durchzuführen.

Signal: Ein liegendes Tetraeder, das von der Grundfläche in Richtung auf die Spitze gesehen auf der linken Seite orangefarbig oder schwarz, auf der rechten

Seite weiß oder aluminiumfarbig ist und das bei Nacht, von der Grundfläche in Richtung auf die Spitze gesehen, durch auf der Mittellinie und der rechten Begrenzung angebrachte grüne Lichter und durch auf der linken Begrenzung angebrachte rote Lichter dargestellt ist

Bedeutung: Starts und Landungen sind in der Richtung auszuführen, in die die Spitze des Tetraeders zeigt.

Signal: Eine zweistellige Zahl auf einer Tafel, die am Kontrollturm oder in dessen Nähe senkrecht angebracht ist

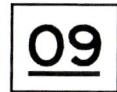

Bedeutung: Angabe der Startrichtung, abgerundet auf die nächstliegenden zehn Grad der missweisenden Kompassrose.

6. Richtungsänderung nach rechts nach dem Start und vor der Landung
Signal: Ein in der Signalfläche am Ende der Start- und Landebahn oder des Schutzstreifens waagerecht ausgelegter und nach rechts abgewinkelter Pfeil in auffallender Farbe

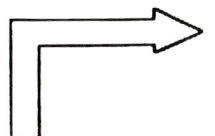

Bedeutung: Nach dem Start und vor der Landung sind Richtungsänderungen nur nach rechts erlaubt.

6a. Richtungsänderungen nach dem Start und vor der Landung bei getrennter Platzrunde für motorgetriebene Luftfahrzeuge und Segelflugzeuge
Signal: Ein in der Signalfläche oder am Ende der Start- und Landebahn oder des Schutzstreifens in Start- und Landerichtung ausgelegtes, mit einem nach rechts oder links abgewinkelten Pfeil versehenes Doppelkreuz von auffallender Farbe

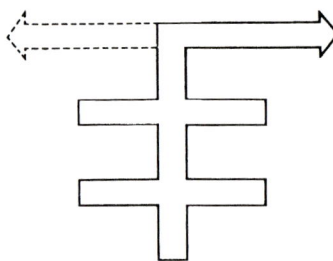

Bedeutung: Getrennte Platzrunde für motorgetriebene Luftfahrzeuge und Segelflugzeuge. Nach dem Start und vor der Landung sind Richtungsänderungen für motorgetriebene Luftfahrzeuge nur in Pfeilrichtung, für Segelflugzeuge nur entgegengesetzt erlaubt.

7. Abgabe von Flugsicherungsmeldungen

Signal: Der Buchstabe »C« in Schwarz auf einer senkrecht angebrachten gelben Tafel

Bedeutung: Flugsicherungsmeldungen sind an der so bezeichneten Stelle abzugeben.

8. Segelflugbetrieb

Signal: Ein in der Signalfläche waagerecht ausgelegtes weißes Doppelkreuz

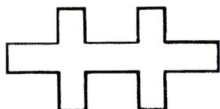

Bedeutung: Am Flugplatz wird Segelflugbetrieb durchgeführt.

Straf- und Bußgeldvorschriften

LuftVG § 60 **[Straftatbestände]** (1) Wer
(...)
2. ein Luftfahrzeug ohne die Erlaubnis nach § 4 Abs. 1 führt oder bedient, (...) wird mit Freiheitsstrafe bis zu zwei Jahren oder mit Geldstrafe bestraft.

(2) Wer die Tat fahrlässig begeht, wird mit Freiheitsstrafe bis zu sechs Monaten oder mit Geldstrafe bis zu einhundertachtzig Tagessätzen bestraft.

LuftVG § 62 **[Luftgebietsverletzung]** (1) Wer als Führer eines Luftfahrzeuges den Anordnungen über Luftsperrgebiete und Gebiete mit Flugbeschränkungen zuwiderhandelt, wird mit Freiheitsstrafe bis zu zwei Jahren oder mit Geldstrafe bestraft, wenn die Tat nicht in anderen Vorschriften mit schwererer Strafe bedroht ist.
(2) Wer die Tat fahrlässig begeht, wird mit Freiheitsstrafe bis zu sechs Monaten oder mit Geldstrafe bis zu einhundertachtzig Tagessätzen bestraft.

LuftVG § 58 **[Ordnungswidrigkeiten]** (1) Ordnungswidrig handelt, wer vorsätzlich oder fahrlässig (...)
8a. als Führer eines Luftfahrzeugs entgegen § 25 Abs. 1 Satz 2 Nr. 2 oder 3 startet oder landet;
9. sich der Pflicht zur Auskunfterteilung nach § 25 Abs. 2 entzieht; (...)

LuftVO § 43 Ordnungswidrig im Sinne des § 58 Abs. 1 Nr. 10 des Luftverkehrsgesetzes handelt, wer vorsätzlich oder fahrlässig
1. als Teilnehmer am Luftverkehr entgegen § 1 Abs. 1 sich so verhält, dass ein anderer gefährdet, geschädigt oder mehr als nach den Umständen unvermeidbar behindert oder belästigt wird;
2. entgegen § 1 Abs. 2 Lärm bei dem Betrieb eines Luftfahrzeugs verursacht, der stärker ist, als es die ordnungsgemäße Führung oder Bedienung unvermeidbar erfordert;
3. entgegen § 1 Abs. 3 ein Luftfahrzeug führt oder als anderes Besatzungsmitglied tätig wird, obwohl er infolge des Genusses alkoholischer Getränke oder anderer berauschender Mittel oder infolge geistiger oder körperlicher Mängel in der Wahrnehmung seiner Aufgaben behindert ist, wenn die Tat nicht in den §§ 315a und 316 des Strafgesetzbuchs mit Strafe bedroht ist;

4. entgegen § 2 Abs. 1 ein Luftfahrzeug während des Flugs oder am Boden führt, ohne verantwortlicher Luftfahrzeugführer zu sein;

5. einer Vorschrift des § 3 über die Pflichten des Luftfahrzeugführers zuwiderhandelt;

6. entgegen § 3a Abs. 1 oder 2 die Flugvorbereitung nicht oder nicht ordnungsgemäß durchführt;

10. als Halter, Führer oder anderes Besatzungsmitglied entgegen § 5 Abs. 1, 2, 3 oder 5 Störungen bei dem Betrieb eines Luftfahrzeugs nicht, nicht rechtzeitig oder nicht ordnungsgemäß anzeigt;

11. entgegen § 6 Abs. 1 die Sicherheitsmindesthöhe unterschreitet, entgegen § 6 Abs. 2 Brücken oder ähnliche Bauten, Freileitungen oder Antennen unterfliegt oder entgegen § 6 Abs. 3 Satz 1 einen Überlandflug durchführt;

12. entgegen § 7 Abs. 1 Gegenstände oder sonstige Stoffe abwirft oder ablässt;

13. entgegen § 8 Kunstflüge ausführt;

14. entgegen § 9 Abs. 1, 2 oder 5 Schlepp- oder Reklameflüge ausführt;

15. gegen die Auflage einer Erlaubnis nach § 9 Abs. 3 Satz 1 oder 14 verstößt;

18. einer Vorschrift des § 12 oder § 19 Abs. 1 zur Vermeidung von Zusammenstößen zuwiderhandelt;

19. eine Ausweichregel des § 13 nicht befolgt;

19a. ohne Erlaubnis nach § 15 Abs. 1 Satz 1 oder § 16 Abs. 3a Satz 2 startet oder landet;

20. einer Vorschrift des § 16 Abs. 1 bis 3, 5 oder 6 Satz 1 über den Aufstieg von Ballonen, Drachen, Flugmodellen oder Flugkörpern mit Eigenantrieb zuwiderhandelt oder gegen die Auflagen einer ihm nach diesen Vorschriften erteilten Erlaubnis verstößt;

21. entgegen § 16a Abs. 1 eine Flugverkehrskontrollfreigabe nicht einholt;

25. einer Vorschrift des § 21 über Signale und Zeichen zuwiderhandelt;

28. einer Vorschrift des § 26a Abs. 1 oder 2 Satz 1 über den Funkverkehr zuwiderhandelt;

31. einer Vorschrift des § 28 Abs. 1 Satz 1, 2 Satz 1 oder 4 Satz 1, § 31 Abs. 1, 2 oder 4, § 32 oder § 33 über Flüge nach Sichtflugregeln zuwiderhandelt. (…)

LuftVZO § 108 Ordnungswidrig im Sinne des § 58 Abs. 1 Nr. 10 des Luftverkehrsgesetzes handelt, wer vorsätzlich oder fahrlässig

1. als Halter von Luftfahrtgerät
   a) entgegen § 11 Abs. 1 Mängel nicht unverzüglich anzeigt,

4. als Leiter eines Ausbildungsbetriebes entgegen
   a) § 24 Abs. 1 oder 3 einen Bewerber ausbildet,
   b) § 24 Abs. 4 die vorgeschriebene Meldung nicht rechtzeitig erstattet,
   c) § 33 Abs. 3 die vorgeschriebenen Mitteilungen nicht macht,
   d) § 35 mit der Ausbildung beginnt, ehe die zuständige Stelle dies gestattet;

5. als Führer eines Luftfahrzeuges entgegen
   e) § 103 Abs. 5 Satz 2 die Bescheinigung über die Haftpflichtversicherung beim Betrieb des Luftfahrzeugs nicht mitführt;

6. als Angehöriger des Luftfahrtpersonals
   a) entgegen § 26 Abs. 2 Satz 3 oder § 28 Abs. 4 Satz 5 den Luftfahrerschein oder Ausweis über die Anerkennung nicht mitführt,

8. entgegen § 46 Abs. 4, § 53 Abs. 2 Satz 2 oder § 59 Satz 2 unbefugt Flugplätze betritt;

11. entgegen § 81 Abs. 1 oder 2 Bodenfunkstellen für den Sprechfunkverkehr im Flugfunkdienst oder besondere Geräte zur Flugsicherung, namentlich Funknavigationseinrichtungen, ohne die erforderliche Zustimmung einrichtet oder betreibt; (…)

Flugfunk

Der Flugfunk durch Luftsportgerätepiloten wird im »beweglichen Flugfunkdienst« abgewickelt. Das ist die Sprechverbindung zwischen Luftfahrzeugen (Luftfunkstellen) untereinander oder zwischen Luftfunkstellen und Bodenfunkstellen. Die Bodenfunkstellen sind ortsfest an Flugplätzen oder in Rückholfahrzeugen.

Funkwellen

Von einem Sender werden elektromagnetische Wellen in den Raum abgestrahlt und von Empfängern aufgenommen. Die abgestrahlte Energie nimmt mit zunehmender Entfernung vom Sender ab und wird außerdem durch Berge, Wald, Gebäude, aber auch durch elektrische Störquellen wie Hochspannungsleitungen und Gewitter abgeschirmt bzw. gestört.

Ausbreitungseigenschaften und Störanfälligkeit von Funkwellen, der technische Aufwand für die Sender und damit die Brauchbarkeit für den Flugfunk hängen stark von der Wellenlänge (Frequenz) ab. Lang-, Mittel- und Kurzwellen werden bei ihrer Ausbreitung im Raum von

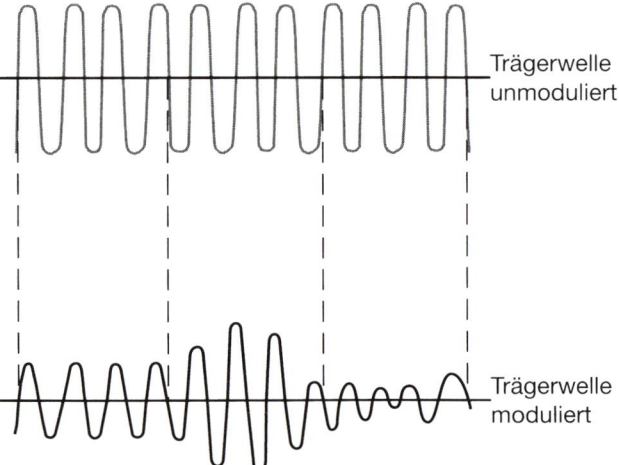

Amplitudenmodulation: Die Frequenz bleibt gleich, die Wellenhöhe (Amplitude) wird geändert.

Ionosphäre und Erdoberfläche reflektiert. Sie legen dabei große Entfernungen zurück, sind dadurch aber erheblichen Störeinflüssen ausgesetzt und deshalb für den Flugfunk, der auf eine zuverlässige und direkte Sprechverbindung angewiesen ist, nicht geeignet.

Die Ultrakurzwellen (UKW) werden in nur sehr geringem Umfang reflektiert und können grundsätzlich nur an Orten empfangen werden, von denen eine »Quasi-Sichtverbindung« zum Sender besteht, wo also zwischen Sender und Empfänger keine größeren Hindernisse liegen.

Die UKW-Verbindungen reichen nur über relativ kurze Entfernung, haben aber eine sichere Empfangsqualität und erfordern einen vergleichsweise geringen technischen Aufwand. Der gesamte Flugfunk läuft deshalb über Ultrakurzwellen ab.

Die Funkwelle selbst ist nur eine Trägerwelle mit hoher Frequenz. Für die Übermittlung von Nachrichten wird auf diese Trägerwelle eine niederfrequente Schwingung aufgebracht (Modulation).

Vorschriften

Der Funkbetrieb kann nur funktionieren, wenn er nicht durch technisch mangelhafte oder überstarke Sender gestört wird und wenn die beteiligten Personen durch disziplinierte Einhaltung der Sprechregeln die vorhandenen Frequenzen nur im notwendigen Mindestumfang belegen. Um dies zu gewährleisten, ist der Funkverkehr durch verschiedene Vorschriften reglementiert. Das **Luftverkehrsgesetz (LuftVG)** ist die Rechtsgrundlage für die luftrechtlichen Verordnungen und verbietet das unerlaubte Mitnehmen von Funkgeräten in Luftfahrzeugen. Die Flugfunkverordnung (FlugfunkV) ist die zentrale Vorschrift für den Flugfunk. Sie legt fest, welches Flugfunkzeugnis in den Lufträumen B, C und D erforderlich ist.

Die LuftVO enthält im § 26a eine Vorschrift für den Funkverkehr:

LuftVO § 26a

(1) Der Funkverkehr wird als Sprechfunkverkehr im Flugfunkdienst durchgeführt. Hierbei sind die nach Absatz 3 festgelegten Verfahren anzuwenden.

(2) Der Luftfahrzeugführer hat in den in Anlage 5 beschriebenen Fällen eine dauernde Hörbereitschaft auf der nach Absatz 3 festgelegten Funkfrequenz der zuständigen Flugverkehrskontrollstelle aufrechtzuerhalten und im Bedarfsfall einen Funkverkehr mit ihr herzustellen. Das Flugsicherungsunternehmen kann Ausnahmen zulassen.

(3) Die Funkfrequenzen der Flugverkehrskontrollstellen und die Funkfrequenzen der Bodenfunkstellen für den Sprechfunkverkehr im Flugfunkdienst, die nicht von dem Flugsicherungsunternehmen betrieben werden, sowie die Sprechfunkverfahren und die Verfahren bei Ausfall der Funkverbindung werden von dem Flugsicherungsunternehmen festgelegt und im Verkehrsblatt – Amtsblatt des Bundesministeriums für Verkehr, Bau- und Wohnungswesen der Bundesrepublik Deutschland – oder in den Nachrichten für Luftfahrer bekannt gemacht.

Weitere wesentliche Vorschriften sind die Luftverkehrs-Zulassungs-Ordnung (LuftVZO) für die Zulassung der Flugfunkgeräte, die Verordnung über Flugfunkzeugnisse und die Verordnung über Luftfahrtpersonal (LuftPersV) für die Flugfunkberechtigung, die Prüfordnung für Luftfahrtgeräte (LuftGerPO) für die technische Prüfung, die Betriebsordnung für Luftfahrtgerät (LuftBo) für die Instandhaltung.

Berechtigung

Für die Luftsportgeräteführer ist die Berechtigung zur Ausübung des Flugfunkdienstes in der Verordnung über Luftfahrtpersonal (LuftPersV) festgelegt. Sie benötigen kein vom Bundesamt für Post und Telekommunikation ausgestelltes Flugfunkzeugnis (BZF) außerhalb der Lufträume B, C und D; dessen Erwerb steht dem Piloten frei.

§ 44 LuftPersV Abs. 2 regelt den Eintrag der Flugfunkberechtigung für Luftsportgeräteführer in der Pilotenlizenz: »Die Lizenz umfasst die Ausübung des Flugfunkdienstes außerhalb von Lufträumen der Klassen B, C und D, wenn die entsprechende Ausbildung erfolgreich durchgeführt worden ist.«

§ 42 LuftPersV Abs. 3 ist Grundlage der Ausbildung für die Flugfunkberechtigung:

»Die theoretische Ausbildung umfasst die Sachgebiete des beweglichen Flugfunkdienstes und die Durchführung des Sprechfunkverkehrs bei Flügen nach Sichtflugregeln.«

Die Flugfunkprüfung besteht aus einem theoretischen Teil und einer praktischen Sprechprüfung. Die Berechtigung zur Ausübung des Flugfunkdienstes wird für Hängegleiter- und Gleitsegelpiloten vom Deutschen Hängegleiterverband (DHV) in den Luftfahrerschein eingetragen.

Der Eintrag im Luftfahrerschein durch den DHV berechtigt den Luftsportgeräteführer zur Ausübung des Flugfunkdienstes, es sei denn, er betreibt sein Fluggerät in den Lufträumen B, C und D, dort würde er zumindest ein BZF II (deutsche Sprache) benötigen. Dies regelt § 1 FlugfunkV:

FlugfunkV § 1

Allgemeines

(1) Zur Ausübung des Flugfunkdienstes bei Boden- und Luftfunkstellen der Bundesrepublik Deutschland bedarf es eines gültigen, von der Regulierungsbehörde für Telekommunikation und Post oder vom Bundesamt für Post und Telekommunikation oder vor dem In-Kraft-Treten dieser Verordnung von der Deutschen Bundespost oder der Deutschen Post der Deutschen Demokratischen Republik ausgestellten oder anerkannten Flugfunkzeugnisses.

(2) Ausgenommen hiervon ist die Ausübung des Flugfunkdienstes

1. bei Luftfunkstellen an Bord von Freiballonen, Luftsportgeräten und Segelflugzeugen, soweit sie nicht in Lufträumen der Klassen B, C und D betrieben werden;

2. bei Luftfunkstellen an Bord von Luftfahrzeugen, die bei der Ausbildung von Luftfahrtpersonal verwendet werden;

3. bei Funkstellen in Kraftfahrzeugen, die ausschließlich für die Verbindung mit Luftfunkstellen in Freiballonen, Luftsportgeräten und Segelflugzeugen betrieben werden;

4. bei Bodenfunkstellen, die ausschließlich für die Übermittlung von Flugbetriebsmeldungen eingesetzt werden;

5. nach Maßgabe des § 2 Abs. 3 dieser Verordnung.
Nach diesem Paragraf bedarf es keiner Berechtigung zur Ausübung des Flugfunkdienstes für die Ausbildung. Ebenso können Funkstellen in Rückhol-Kraftfahrzeugen ohne Berechtigung betrieben werden, die ausschließlich für die Verbindung mit Segelflugzeugen, Freiballonen und Luftsportgeräten eingesetzt werden.

Flugfunkgerät

Ein Funkgerät darf in Luftsportgeräten nur benutzt werden, wenn folgende Voraussetzungen erfüllt sind:
In der **Baumusterprüfung** durch das Bundesamt für Zulassung in der Telekommunikation (BZT) wird die generelle Tauglichkeit als Funkgerät geprüft und gegebenenfalls durch die Erteilung der BZT-Nummer am Gerät bestätigt.
In einer zusätzlichen Musterzulassung durch das Luftfahrt-Bundesamt oder die Deutsche Flugsicherung GmbH wird festgestellt, dass das Funkgerät für die speziellen Anforderungen im Luftfahrzeug taugt. Das wird am Gerät durch Erteilung einer weiteren Prüfnummer dokumentiert.
Für die Inbetriebnahme als Luftfunkstelle im Fluggerät (und als Bodenfunkstelle in Rückholfahrzeugen) ist die **Genehmigung** der Deutschen TELEKOM erforderlich. Die Anträge sind bei dem für den Wohnsitz des Antragstellers zuständigen Fernmeldeamt einzureichen. Über die Genehmigung wird eine Urkunde ausgestellt, die stets mitzuführen ist.
Für die Frequenznutzung werden Gebühren berechnet. Die Genehmigung wird nur für Fluggeräte mit einem Kennzeichen erteilt. Das Kennzeichen ist zugleich das Rufzeichen im Funkbetrieb. Deshalb muss das Kennzeichen vor dem Genehmigungsantrag vom Beauftragten erteilt und am Fluggerät angebracht sein.
Änderungen an genehmigten Luft- oder Bodenfunkstellen bedürfen der vorherigen Genehmigung.

Funkfrequenzen

Die Internationale Fernmeldeunion (UIT), eine UN-Sonderorganisation, hat weltweit die Funkfrequenzen zugewiesen. Zu diesem Zweck wurde die Erde in drei Regionen unterteilt, wobei Deutschland in der Region 1 liegt (Europa, Mittelmeer, Afrika, asiatischer Teil der ehemaligen Sowjetunion und der Mongolei).

Für den beweglichen Flugfunkdienst in Luftfahrzeugen werden die einzelnen Frequenzen von der Internationalen Luftfahrtorganisation ICAO koordiniert und den einzelnen Mitgliedsstaaten zugeteilt. Durch die Koordinierung sollen gegenseitige Überschneidungen vermieden werden.

Für den Funksprechverkehr in Deutschland stehen die Frequenzen von 117,975 MHz bis 137 MHz zur Verfügung. Zwischen den einzelnen Frequenzen liegen jeweils 25 kHz (1 kHz = 0,001 MHz bzw. 8,33 kHz Kanalabstand). Die Flugfunkgeräte sind entsprechend »gerastert«.

Die wichtigsten Einzelfrequenzen für den allgemeinen Luftverkehr sind in den ICAO-Luftfahrtkarten eingetragen, so die Frequenzen für den Fluginformationsdienst FIS, VOLMET, ATIS und die Flugplätze.

Frequenzen der Flugsicherung

Der Deutschen Flugsicherung GmbH (DFS) wurden für die von ihr betriebenen Bodenfunkstellen bestimmte Einzelfrequenzen zugeteilt. Mit diesen Frequenzen arbeiten die Fluginformationsdienste und die Flugverkehrskontrollstellen (Fluglotsen). Sie sind in der AIP veröffentlicht.

Flugplatz-Frequenzen

Zahlreichen Landeplätzen und Segelfluggeländen, auf denen sich keine Flugverkehrskontrollstelle befindet, sind eigene Platzfrequenzen zugeteilt worden. Die Nutzungsbereiche für diese Frequenzen sind beschränkt auf 15 sm Radius (28 km) und eine maximale Höhe von 3000 ft, bei wenigen Frequenzen auf 25 sm (47 km) und maximal 4000 ft.

Frequenzen für den Luftsport

Speziell für den Luftsport sind einzelne funktionsgebundene Sonderfrequenzen festgelegt. Im jeweiligen Funktionsbereich dürfen nur die festgelegten Frequenzen benutzt werden.

1. Für den Motorflugbetrieb
   Ausbildungs- und Übungsbetrieb, sofern es sich um Flugplatzverkehr handelt   122,300 MHz

2. Für den Hängegleiter-, Gleitflugzeug- und Ultraleichtflugzeugbetrieb
   a) Ausbildungs- und Übungsbetrieb   123,425 MHz
   b) außer Ausbildungs- und Übungsbetrieb   120,975 MHz

3. Für den Segelflugbetrieb
   a) Ausbildungs- und Übungsbetrieb, sofern es sich um Flugplatzverkehr handelt   123,500 MHz
   b) Überlandstreckenflüge   122,550 MHz
   c) Ausbildungs- und Übungsbetrieb, sofern es sich nicht um Flugplatzverkehr handelt   123,150 MHz
   d) Segelflugbetrieb, außer Ausbildungs- und Übungsbetrieb   123,350 MHz
   e) Begleit- und Rückholbetrieb   123,400 MHz

4. Für den Freiballonsport   122,250 MHz

Internationale Notfrequenz

Die Frequenz 121,500 MHz ist international die Notfrequenz der Luftfahrt. Die Benutzung der Notfrequenz ist außer in Notfällen auch bei Ausfall aller anderen Frequenzen gestattet.

Informationsdienste

Im **Fluginformationsdienst (FIS)** gibt der DFS-Mitarbeiter Auskünfte über das Wetter, die Situation an Flugplätzen sowie den Flugverkehr.

Die Fluginformationszentralen sind in Berlin, Bremen, Düsseldorf, Frankfurt/Main und München. Rufzeichen ist die Ortsbezeichnung und dann das Wort Information, z.B. »München Information«.

ATIS (Automatical Terminal Information Service) gibt über Tonband Landeinformationen für den jeweiligen Flughafen, u.a. über Windrichtung, Stärke sowie wesentliche Änderungen, über Sicht, gegenwärtiges Wetter, Wolkenbedeckung, Wolkenart und Wolkenuntergrenze, über Temperatur, Taupunkt, QNH, über den Trend und wichtige Wettererscheinungen im An- und Abflugbereich. Die Ansage erfolgt in englischer Sprache.

VOLMET (Meteorological Broadcast) verbreitet in englischer Sprache im Flugrundfunkdienst Wettermeldungen und Wettervorhersagen für die in der Fluginformationsregion (FIR – Flight Information Region) gelegenen Flughäfen und die Ausweichplätze.

Die Frequenzen sind auf der ICAO-Karte und in der AIP zu finden.

Störungsfreier Funkverkehr

Für den Luftverkehr und insbesondere für den Luftsport sind nur wenige Frequenzen bereitgestellt und durch die hohe Benutzerzahl stark belastet. Jede Frequenz kann gleichzeitig immer nur von einem einzelnen Piloten (Sender) benutzt werden.

Es liegt deshalb im Interesse aller am Funkverkehr Beteiligten, für einen funktionierenden Funkverkehr zu sorgen – Funkdisziplin!

Wichtige Maßnahmen

- Ausschließlich die jeweils zugelassene Frequenz benutzen.
- Nur notwendige Meldungen abgeben, die Sendezeit möglichst kurz halten.
- Die Frequenz nicht durch Dauerdrücken der Sprechtaste blockieren, im Wechselverkehr sprechen.
- Die den Flugplätzen zugeordneten Radien und Maximalhöhen beachten.
- Stets das Kennzeichen als Kennung verwenden.
- Die vorgeschriebenen Verfahren und Sprechgruppen anwenden.
- Kein Missbrauch von Not- und Dringlichkeitsmeldungen. Notfrequenz für die Bedarfsfälle frei halten!

Fernmeldegeheimnis

Auch der Betrieb der privaten Flugfunkgeräte unterliegt dem Fernmeldegeheimnis. Wer eine Nachricht empfängt, die nicht für ihn bzw. für seine Funkstelle bestimmt ist, darf weder den Inhalt der Nachricht noch die Tatsache ihres Empfangs anderen Personen mitteilen. Diese Geheimhaltungspflicht gilt nicht an Bord eines doppelsitzigen Luftfahrzeugs im Verhältnis der mitfliegenden Person gegenüber dem Piloten. Sie gilt außerdem nicht, wenn die empfangene Nachricht eine Gefahrensituation erkennen lässt und die Mitteilung an Dritte gerichtet ist, um eine Gefahr abzuwenden.

Straf- und Bußgeldvorschriften

LuftVG § 60 **[Unerlaubtes Mitführen]** (1) Wer
(...)
5. entgegen § 27 Abs. 3 Satz 1 elektrische Geräte betreibt, wird mit Freiheitsstrafe bis zu zwei Jahren oder mit Geldstrafe bestraft.
(...)

LuftVO § 43 [**Verstoß gegen Funkverkehrsvorschriften**]
Ordnungswidrig im Sinne des § 58 Abs. 1 Nr. 10 des Luftverkehrsgesetzes handelt, wer vorsätzlich oder fahrlässig
(...)
28. einer Vorschrift des § 26 a Abs. 1 oder 2 über den Funkverkehr zuwiderhandelt;
(...)

Sprechfunkverfahren

Die Verfahrensregeln sind in den »Bekanntmachungen
über die Sprechfunkverfahren« (NfLI) zusammengefasst
und veröffentlicht. Nachstehend Auszüge.

2. [**Art der Durchführung**] Der Funkverkehr wird als
Sprechfunkverkehr im beweglichen Flugfunkdienst
durchgeführt.
Beweglicher Flugfunkdienst ist ein Funkdienst zwischen
Bodenfunkstellen und Luftfunkstellen oder zwischen
Luftfunkstellen. (...)

5. [**Art und Rangfolge der Meldungen**] (1) Im beweglichen
Flugfunkdienst sind folgende Meldungen zulässig:
1. Notmeldungen;
2. Dringlichkeitsmeldungen;
(...)
4. Flugsicherheitsmeldungen;
5. Wettermeldungen;
(...)
Notmeldungen sind Meldungen über Luftfahrzeuge
und deren Insassen, die von schwerer und unmittelbarer
Gefahr bedroht sind und sofortiger Hilfe bedürfen.
Dringlichkeitsmeldungen sind Meldungen, die die Sicherheit eines Luftfahrzeuges, eines Wasserfahrzeuges,
eines anderen Fahrzeuges oder einer Person betreffen.
(...)

Flugsicherheitsmeldungen sind

a) Meldungen, die bei der Durchführung der Flugverkehrskontrolle übermittelt werden (Flugverkehrskontrollmeldungen),
b) Standortmeldungen von Luftfahrzeugführern,
c) Meldungen von Luftfahrzeugführern oder Luftfahrzeughaltern, die für im Flug befindliche Luftfahrzeuge von unmittelbarer Bedeutung sind.

Wettermeldungen sind Meldungen zur Übermittlung von Wetterdaten.
(...)
(2) Für die unter Absatz 1 aufgeführten Meldungen ist die angegebene Reihenfolge für die Vorrangbehandlung maßgebend.
(...)

3. **[Sprache]** (1) Der Sprechfunkverkehr im beweglichen Flugfunkdienst wird in englischer Sprache durchgeführt. Bei Flügen nach Sichtflugregeln und im Rollverkehr kann der Sprechfunkverkehr in deutscher Sprache durchgeführt werden, sofern (...) hierfür besondere Funkfrequenzen festgelegt worden sind.
(...)
(3) Der Sprechfunkverkehr im beweglichen Flugfunkdienst auf Frequenzen der nicht von dem Flugsicherungsunternehmen betriebenen Bodenfunkstellen wird in deutscher Sprache durchgeführt. (...)
(4) In Notfällen kann jede ausreichend beherrschte Sprache angewendet werden, sofern erwartet werden kann, dass der Gesprächspartner diese ebenfalls beherrscht. (...)

4. **[Zeitsystem]** (1) Alle Funkstellen des beweglichen Flugfunkdienstes haben die koordinierte Weltzeit (UTC) anzuwenden. Mitternacht ist als 2400 für das Ende des Tages und als 00 für den Beginn des Tages zu bezeichnen.
(2) Als Uhrzeit wird die Minutenzahl der laufenden Stunde (zweistellig) übermittelt. Wenn eine Verwechslung möglich ist, sind alle vier Ziffern der laufenden Stunde und der Minuten in UTC zu übermitteln.

(3) Die Minute beginnt mit der ersten Sekunde und endet mit der sechzigsten Sekunde.

DVO § 5 **[Buchstabieren und Übermittlung von Zahlen]** Beim Buchstabieren und bei der Übermittlung von Zahlen ist wie folgt zu verfahren.

Buchstabiertafel

Buchstabe	Schlüsselwort	Aussprache*
A	Alfa	**AL** FAH
B	Bravo	**BRA** WO
C	Charlie	**TSCHAH** LI
D	Delta	**DEL** TAH
E	Echo	**ECK** O
F	Foxtrott	**FOX** TROTT
G	Golf	GOLF
H	Hotel	HO **TELL**
I	India	**IN** DI AH
J	Juliett	**JUH** LI ETT
K	Kilo	**KI** LO
L	Lima	**LI** MAH
M	Mike	MEIK
N	November	NO **WEMM** BER
O	Oscar	**OSS** KAR
P	Papa	PA **PAH**
Q	Quebec	KI **BECK**
R	Romeo	**RO** MIO
S	Sierra	SSI **ER** RAH
T	Tango	**TANG** GO
U	Uniform	**JU** NI FORM
V	Victor	**WICK** TAR
W	Whiskey	**WISS** KI
X	X-ray	**EX** REH
Y	Yankee	**JENG** KI
Z	Zulu	**SUH** LUH

* Die zu betonenden Silben sind **halbfett** gedruckt.

Alle Zahlen, ausgenommen ganze Hunderter, ganze Tausender und Kombinationen von Tausendern und ganzen Hundertern, sind durch die getrennte Aussprache jeder einzelnen Ziffer zu übermitteln.
Ganze Hunderter und ganze Tausender sind zu übermitteln, indem jede einzelne Ziffer in der Zahl der Hunderter oder Tausender ausgesprochen und jeweils das Wort **HUNDERT** oder **TAUSEND** hinzugefügt wird.

Beispiele:
300   DREI HUN DERT
4000   VIER TAU SEND

Kombinationen von Tausendern und ganzen Hundertern sind zu übermitteln, indem jede einzelne Ziffer in der Zahl der Tausender ausgesprochen und das Wort **TAUSEND** hinzugefügt wird, danach die Zahl der Hunderter, gefolgt von dem Wort **HUNDERT**.

Beispiele:
13 600   EINS DREI TAUSEND SECHS HUNDERT
4300   VIER TAUSEND DREI HUNDERT

Ausgenommen von diesen Regelungen sind:
a) Richtungsangaben nach Uhrzeigerstellung bei Verkehrshinweisen, die z.B. als zehn, elf, zwölf Uhr zu übermitteln sind,

b) Anweisungen zum Fliegen eines Vollkreises, die in der englischen Sprache mit »MAKE A THREESIXTY« erteilt werden.

[Rufzeichen von Bodenfunkstellen] Das Rufzeichen einer Bodenfunkstelle setzt sich zusammen aus der Ortsbezeichnung oder dem Namen der Bodenfunkstelle und einem der nachfolgend aufgeführten Kennwörter:
1. Für die Durchführung des Sprechfunkverkehrs in englischer Sprache
(...)
k) VOLMET für Flugrundfunkdienst zur Übermittlung von Flughafenwettermeldungen und Landewettervorhersagen,
(...)

2. Für die Durchführung des Sprechfunkverkehrs in deutscher Sprache (§ 3)
a) TURM für Flugplatzkontrolle,
b) ROLLKONTROLLE für Bewegungslenkung auf dem Rollfeld,
c) INFORMATION für Fluginformationsdienst durch das Flugsicherungsunternehmen
d) START ODER ... SCHULE für Ausbildung von Luftfahrern,
e) INFO für Flugplatzinformationsdienst durch Luftaufsichtspersonal oder Flugleiter,
f) VORFELD für Bewegungslenkung auf dem Vorfeld durch den Flughafenunternehmer,
g) SEGELFLUG für Segelflugbetrieb,
h) RÜCKHOLER für Segelflugbegleit- und rückholbetrieb,
i) VERFOLGER für Freiballonbegleit- und rückholbetrieb,
j) WETTBEWERB für Wettbewerbsveranstaltungen.

3. Von dem Flugsicherungsunternehmen werden im Bedarfsfall dem Verwendungszweck entsprechende zusätzliche Rufzeichen festgelegt und zugeteilt.

[Rufzeichen von Luftfunkstellen] (1) Als Rufzeichen von Luftfunkstellen sind zulässig:

1. die Zeichen, die dem Staatszugehörigkeitszeichen und dem Eintragungszeichen des Luftfahrzeugs entsprechen;
2. die für das Luftfahrtunternehmen festgelegte Sprechfunkabkürzung in Verbindung mit dem Zeichen entsprechend Nr. 1;
3. die für das Luftfahrtunternehmen festgelegte Sprechfunkabkürzung in Verbindung mit der Kennzeichnung des Fluges;
4. das Luftfahrzeugmuster in Verbindung mit dem Zeichen entsprechend Nr. 1;
5. ein aus höchstens sieben Zeichen bestehendes Funkrufzeichen für militärische Luftfahrzeuge.

(2) Die Rufzeichen von Luftfunkstellen dürfen während des Fluges nicht geändert werden, es sei denn, die Bodenfunkstelle hat zur Vermeidung einer Verwechslung für die Dauer des Durchflugs durch ihren Zuständigkeitsbereich ausdrücklich ein anderes Rufzeichen zugewiesen.

(3) Abkürzungen von Rufzeichen von Luftfunkstellen sind nur zugelassen, nachdem Funkverbindung hergestellt und eine Verwechslung nicht möglich ist. Eine Luftfunkstelle darf ihr abgekürztes Rufzeichen nur benutzen, sofern die Bodenfunkstelle das abgekürzte Rufzeichen bereits verwendet hat.

Die Rufzeichen von Luftfunkstellen werden wie folgt abgekürzt:

1. Das erste und die beiden letzten Zeichen des Rufzeichens, wenn ein Rufzeichen nach Absatz (1) Nr. 1 benutzt wird, bzw. das erste und die drei letzten Zeichen, sofern das Rufzeichen nach Absatz (1) Nr. 1 aus mehr als fünf Zeichen besteht;
2. die für das Luftverkehrsunternehmen festgelegte Sprechfunkabkürzung in Verbindung mit den beiden letzten Zeichen des Rufzeichens, wenn ein Rufzeichen nach Absatz (1) Nr. 2 benutzt wird;
3. das Luftfahrzeugmuster mit den beiden letzten Zei-

chen des Rufzeichens, wenn ein Rufzeichen nach Absatz (1) Nr. 4 benutzt wird.

(4) Unbeschadet der Vorschrift in Absatz (1) haben Führer von Luftfahrzeugen mit einer höchstzulässigen Startmasse von 136 t oder mehr bei jeder Aufnahme des Sprechfunkverkehrs mit einer Flugverkehrskontrollstelle ihrem Rufzeichen das Wort »heavy« anzufügen.

(5) Wird bei einem Anruf das Rufzeichen der rufenden Funkstelle nicht verstanden, ist die Verfahrenssprechgruppe Wiederholen Sie Ihr Rufzeichen (Say again your call sign) zu verwenden.

(6) Besteht bei einer Funkstelle Ungewissheit darüber, ob sie gerufen wurde, so ist dieser Anruf nicht zu beantworten, sondern ein weiterer klärender Anruf abzuwarten.

(...)

[Herstellung der Sprechfunkverbindung] (1) Die Sprechfunkverbindung ist wie folgt herzustellen:

Einleitungsanruf:
1. Rufzeichen der anzusprechenden Funkstelle;
2. Rufzeichen der rufenden Funkstelle.

Antwort:
1. Rufzeichen der anzusprechenden Funkstelle;
2. Rufzeichen der antwortenden Funkstelle.

(2) Wenn zu erwarten ist, dass die gerufene Funkstelle den Anruf empfängt, kann eine Meldung unmittelbar im Anschluss an den Anruf vor der Aufforderung zur Antwort gesendet werden. Dieses Verfahren darf bei Flügen nach Sichtflugregeln nur nach Aufforderung zum Frequenzwechsel durch die Flugverkehrskontrolle angewendet werden.

(3) Funkstellen des beweglichen Flugfunkdienstes können gleichzeitig mehrere Funkstellen anrufen (Mehrfachanruf). Die in einem Mehrfachanruf gerufenen Funkstellen haben den Empfang der Meldung in der von der rufenden Funkstelle benutzten Reihenfolge zu bestätigen.

(4) Funkstellen des beweglichen Flugfunkdienstes können gleichzeitig alle Funkstellen, die auf einer Frequenz hörbereit sind, anrufen (allgemeiner Anruf). Ein allgemeiner Anruf beginnt mit der Sprechgruppe AN ALLE (ALL STATIONS), gefolgt von dem Rufzeichen der sendenden Funkstelle; er ist nicht zu bestätigen.

Bestätigen von Meldungen

(1) Der Empfang von Meldungen ist in jedem Falle zu bestätigen. Im Sprechfunkverkehr auftretende unbekannte oder unklare Bezeichnungen sind durch Rückfragen zu klären, ehe die Meldung bestätigt wird.

(2) Eine Luftfunkstelle hat den Empfang einer Meldung durch das Übermitteln des eigenen Rufzeichens und ggf. der Redewendung VERSTANDEN/ROGER zu bestätigen.

1. Den Empfang folgender Meldungen hat die Luftfunkstelle durch wörtliche Wiederholung zu bestätigen:
   a) Flugverkehrskontrollfreigaben;
   b) Anweisungen, die Auswirkungen auf die Bewegung von Luftfahrzeugen haben;
   c) Anweisungen zum Schalten von Transpondern;
   d) Luftdruckwerte zur Höhenmessereinstellung;
   e) Pistenbezeichnungen;
   f) bei Frequenzwechsel die Frequenz.
2. Den Empfang anderer Anweisungen hat die Luftfunkstelle vorzugsweise mit der Redewendung WILCO zu bestätigen.

(3) Eine Bodenfunkstelle bestätigt den Empfang der Meldung einer Luftfunkstelle:
1. durch das Übermitteln des Rufzeichens der Luftfunkstelle und ggf. einer Redewendung wie z.B. VERSTANDEN/ROGER;
oder
2. durch das Übermitteln des eigenen Rufzeichens und ggf. einer Redewendung wie z.B. VERSTANDEN/ROGER;
oder
3. durch das Übermitteln des Rufzeichens der Luftfunkstelle, des eigenen Rufzeichens und ggf. einer Redewendung wie z.B. VERSTANDEN/ROGER.
4. Nach Herstellen der Funkverbindung können, wenn eine Verwechslung ausgeschlossen ist, im Rufzeichen der Bodenfunkstelle
   – die Ortsbezeichnung bzw. der Name der Bodenfunkstelle
oder
   – die Funktionsbezeichnung
und einzelne Redewendungen, wie z. B. VERSTANDEN/ROGER, weggelassen werden.

(4) Wenn die Bestätigung einer Meldung nach geeigneten Versuchen, sie einzuholen, ausbleibt, gilt die Meldung als nicht übermittelt.

[Überprüfung der Funkanlagen] Wenn eine Überprüfung der Funkanlage oder die Durchführung einer Verständigungsprobe für notwendig erachtet wird, soll die Testsendung nicht länger als zehn Sekunden dauern.

Die Verständlichkeit der Testsendung wird in den folgenden Stufen gewertet:

1 = unverständlich
2 = nur zeitweise verständlich
3 = schwer verständlich
4 = verständlich
5 = sehr gut verständlich

[Verfahrensweise im Sprechfunkverkehr] (1) Zur Erzielung einer knappen, unmissverständlichen und einheitlichen Übermittlungsform sind möglichst die nachfolgend aufgeführten Sprechgruppen zu verwenden. Hierbei ist deutlich und im Tonfall der Umgangssprache sowie mit gleich bleibendem Stimmaufwand und gleich bleibender Sprechgeschwindigkeit zu sprechen. Sachfremde und unsachliche Äußerungen sind nicht zulässig.

(2) Abkürzungen im Sprechfunkverkehr sind nicht zulässig. Das gilt nicht für im Luftverkehr gebräuchliche Abkürzungen wie z.B. ATC, FIR, IFR, RVR, VMC, VOR sowie für die Q-Gruppen QNH, QFE, QDM, QDR und QTE.

(3) Nach Herstellung der Funkverbindung können, wenn eine Verwechslung ausgeschlossen ist, das Rufzeichen der Bodenfunkstelle und einzelne Verfahrenssprechgruppen, wie z.B. VERSTANDEN, weggelassen werden.

(4) Eine Luftfunkstelle hat den Empfang einer Meldung durch die Übermittlung des eigenen Rufzeichens zu bestätigen.

Den Empfang von Flugverkehrskontrollfreigaben und Anweisungen, die Auswirkungen auf die Bewegung des Luftfahrzeuges haben, (...) Luftdruckwerte zur Höhenmessereinstellung, bei Frequenzwechsel die Frequenz sowie die Betriebsstart-/oder -landebahnbezeichnung hat die Luftfunkstelle dadurch zu bestätigen, dass sie die entsprechende Meldung wörtlich wiederholt.

Den Empfang von anderen Anweisungen kann die Luftfunkstelle mit der Verfahrenssprechgruppe WILCO bestätigen.

(5) Eine Bodenfunkstelle bestätigt den Empfang der Meldung einer Luftfunkstelle durch die Übermittlung des eigenen Rufzeichens oder durch die Übermittlung des Rufzeichens der Luftfunkstelle und der Verfahrenssprechgruppe VERSTANDEN.

[Meldung von Flughöhen] Meldungen von Flughöhen sind entsprechend der Einstellung des Höhenmessers zu übermitteln. Bei Finstellung auf einen QNH-Wert ist der Höhenangabe das Wort Fuß anzufügen. (...)

[Übermittlung von Sichtwerten] Die Werte für Flugsicht, Bodensicht und Landebahnsicht sind wie folgt zu übermitteln:

1. bei einer Sicht von 5 Kilometern oder weniger in Metern;
2. bei einer Sicht von mehr als 5 Kilometern, aber weniger als 10 Kilometern, in Kilometern;
3. bei einer Sicht von 10 Kilometern oder mehr als eine Sicht von 10 Kilometern.

[Notverkehr] (1) Ein Notanruf soll durch die dreifache Aussendung des Notsignals MAYDAY eingeleitet und auf der benutzten Sprechfunkfrequenz oder auf der Notfrequenz übermittelt werden; er soll an eine bestimmte Bodenfunkstelle gerichtet sein und muss das Rufzeichen des in Not befindlichen Luftfahrzeuges enthalten.

Die dem Notanruf folgende Notmeldung soll folgende Angaben enthalten:

1. Art der Notlage;
2. Absichten des Luftfahrzeugführers;
3. Art der gewünschten Hilfe;
4. Angaben über Standort, Kurs und Flughöhe.

(2) Die in Not befindliche oder die den Notverkehr steuernde Funkstelle kann allen im Empfangsbereich der Notmeldung liegenden oder bestimmten, den Notverkehr störenden Funkstellen eine Funkstille auferlegen. Die Anordnung lautet: HALTEN SIE FUNKSTILLE – MAYDAY (STOP TRANSMITTING – MAYDAY).

(3) Wenn der Notverkehr beendet ist oder die Aufrecht-erhaltung der Funkstille auf einer für den Notverkehr verwendeten Frequenz nicht mehr nötig ist, hat die Funkstelle, die den Notverkehr gesteuert hat, auf dersel-ben Frequenz folgende Meldung zu übermitteln: Not-verkehr beendet.

(4) Die Benutzung der Notfrequenzen ist nur in Notfäl-len oder bei Ausfall aller anderen Frequenzen gestattet.

[Dringlichkeitsverkehr] Ein Dringlichkeitsanruf soll durch die dreifache Aussendung des Dringlichkeits-signals PAN PAN eingeleitet und auf der benutzten Sprechfunkfrequenz übermittelt werden; er soll an eine bestimmte Bodenfunkstelle gerichtet sein und muss das Rufzeichen des die Meldung absetzenden Luftfahrzeu-ges enthalten.

Die dem Dringlichkeitsanruf folgende Dringlichkeits-meldung soll folgende Angaben enthalten:
1. Art der Schwierigkeit oder Beobachtung;
2. andere, für die Hilfeleistung wichtige Informationen;
3. falls zutreffend, Absichten des Luftfahrzeugführers;
4. falls zutreffend, Angaben über Standort, Kurs und Flughöhe.

[Flugrundfunkdienst] Der Flugrundfunkdienst wird mit-tels Sprechfunk durchgeführt. Die im Flugrundfunk-dienst ausgestrahlten Informationen sind nicht an einen bestimmten Empfänger, sondern an alle Funkstel-len gerichtet. Er wird auf den in den Nachrichten für Luftfahrer bekannt gemachten Funkfrequenzen zu den dort angegebenen Zeiten sowie bei Bedarf auch auf an-deren Sprechfunkfrequenzen und zu anderen Sendezei-ten durchgeführt.

Verfahrenssprechgruppen

Sprechgruppen	Bedeutung
BESTÄTIGEN SIE	»Teilen Sie mit, dass die Meldung empfangen und verstanden wurde«
POSITIV	»Ja«
GENEHMIGT	»Erlaubnis für das beantragte Verfahren erteilt«
TRENNUNG TRENNUNG	»Ich zeige hiermit die Trennung zwischen Meldungen an, die in einer hochbelasteten Verkehrssituation an verschiedene Luftfahrzeuge übermittelt werden«
AUFGEHOBEN	»Die vorher übermittelte Freigabe ist aufgehoben«
FREI	»Genehmigung, unter festgelegten Bedingungen zu verfahren«
RUFEN SIE	»Stellen Sie Funkverbindung her mit ...«
RICHTIG	»Das ist richtig«
BERICHTIGUNG	»Bei der Übermittlung ist ein Fehler unterlaufen, es muss richtig heißen ...«
STREICHEN SIE	»Betrachten Sie diese Übermittlung als nicht gesendet«
KOMMEN	»Setzen Sie Ihre Meldung ab«
WIE VERSTEHEN SIE MICH	»Wie ist die Verständlichkeit meiner Sendung«
ICH WIEDERHOLE	»Ich wiederhole zur Klarstellung oder Betonung«
MONITOR	»Bleiben Sie hörbereit auf ...«
NEGATIV	»Nein/Erlaubnis wird nicht erteilt/ das ist nicht richtig«
KOMMEN	»Meine Übermittlung ist beendet. Ich erwarte Ihre Antwort«
ENDE	»Die Übermittlung der Meldung ist beendet. Ich erwarte keine Antwort«

WIEDERHOLEN SIE WÖRTLICH	»Wiederholen Sie alles oder den bezeichneten Teil dieser Meldung wörtlich«
FREIGABE-ÄNDERUNG	»Es hat sich eine Änderung gegenüber Ihrer letzten Freigabe ergeben, und diese neue Freigabe ersetzt die vorherige Freigabe oder Teile davon«
MELDEN SIE	»Geben Sie mir die folgende Information«
ERBITTE	»Ich möchte wissen/ich beantrage«
VERSTANDEN	»Ich habe Ihre letzte Meldung vollständig erhalten«

Anmerkung: Unter keinen Umständen zu benutzen, wenn die Art der Meldung »WIEDERHOLEN SIE WÖRTLICH« oder »POSITIV« oder »NEGATIV« als Antwort erfordern würde.

WIEDERHOLEN SIE	»Wiederholen Sie alles oder den folgenden Teil Ihrer Meldung«
SPRECHEN SIE LANGSAMER	»Vermindern Sie Ihre Sprechgeschwindigkeit«
RUFE ZURÜCK	»Warten Sie, ich werde Sie rufen«
ÜBERPRÜFEN SIE	»Überprüfen Sie und bestätigen Sie mit dem Aufgeber«
WILCO	»Ich habe Ihre letzte Meldung verstanden und werde entsprechend handeln«

Situationsabhängige Sprechgruppen

Die Sprechprüfungen werden zwischen Hängegleitern, Gleitsegeln und UL wechselseitig angerechnet. Der Lehrstoff ist deshalb gleich.

Die nachstehenden Sprechgruppen können nicht alle Situationen abdecken. Bei Bedarf sind daher zusätzliche Redewendungen, die kurz gefasst und unmissverständlich sind, zu verwenden.

L = Luftfunkstelle, B = Bodenfunkstelle

1.1 Sprechgruppen für Flüge von und zu Flugplätzen **ohne** Flugverkehrskontrollstelle

1.11 Rollen zwischen zwei Punkten auf einem Flugplatz

L: ROLLE VON (Standort) ZU (Zielpunkt)
L: ÜBERQUERE LANDEBAHN (Bezeichnung) NACH LANDENDER/STARTENDER (Lfz.-Muster)

Rollinformation für abfliegende Luftfahrzeuge

L: (Lfz.-Muster) NACH (Zielflugplatz) ERBITTE ROLLINFORMATION
B: STARTBAHN (Bezeichnung) ÜBER (Rollstrecke) WIND (Richtung, Geschwindigkeit) QNH (Ziffern) (Verkehrshinweise)

1.12 Abflug

B: MELDEN SIE ABFLUGBEREIT
L: ABFLUGBEREIT
B: WIND (Richtung, Geschwindigkeit) KNOTEN (Verkehrshinweise)
L: ERBITTE RECHTSKURVE NACH DEM ABHEBEN
B: RECHTSKURVE GENEHMIGT
L: STARTE/STARTE NACH LANDENDER/STARTENDER (Lfz.-Muster)

Information über Abflugzeit

L: ERBITTE ABFLUGZEIT
B: ABFLUGZEIT (Zeit)

1.13 Anflug

L: (Lfz.-Muster) Standortmeldung ZUR LAN-
DUNG/ZUM TIEFANFLUG/ZUM AUFSETZEN
UND DURCHSTARTEN
L: LANDEINFORMATION ERHALTEN
B: LANDEBAHN (Bezeichnung) WIND (Richtung,
Geschwindigkeit) QNH (Ziffern) (Verkehrshin-
weise)
L: ERBITTE RECHTSPLATZRUNDE/RECHTEN
GEGENANFLUG/RECHTEN QUERANFLUG
B: RECHTSPLATZRUNDE/RECHTER GEGENAN-
FLUG/RECHTER QUERANFLUG GENEHMIGT

Information über Landezeit

L: ERBITTE LANDEZEIT
B: LANDEZEIT (Zeit)

1.14 Besondere Absichten des Luftfahrzeugführers

L: STARTE DURCH
L: MACHE TIEFANFLUG
L: MACHE KURZE/LANGE LANDUNG
L: MACHE ZIELLANDEÜBUNG
L: FLIEGE AN ZUR BANNERAUFNAHME
L: FLIEGE AN ZUM BANNER-/SEILABWURF
L: FLIEGE PLATZRUNDE(N)
L: MACHE AUFSETZ- UND DURCHSTARTÜBUNG
L: VERLASSE IHRE FREQUENZ

1.15 Anweisungen zur Abwehr von Gefahren

B: HALTEN SIE POSITION (Begründung)
L: HALTE POSITION

B: VERLASSEN SIE SOFORT START-/LANDEBAHN
(Begründung)
L: VERLASSE SOFORT START-/LANDEBAHN
B: BESCHLEUNIGEN SIE START/ROLLEN (Begrün-
dung)
L: BESCHLEUNIGE START/ROLLEN
B: START/LANDUNG NICHT ERLAUBT (Begrün-
dung)
B: SOFORT ANHALTEN (Wiederholen des Lfz.-
Rufzeichens) SOFORT ANHALTEN
L: HALTE AN
B: STARTEN SIE DURCH (Begründung)
L: STARTE DURCH

1.25 Anforderung von Standortmeldungen

B: MELDEN SIE (Teil der Platzrunde)

Anweisungen für Landefolge

B: LANDENUMMER (Ziffer) FOLGEN SIE (Lfz.-
Muster, Standort)
B: MACHEN SIE KURZEN/LANGEN ANFLUG
B: VERLÄNGERN SIE GEGENANFLUG (Einzelheiten)
B: ANFLUG FORTSETZEN

Landung

B: WIND (Richtung, Geschwindigkeit) LANDUNG
FREI
B: MACHEN SIE KURZE/LANGE LANDUNG

Mehrbahnbetrieb

B: WIND (Richtung, Geschwindigkeit) LANDUNG
FREI LANDEBAHN (Bezeichnung)

Besondere Verfahren

B: FREI ZUM AUFSETZEN UND DURCHSTARTEN

B: MACHEN SIE ABSCHLUSSLANDUNG

Anflug entlang oder parallel zu einer Landebahn und dabei bis zu einer vorher bestimmten Mindesthöhe sinken

L: ERBITTE TIEFANFLUG (Begründung)
B: FREI ZUM TIEFANFLUG LANDEBAHN (Bezeichnung) (Höhenbeschränkung, wenn nötig) (Verfahren nach dem Tiefanflug)
L: ERBITTE TIEFEN VORBEIFLUG (Begründung)

Sichtkontrolle durch Personen am Boden

B: FREI ZUM TIEFEN VORBEIFLUG (Bezeichnung) (Höhenbeschränkung, wenn nötig) (Verfahren nach dem tiefen Vorbeiflug)

Verzögern von Luftfahrzeugen

B: WARTEN SIE ÜBER (Standort) BIS (Zeit)
B: FLIEGEN SIE NOCH EINE PLATZRUNDE
B: KREISEN SIE RECHTS/LINKS AM GEGENWÄRTIGEN STANDORT
B: MACHEN SIE VOLLKREIS RECHTS/LINKS

Fehlanflug

B: STARTEN SIE DURCH
L: STARTE DURCH

1.3 Gemeinsame Sprechgruppen für Flugplatzverkehr

1.31 Fahrwerkstörungen

L: HABE STÖRUNG AM FAHRWERK
B: FAHRWERK SCHEINT AUSGEFAHREN
B: FAHRWERK SCHEINT NICHT AUSGEFAHREN/ EINGEFAHREN
B: (Teil des Fahrwerks) SCHEINT AUSGEFAHREN/ EINGEFAHREN
B: (Teil des Fahrwerks) SCHEINT NICHT AUSGEFAHREN/EINGEFAHREN

Sonstige Störungen

B: SIE SCHEINEN TREIBSTOFF/ÖL ZU VERLIEREN
B: IHR LUFTFAHRZEUG HAT EINE RAUCHFAHNE
B: IHR SCHLEPPSEIL/BANNER HAT SICH NICHT GELÖST

1.32 Luftfahrzeug ohne Sendefunkgerät

B: BESTÄTIGEN SIE DURCH BEWEGEN DER QUERRUDER/DES SEITENRUDERS
B: BESTÄTIGEN SIE DURCH WACKELN
B: BESTÄTIGEN SIE DURCH BLINKEN MIT LANDESCHEINWERFER

1.33 Verkehrsinformation

B: SEGELFLUG/MODELLFLUG/FALLSCHIRM-ABSPRÜNGE/KUNSTFLUG (Ortsangabe)
B: (Lfz.-Muster) (Position in der Platzrunde) MACHT ABSCHLUSSLANDUNG/DURCHSTART-ÜBUNG/TIEFANFLUG/ZIELLANDEÜBUNG
B: BANNERSCHLEPP/SEGELFLUGZEUGSCHLEPP (Ortsangabe)
B: VERKEHRSINFORMATION (Einzelheiten)
B: KEIN GEMELDETER VERKEHR
B: (Lfz.-Muster/Fahrzeuge/Personen) (Standort) KOMMT ENTGEGEN/KREUZT
B: (Lfz.-Muster) STARTET/LANDET AUF START-BAHN/LANDEBAHN (Bezeichnung)
B: (Lfz.-Muster) IM ANFLUG AUS/IM ABFLUG NACH (Richtung)
B: UNBEKANNTER VERKEHR (Richtung, Entfernung und andere Informationen)
L: HALTE AUSSCHAU
L: VERKEHR IN SICHT
L: KEIN SICHTKONTAKT
B. FREI VON VERKEHR

Wirbelschleppen

B: VORSICHT WIRBELSCHLEPPEN
B: NUMMER 2 HINTER (Lfz.-Muster) (Standort) (Höhe)

Abgasstrahl

B: VORSICHT ABGASSTRAHL

1.35 Meteorologische Bedingungen

B: WIND (Richtung, Geschwindigkeit) KNOTEN
B: SICHT (Ziffern) METER/KILOMETER

Luftdruckwert zur Höhenmessereinstellung

B: QNH/QFE (Ziffern)

4.3 Fluginformationsdienst (FIS) (erteilt lediglich Informationen und Empfehlungen)

4.31 Wetterinformation, Beispiele

Information über besondere Wettererscheinung (Radarbeobachtung)

B: FLUGSICHERUNGSRADAR ZEIGT STARKES NIEDERSCHLAGSGEBIET 12 UHR 15 SEEMEILEN GEBIET IST 10 SEEMEILEN TIEF UND ERSTRECKT SICH VON NORDWEST NACH SÜDOST ÜBER 30 SEEMEILEN

Von offizieller Wettermeldung abweichende Beobachtung (FVK, Pilot)

B: TURMBEOBACHTUNG SICHT NACH NORDWEST 2000 METER

4.32 Verkehrshinweise

B: UNBEKANNTER VERKEHR 2 UHR 5 SEEMEILEN VON RECHTS NACH LINKS SCHNELL FLIEGEND
L: ERBITTE AUSWEICHMANÖVER/KURSFÜHRUNG
B: EMPFEHLE RECHTSKURVE STEUERKURS 320
B: FREI VON VERKEHR
B: PA 34 VFR RICHTUNG NORD FLUGFLÄCHE 55 VORAUSSICHTLICHE ÜBERFLUGZEIT KASSEL 1225
L: VERKEHR IN SICHT

4.4 Notverfahren

4.41 Funkausfall

B: FALLS SIE HÖREN SQUAWK (Modus, Code)/IDENT

B: FALLS SIE HÖREN DREHEN SIE LINKS/RECHTS STEUERKURS (drei Ziffern)

B: FALLS SIE HÖREN BESTÄTIGEN SIE DURCH WACKELN/EINSCHALTEN DER LANDESCHEINWERFER

4.42 Unterstützung von VFR-Flügen in navigatorischen Schwierigkeiten

L: HABE ORIENTIERUNGSVERLUST ERBITTE UNTERSTÜTZUNG

B: ERBITTE VERBLEIBENDE FLUGZEIT

B: KÖNNEN SIE NACH SICHT WEITERFLIEGEN

B: SIE KÖNNEN AUF (Ziffern) FUSS SINKEN

B: SIE SOLLTEN (Ziffern) GRAD NACH LINKS/RECHTS DREHEN

Sprechbeispiel

Beispiel von Abflug und Anflug mit einem UL auf einem Landeplatz ohne Flugverkehrskontrolle.

L: LAUTERBACH INFO DMABC

B: DMABC LAUTERBACH INFO

L: DMABC ULTRALEICHTFLUGZEUG ABSTELLPLATZ ALLGEMEINE LUFTFAHRT, VFR-FLUG NACH MELLRICHSTADT ERBITTE ROLLINFORMATION

B: DMABC STARTBAHN 26 IN BETRIEB, ACHTEN SIE AUF SEGELFLUGBETRIEB

L: DMABC STARTBAHN 26 WERDE AUF SEGELFLUGBETRIEB ACHTEN

L: DMABC ABFLUGBEREIT

B: DMABC WIND 260 8 KNOTEN

L: DMABC STARTE

L: LAUTERBACH INFO DMABC

B: DMABC LAUTERBACH INFO

L: DMABC ULTRALEICHTFLUGZEUG VFR-FLUG VON GELNHAUSEN 5 MINUTEN SÜDLICH ERBITTE LANDEINFORMATION

B: DMABC LANDEBANN 26 ACHTEN SIE AUF SEGELFLUGBETRIEB MELDEN SIE QUERANFLUG

L: DMABC LANDEBAHN 26 ACHTE AUF SEGELFLUGBETRIEB WERDE QUERANFLUG MELDEN

L: DMABC QUERANFLUG 26

B: DMABC WIND 280 6 KNOTEN

L: DMABC ENDANFLUG

B: DMABC ANFLUG FORTSETZEN, KEIN GEMELDETER VERKEHR

Anmerkung: Die Bodenfunkstelle kann ein verkürztes Rufzeichen zuteilen, im Beispiel DBC, wenn Verwechslung ausgeschlossen ist.

Register